GEHEIME INVASION -
Die Masken der Fremden

Magie-Konzepte,
Ufo-Phänomene,
Alternative Wirklichkeiten,

von Bernd Wollsperger

Bernd Wollsperger, geboren 1960, ist als Informatiker im technischen Bereich eines Computerunternehmens tätig. Der überzeugte Skeptiker wechselte nach intensiver Beschäftigung mit der Materie ins Lager der Befürworter einer wissenschaftlichen Untersuchung des UFO Phänomens, wurde Mitglied in einigen der wichtigsten internationalen UFO-Forschungsgruppen und schrieb - teilweise noch unter Pseudonym - einige Artikel für verschiedene Fachzeitschriften. Ende der 80er Jahre zog er sich, enttäuscht von der Arbeitsweise einiger der erwähnten Gruppen, aus diesem Kreis zurück und steht seit dieser Zeit mit führenden UFO-Forschern auf der ganzen Welt in Verbindung.

Bernd Wollsperger lebt mit Frau Rafaela und Sohn Felix im Süden Deutschlands.

Gesamtherstellung: Bohmeier Verlag. Printed in Germany

ISBN 3-89094-305-5

„Oscar Wilde bemerkte einmal, eine ästhetische Wahrheit sei so beschaffen, daß ihr Gegenteil ebenfalls wahr sei. Vielleicht ist die Wahrheit über Kontakte mit Außerirdischen, genau wie die Wahrheit der Metaphysik, eine Wahrheit der Masken.“

Dr. Jacques F. Vallee

Revelations. Alien Contact and Human Deception

Für Felix, dessen Lachen Gottes größtes Geschenk an mich ist

Ich danke meiner Lebensgefährtin Rafaela für ihre unermüdliche Unterstützung und Ermutigung. Herzlichen Dank den besten Freunden, die ein Mensch sich wünschen kann, Melissa und André, die mir so oft den Blick auf neue Wunder eröffnet haben.

Mein besonderer Dank gilt Dr. J.F. Vallee, dem DEGUFORUM, Whitley Strieber, Laura Knight, Terry O'Neil vom FATE Magazine, Prof. Dr. G.H. Fey, Dr. Helmut Lammer und Dr. Johannes Fiebag.

Inhaltsverzeichnis

Die Realität ist Gottes Traum.

Andrew Strieber aus Whitley Strieber: Transformation

Vorwort

Ein Phänomen, das seit Jahrzehnten in aufsteigender Tendenz mehr als kontrovers diskutiert wird, hat sich verselbständigt. Die besonders in den letzten Jahren in der Dimension eines Dogmas oder einer Glaubensfrage geführten Auseinandersetzungen, die ständige Personality- und Bauchnabelschau einiger selbsternannter UFO-Forscher, berufsmäßiger Skeptiker und möglicherweise von unbekannter Seite für ihre Desinformationsarbeit bezahlte „Entmystifizierer" sowie auf dieser Ebene ausgefochtene persönliche Querelen haben die ernsthafte Erforschung des wichtigsten Phänomens unserer Zeit nur behindert. Dabei - und der wohl bekannteste und spektakulärste Zeitzeuge des UFO-Phänomens, der amerikanische Autor Whitley Strieber hat es in einer Email an das CompuServe UFO-Forum vom 21. März 1996 auf den Punkt gebracht - „...erreicht der Prozeß (des Eindringens der „Besucher" in unsere Realität - Anm. d. Verf.) nun den Status einer kritischen Masse".

Gleich vorneweg: Ich kann und werde Ihnen in diesem Buch keine ultimativen Antworten liefern. Wie alle anderen vor mir kann auch ich - leider - weder unumstößliche Beweise für die Existenz von Außer-, Über- oder Unterirdischen vorlegen, noch ***das Konzept*** anbieten, welches alle bisherigen Annahmen und Spekulationen ad absurdum führen könnte.

Aber ich habe auf Informationen basierende Ideen gesammelt - eigene und die anderer -, um aufgrund unzureichender Daten für eine umfassende Beurteilung verschiedene Aktions-Szenarien zu entwickeln, die uns auf mögliche Ziele der Besucher vorbereiten könnten. Die Vergangenheit hat gezeigt, daß alles, was wir uns in unserer im Grunde genommen doch recht beschränkten Phantasiewelt zusammenreimen können, meist eine Entsprechung in irgendeiner Realitätsebene erfährt.

Dieses Buch richtet sich an mündige Leser und ist bestenfalls als Hilfsmittel zur Meinungsbildung konzipiert. Ich bin weder Guru oder Priester, der Ihnen das Denken abnehmen will, noch ehemaliger Mitarbeiter irgendwelcher Geheimdienste (zumindest soweit ich mich daran erinnern kann) mit unmittelbar belegbaren Erfahrungen.

SIE selbst sind so ziemlich für alles verantwortlich gemacht worden. Für die Entstehung unserer Rasse, Siege diverser Feldherrn, religiöse und soziokulturelle Ereignisse ebenso wie für die Entstehung von AIDS. Ihr Wirken wird mit romantischen Sagen über Elfen, aber auch mit Viehverstümmelungen und der Entfernung menschlicher Embryonen aus den Leibern ihrer Mütter in Verbindung gebracht. Sie sind Außerirdische, Heilsbringer, Invasoren, Monster, Engel, Verstorbene, Wesen aus unserer eigenen Zukunft, Wesen aus unserer Vergangenheit, Wesen aus einer Parallelzeit und/oder -dimension, alles zusammen oder nach der offiziellen Meinung unserer Naturwissenschaftler gar nicht existent. Sie reisen in zylinder-, scheiben-, dreieckig-kugelförmigen „Flugzeugen", führen spektakuläre Flugmanöver aus, durchqueren Wurm- und schwarze Löcher, Dimensionsschwellen und den halben Kosmos, fallen aber bei passender oder unpassender Gelegenheit vom Himmel. Die Verwendung von Party-Heißluft-Gagballons natürlich nicht zu vergessen.

Aus dem Gewirr gezielter Fehlinformationen, bizarrer Erfahrungsberichte und für uns mehr als unverständlichen Verhaltensweisen der Besucher selbst läßt sich kein wirkliches Muster ermitteln, das es uns ermöglichen würde, ein dem Koordinatensystem unseres Verstandes entsprechendes Bild und ein in unsere Realität passendes Schema zu bilden. In eindrucksvoller Weise haben Autoren wie z.B. Whitley Strieber, Jacques Vallee und Dr. Johannes Fiebag bereits „Masken" beschrieben, welche die „Grauen" - und lassen Sie uns diesen Begriff als Projektbezeichnung einfach einmal vorurteilsfrei verwenden - benutzen könnten, um in unsere Form der Realität eindringen zu können.

So schreibt Jacques Vallee in der Einführung zu seinem Buch *Dimensions*: „Obwohl ich mich zu den Leuten rechne, die glauben, daß UFOs reale physische Objekte sind, glaube ich nicht, daß sie im eigentlichen Sinne des Wortes als außerirdisch zu bezeichnen sind. Meiner Ansicht nach stellen sie eine aufregende Herausforderung unseres Konzepts der Realität selbst dar."

Ich möchte Ihnen eine amüsante Anekdote aus dem Japan des Mittelalters, die Vallee im gleichen Buch erzählt, nicht vorenthalten:

Es war der 24. September 1235, sieben Jahrhunderte vor unserer Zeit. General Yoritsume hatte mit seiner Armee gerade ein Feldlager aufgeschlagen, als plötzlich ein seltsames Phänomen beobachtet wurde: in südwestlicher Richtung schaukelten - sich bis in den frühen Morgen in Schleifen um einander drehend - mysteriöse Lichtquellen. General Yoritsume ordnete daraufhin eine, wie wir heutzutage sagen würden „umfassende wissenschaftliche Untersuchung" an, und seine Berater machten sich eifrig ans Werk. Bald darauf erstatteten sie Bericht. „Die ganze Angelegenheit beruht auf völlig normalen Ursachen, General", lautete dieser im wesentlichen, „es war nur der Wind, der die Sterne hin und her schwingen ließ". Vallees Quelle, Yusuke J. Matsumura aus Yokohama, fügt traurig hinzu: „Gelehrte, die im Sold des Staates stehen, geben leider häufig unbefriedigende Erklärungen wie diese ab."

Daran hat sich bis heute wenig geändert.

Es wäre mehr als nur arrogant oder ignorant, Menschen, die uns an ihren Kontakten der dritten und vierten Art teilhaben lassen wollen, mit dem soziologischen Etikett „Weltuntergangsgläubige" oder „Individuen mit kognitiver Dissonanz" zu versehen. Etwas passiert mit der uns bisher so vertraut erscheinenden Welt. Die Aussage, daß es sich lediglich um die Entstehung einer der aktuellen Zeitströmung entsprechenden Ersatzreligion handle, sollte eher eine Diskussionsgrundlage für eine der Begleiterscheinungen des eigentlichen Phänomens als eine Antwort auf die Fragen, die das Phänomen selbst aufwirft, darstellen.

Ein Entführungsopfer schrieb im MUFON UFO Journal folgenden offenen Brief an Dr. Kenneth Ring als Reaktion auf verschiedene von ihm aufgestellte Thesen:

„Ich habe es satt, daß Leute, die den Alptraum einer Entführung und den lebenslang währenden Kampf um die eigene geistige Gesundheit selbst noch nicht erdulden mußten, mit Theorien und Mutmaßungen aufwarten und diese dann als allein selig machende Weisheit präsentieren.
Ich weiß nicht, woher diese Kreaturen kommen, von mir aus aus Zeit, Raum oder einer anderen Dimension. Aber sie sind Fremde (Aliens) in einer Welt, die ich zu kennen glaubte.
...Eine dieser Spezies wirkt in ihrem Erscheinungsbild tatsächlich insektenartig. Obwohl verschiedene dieser insektenartigen Wesen beschrieben werden, habe ich eine sehr lebhafte Erinnerung an ein derartiges Wesen mit einem doppelten Augenlid, einem Augapfel mit elliptischen Pupillen, wobei das erste Augenlid extrem dunkel war und, wie ich glaube, als eine Art Sonnenbrille dient.
Wie können Sie es wagen, mir erzählen zu wollen, daß meine Erlebnisse, die 1946 (damals war ich drei Jahre alt) begannen, nicht real sein könnten? Ich wurde aus meinem Elternhaus in Chicago auf einen Berg in einem Land, welches ich hier nicht erwähnen möchte, entführt und mit Dingen konfrontiert, die ich niemals in meinem Leben wieder vergessen werde. Meine Eltern wurden angesichts der Tatsache, daß ich aus einem verschlossenen Haus verschwand, um einige Stunden später auf mysteriöse Weise wieder aufzutauchen, in Angst und Schrecken versetzt. Meine Beobachtungen wurden übrigens im Jahre 1982 von jemandem aus dem erwähnten Land bestätigt.
Wie können Sie es wagen, mir einreden zu wollen, daß die Verletzungen, die mir damals zugefügt wurden und unter denen ich noch heute leide, wie radioaktive Verstrahlung, Verbrennungen durch Mikrowellen und andere Dinge nicht real seien?
Ich bin sicher, daß es unter Ihnen Leute gibt, die sagen werden: „Na ja, sie ist eben hysterisch." Darauf können sie sogar wetten!
Ich habe um Hilfe für mich, meine Tochter und einige Freunde, die durch die selbe Hölle gehen müssen, gebettelt. Viele von ihnen sind derartig überwältigt von den Erfahrungen ihrer „Fantasie-Fälle", um noch in der Lage zu sein, weitere Erfahrungen bewältigen zu können. Der Rest der Leute, die „Bescheid" wissen, sind sehr damit beschäftigt, dieses Phänomen zu widerlegen, weil sie offensichtlich mit dessen Realität nicht umgehen wollen oder können.
Verlassen Sie ihren Elfenbeinturm und kommen sie zurück zur Erde um uns zu helfen! Wir, die wir in diesem Alptraum leben müssen und diesen Greueln ausgesetzt sind, können uns nirgendwo vor dieser Realität verstecken.
Ich bin durchaus geneigt, anzunehmen, daß Ihre Absichten gut und Ihre Theorien sachlich fundiert sind, aber bitte, lassen sie uns und was wir zu sagen haben nicht unter den Tisch fallen. Mag sein, daß Sie uns zugehört haben, aber haben Sie uns verstanden?
Ich bin sicher, ich spreche im Namen vielen Entführter, wenn ich sage: „Wenn etwas wie eine Ente aussieht, wie eine Ente läuft und wie eine Ente quakt, dann erzählen Sie uns nicht, es sei Rich Little!"

Schau in Dich, schau um Dich, schau über Dich.

Spruch aus einer Freimaurerhalle

Hintergründe

Der kleine Singvogel, der gerade vergeblich versucht, durch das geschlossene Fenster des Raumes, in dem ich mich befinde, in die Landschaft zu gelangen, die ihm das dort entstehende Spiegelbild vorgaukelt, erinnert mich daran, daß außer unserer eigenen auch andere Lebensformen auf diesem Planeten hie und da Probleme mit dem haben, was wir gemeinhin als Realität bezeichnen. Selbst ein mit hervorragenden Instinkten ausgestatteter Lebenskünstler wie dieser kleine Vogel - der ja nach den Erkenntnissen unserer Naturwissenschaften nicht über ein ähnlich komplexes Instrumentarium, wie es unsere Psyche darstellt, verfügt - scheitert bei der Beurteilung seiner Umwelt an einem Gegenstand, den andere Wesen zu einem ihm unbekannten Zweck geschaffen haben. Erst durch mein Eingreifen - also die Aktion eines Wesens, dem die Gefahren und der Sinn der Barriere *bewußt* sind - bewahre ich das Wesen davor, sich bei seinen vergeblichen Bemühungen, in besagten „virtuellen Raum" einzudringen, zu verletzen.

Wir wissen inzwischen, daß Realität nicht den einfachen Prinzipien, die wir in der Vergangenheit erkannt zu haben glaubten, folgt. Wir haben erkannt, daß unsere Materie lediglich aus einem Wirbel verschieden dichter atomarer Teilchen besteht. Menschen wie Stephen Hawking fangen gerade an, unsere Sicht der Welt ein wenig genauer zu definieren, als das bisher von Seiten der Naturwissenschaften möglich und erwünscht war. Der uns allen so unabänderlich erscheinende Lauf der Zeit ist demnach alles andere als eine Konstante. Die Welt der „Metronfeldtheorie„ eines Burkhard Heim, die Welt der Tachyonen Teslas - hypothetisch angenommener Teilchen, die sich schneller als das Licht bewegen –, der Quantenmechanik und nichtlinearer kausaler Realität führt uns an die Schwelle eines noch größeren und faszinierenderen Universums, als wir bisher in unseren kühnsten Träumen erträumen konnten.

Die Theorie von Raum und Zeit ist ein kulturelles Artefakt. Hätten wir den Computer vor dem Millimeterpapier erfunden, sähe unsere Theorie über das Universum heute anders aus.

Zeit und Raum sind bequeme Konzepte, um den Weg einer Lokomotive nachzuzeichnen, aber sie sind völlig nutzlos, wenn es um das Lokalisieren von Informationen geht. Computerwissenschaftler haben bereits vor langer Zeit erkannt, daß eine Ordnung, basierend auf Zeit und Raum die denkbar schlechteste Methode darstellt, um große Mengen an Daten mit hoher Geschwindigkeit zu lagern. In den großen, auf Computern basierenden Informationssystemen werden verwandte Eintragungen nicht in benachbarten physikalischen Speicherstellen plaziert. Wesentlich einfacher ist es, Daten in der Reihenfolge ihres Eintreffens im Speicher zu verteilen und zur Lokalisierung der Einträge einen Suchalgorithmus zu verwenden, der eine Art

Schlüsselbegriff benutzt. Die Wahrscheinlichkeit dient als Bindeglied zwischen der objektiven Speicherstelle der Eintragung und der subjektiven Suche nach den Daten.

Die Synchronizität und Koinzidenzen, auf die wir in unserem Leben so häufig treffen, könnten möglicherweise in Art einer willkürlich gefüllten Datenbank organisiert sein, nicht, wie von der konventionellen Physik angenommen, in Form einer sequentiellen Bibliothek.

Robert Anton Wilson schreibt in *Cosmic Trigger*: „Die Quantenphysiker sind indessen auf eine subatomare Sprunghaftigkeit oder Zufälligkeit gestoßen, die sich mit vernünftigen Ideen bezüglich Ursache und Wirkung nicht vereinbaren läßt. Abgesehen von der Aussage, daß das ganze Problem im Innern unserer Köpfe lokalisiert sei oder daß alles, was passieren kann, passiere (Modell des mehrfachen Universums), ist die plausibelste Theorie jene der verborgenen Variablen, die zusammen mit dem Lehrsatz von Bell den Vorschlag aufbringt, daß das Bewußtsein global in Raum und Zeit vorhanden (also nicht im Gehirn eingeschlossen) sei.[1]

P.D. Ouspensky, ein russischer Naturwissenschaftler und Schüler bzw. Mitarbeiter des umstrittenen „Mystikers“ G.I. Gurdijeff, spricht zudem vom Menschen als nichtvollendeten Wesen. Er schreibt in seinem Werk *Psychologie der möglichen Evolution des Menschen*: „Die Natur entwickelt ihn (den Menschen; Anm. d. Verf.) nur bis zu einem gewissen Grad, dann überläßt sie ihn sich selbst, damit er seine Entwicklung durch *eigene* Bemühung und Initiative fortsetzt oder lebt und stirbt, so wie er geboren wurde“ und „Wir müssen von der Idee ausgehen, daß ohne Anstrengung die Evolution nicht möglich ist - und daß sie *ohne Hilfe ebenso unmöglich ist.*“[2]

Wir wissen also wieder einmal, daß wir eigentlich gar nichts wissen, um das berühmte Zitat des griechischen Philosophen Sokrates zu vergewaltigen. In diesem Bewußtsein sollten wir von der Arroganz der letzten Jahrhunderte Abschied nehmen und unsere Wissenschaft wieder dem Unbekannten öffnen. Allerdings ohne dabei alle Erfahrungen zu ignorieren, die wir in der Vergangenheit gemacht haben - ein Fehler, dem der Mensch leider in der Vergangenheit schon oft verfallen ist.

Ein französischer Verteidigungsminister bemerkte einmal in einem Interview sehr treffend, daß sich die gesamte Geschichte der Wissenschaft darauf gründe, daß wir zu gegebener Zeit frühere Annahmen über die Realität gewisser Phänomene als falsch erkennen.

Legen wir die uns aufoktroyierten Ressentiments ab, erscheint uns der Bericht der vielen Zeugen von UFO-Sichtungen und ähnlichen „paranormalen“ Ereignissen in einem neuen Licht. Können die „Grauen“ zu der Hilfe gehören, die uns die Triebkraft der Evolution zur Seite stellt? Sind wir wirklich an einem Punkt angelangt, an dem wir zu Wesen einer anderen Seinsform der Schöpfung Kontakt aufnehmen und unsere Entwicklung fortsetzen können?

Schon seltsam, ausgerechnet an einem Punkt, an dem wir es in unserer Verblendung fast geschafft haben, den Planeten auf dem wir leben, zu verwüsten und in unserer Gier nach Macht Waffen zu entwickeln, die mittels eines simplen Knopfdrucks unsere Heimat für immer unbewohnbar machen könnten, sollte uns eine unbekannte

Kraft zur Hilfe kommen und mehr oder weniger unmittelbar in das Geschehen eingreifen? Es gibt zwar Theorien, die auf der These aufbauen, daß in der Geschichte der Menschheit möglicherweise mehrmals ein Eingriff von - woher auch immer - in unsere Entwicklung stattgefunden haben könnte, aber ein genauer Plan oder ein wirkliches Ziel solcher Aktivitäten ist nicht erkennbar.

Wir sollten bei allem gebotenen Optimismus die Möglichkeit nicht ausschließen, daß die „Grauen" lediglich ihre eigenen Ziele verfolgen und uns von angeblich hehren Zielen überzeugen wollen, vielleicht um sich ihre eigene Arbeit etwas zu erleichtern - ein Vorgehen, das sich auch auf unserem Planeten der eine oder andere Machthaber schon zu Nutze gemacht haben soll. Ein Gedanke, der auch in Striebers Überlegungen auftaucht: er sieht eine komplexe Strategie mit dem Ziel, seine Willensfreiheit zu beschränken, und fragt sich in anderem Zusammenhang: „Warum hielten sich die Fremden im Verborgenen? Warum versteckten sie sich hinter meinem Bewußtsein? Daraus ließ sich nur ein Schluß ziehen: Sie benutzten mich und wollten nicht, daß ich den Grund dafür erfuhr..."[3]

Seine durch eine verständliche Furcht geprägten Gedanken verweisen auf eine Gefahr, die wir meiner Meinung nach, zumindest bis zum Beweis des Gegenteils, nie völlig außer Acht lassen sollten: „Und wenn die fremden Wesen eine Gefahr für die Menschheit darstellten? Dann verschlimmerte ich die Gefahr, indem ich dazu beitrug (durch die Veröffentlichung seiner Erfahrungen; Anm. d. Verf.), daß wir uns an die Besucher gewöhnten!"[4] Für diese Besorgnis spricht, daß die „Grauen" Strieber während seiner Jugend dazu „abgerichtet" hatten, unbewußt „Kindergruppen" in ihren Zugriffsbereich zu bringen und für ihre Zwecke nutzbar zu machen.

Vielleicht sind unsere Urängste wirklich ein Hemmschuh beim Aufbau einer Kommunikation mit Lebensformen einer anderen Realität, ob physischer oder psychischer Natur. Aber diese Ängste, sofern sie bewußt kontrolliert werden, sind wahr und richtig. Sie haben uns im Verlauf unserer Entstehungsgeschichte davor bewahrt, gänzlich unkalkulierbare Risiken einzugehen, und sind beim Eindringen in unbekanntes Terrain jeglicher Couleur maßgeblich an der Aktivierung und Steuerung all unserer Sinne beteiligt.

Es spricht also alles dafür, diese Gefühle folgerichtig einzusetzen, ohne dabei innere Blockaden zu schaffen. Strieber gibt zwar zu, daß ihm nach den umfassenden Auswirkungen, die der Kontakt zu den Besuchern auf sein Leben gehabt haben, der Gedanke, die Besucher könnten „böse" sein, unerträglich erschien, bleibt aber meiner Meinung nach auch in seinem Buch *Breakthrough* den eigentlichen Beweis dafür schuldig, daß die Motive der „Grauen" für uns positive Aspekte beinhalten.

Auf meine Email, was ihn denn so sicher mache, daß das kommende Geschehen für uns wünschenswert sei, antwortete Strieber, etwas nebulös: „Das steht natürlich in Frage. Wir müssen uns darum bemühen, es wünschenswert werden zu lassen. Es scheint mir aber, daß wir mehr Kontrolle über die Angelegenheit besitzen, als wir denken. Wir brauchen ein offenes Herz, einen offenen Geist und viel Mitleid, um es funktionieren zu lassen. Es wird schwer werden, aber ich vermute, wir können es bewältigen." Und: „Die von Ihnen aufgeworfenen Fragen sind Fragen, mit denen wir alle leben müssen. Wir können den 'Wind der Veränderung', wie Sie es so poetisch umschreiben, nicht steuern. Er wird uns vor sich her blasen, wie er es in unserer Vergangenheit immer getan hat. Der springende Punkt ist, sich dem Unerwarteten zu ergeben, der Dunkelheit zu vertrauen. Eine sehr schwierige Aufgabe, aber eine Aufgabe, der wir uns stellen müssen - nach allen Fragen, die sich uns im Umfeld der Situation stellen.“[5]

Ich möchte Herrn Strieber nicht zu Nahe treten, aber diese Antworten waren nicht unbedingt geeignet, meine Fragen in hinreichendem Maße zu beantworten. Ein Teilnehmer der ALT.ALIEN.RESEARCH Newsgroup des InterNet dachte in ähnlichem Zusammenhang wohl genauso, er schrieb im März 1996: „Strieber bleibt ohne Anhaltspunkt“.

Ein anderer Zeitzeuge, der Zeit seines Lebens wiederholt „Besuchen“ ausgesetzt war, ist Steve Neill, Schöpfer einiger äußerst interessanter Grafiken, welche seine Erfahrungen widerspiegeln. Er wurde an Bord fliegender Untertassen zu einem Planeten mit einer grünen Atmosphäre gebracht, der offensichtlich den Heimatplaneten der Wesen repräsentiert.

Er meint, daß die „Grauen“ möglicherweise an der nächsten Phase unserer Evolution arbeiten könnten, so wie sie es im Laufe der Vergangenheit vielfach getan haben. Er ist der Auffassung, daß diese Wesen und die Menschheit eine tiefe spirituelle Verbindung zu einander hätten. Beide seien Teil eines Ganzen und würden sich nur durch ihre äußere Erscheinungsform unterscheiden. Diese Körper stellten jedoch nur ein Werkzeug dar, das geeignet sei, eine bestimmte physische Welt zu verändern.

Nach unserem Tod - so Neill - könnte sich herausstellen, wie ähnlich wir uns in Wirklichkeit seien. Wie Strieber sieht er einen Quantensprung unseres Verständnisses der Welt und eine Erfahrung voraus, die nicht in Worte zu fassen ist.

Sei es, wie es wolle - soviel ist sicher und erklärt den Wunsch bestimmter Kreise nach professionellen „Entmystifizierern“: Das Erscheinen nichtmenschlicher Intelligenzen könnte sich in der Tat als für unser gewohntes Weltbild verhängnisvoller erweisen, als es der christliche Glaube für das römische Weltreich wurde.

Wir handeln nach uralten Gesetzen.

Die „Besucher“ in Whitley Striebers: Transformation

Das ultimative Ziel der Magie in allen Zeitaltern war und ist, Kontrolle über den Quell allen Lebens zu erhalten.

W. B. Yeats

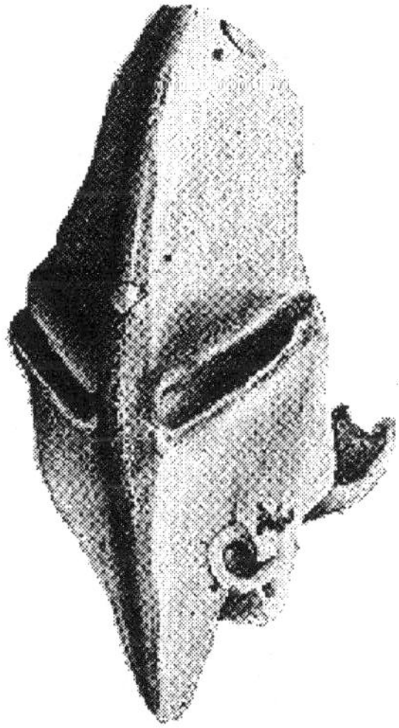

Artefakt vermutlich Ubaid-Periode (südl. Irak) 4000-3500 v. Chr.

Der OZ-Faktor

Seit einiger Zeit wird das UFO- und insbesondere das Besucher-Phänomen direkt mit den Praktiken bestimmter magischer Orden und Zirkel in Verbindung gebracht. Wie ich in den vorangegangenen Kapiteln gezeigt habe, läßt sich das Phänomen der „Grauen“ nicht von anderen Phänomenen trennen, die mit dem Aktionsradius unseres Bewußtseins zusammenhängen. Der Begriff OZ-Faktor wurde von der Forscherin Jenny Randle geprägt, die die These aufstellte, daß die Außerirdischen möglicherweise nicht mit Hilfe einer hochentwickelten Technologie, sondern ausschließlich auf der Ebene des Bewußtseins Kontakt zu Menschen aufnehmen. Diese fremdartigen Wesen seien irgendwie in der Lage, das subjektive reale Erlebnis einer Begegnung in Menschen hervorzurufen. Wenn dies zutreffe, könne ein besonders sensitiver Mensch als eine Art mentaler Funkempfänger für kosmische Botschaften dienen. Der Schritt zu magischen Praktiken, die auf gleicher Ebene stattfinden, ist vollzogen.[6]

Der Kontakt zu außer- bzw. überirdischen Lebensformen steht bei den o.g. Gruppen von jeher im Vordergrund, beim „weißen" Zweig zur Erlangung von Weisheit, die auf „herkömmliche Weise" nicht erfahrbar ist; beim „schwarzen" Zweig, um Macht über andere Wesen - vorzugsweise der eigenen Gattung - zu erlangen und direkt in deren Leben und Bewußtsein eingreifen zu können und die uns umgebende Materie nach eigenen Vorstellungen zu modifizieren.

Kenneth Grant, Großmeister des Ordo Templi Orientis, schreibt in seinem 1975 erschienenen Buch *Aleister Crowley and the Hidden God*: „Crowley war sich der Möglichkeit bewußt, die räumlichen Zugänge zu öffnen und einen außerirdischen Strom in den menschlichen Lebensstrang fließen zu lassen...

Es entspricht den okkulten Überlieferungen - und Lovecraft verlieh ihnen in seinen Schriften nachhaltigen Ausdruck –, daß eine überzeitliche und übermenschliche Macht ihre Streitkräfte in der Absicht bereitstellt, die Erde zu überfallen und von ihr Besitz zu ergreifen...

Dies erinnert an Charles Forts dunkle Andeutungen in bezug auf eine Geheimgesellschaft dieser Erde, die schon heute mit diesen kosmischen Wesen Kontakte unterhält und möglicherweise bereits deren Ankunft vorbereitet.[7]

Aleister Crowley, einem der bedeutendsten Okkultisten und Sektengründer des 20. Jahrhunderts, wurde 1904 von der extraterrestrischen Entität Aiwaz das Buch *Liber al vel Legis* diktiert, welches Grundlage seiner weiteren Lehren wurde.

Howard Philipps Lovecraft (1890-1917) war ein amerikanischer Sonderling und Autor unheimlicher Geschichten, deren Stil und Inhalt selbst nach fast einhundert Jahren unnachahmlich geblieben sind. Ihm, der selbst mit seinen Freunden und anderen Autoren nur schriftlich verkehrte und Kontakte zur Außenwelt verabscheute, werden Verbindungen zu geheimsten okkulten Gruppierungen nachgesagt. Zu seinen Lebzeiten erschien lediglich ein einziges seiner Bücher: *Schatten über Innsmouth*.

„Lovecrafts in vielen seiner Geschichten auftauchende Vorstellung, daß die Erde in vorgeschichtlicher Zeit von den Angehörigen einer fremden Rasse (= „das ***schleimgraue***, klebrige Gezücht der Sterne") aus dem Weltall besucht wurde, macht ihn zu einem der Vorläufer der Präastronautentheorie um den Schweizer Schriftsteller Erich von Däniken."[8]

Nach August Derleth (1909-1971), der mit H.P. Lovecraft seit 1925 korrespondierte und sein Werk weiterführte, äußerte sich Lovecraft selbst wie folgt: „Alle meine Geschichten, wie unzusammenhängend sie auch zu sein scheinen, gründen sich auf die ursprüngliche Kunde oder Legende, nach der diese Welt früher von einer anderen Rasse bewohnt war, die in Ausübung schwarzer Magie den Boden verlor und verstoßen wurde, jedoch außerhalb unserer Welt weiterlebt, jederzeit bereit, von der Erde wieder Besitz zu ergreifen."[9]

Ambrose Gwinnett Bierce (1842-?), ein weiterer Großmeister der amerikanischen Horrorgeschichte und „geistiger Erbe" Edgar Allen Poes, der sich intensiven okkulten Forschungen und einem vergleichbaren Themenkreis widmete, verschwand übrigens - nach offizieller Fassung - angeblich spurlos in den Wirren der mexikanischen Revolution. Ein Umstand, dessen sich auch Strieber während seiner tapferen Versuche einer Kontaktaufnahme zu den „Grauen“ bewußt war.

Robert Anton Wilson schreibt in *Cosmic Trigger*: „Lovecraft hat mehrere Geschichten und Erzählungen geschrieben, in denen der „Ctulhu-Kult„ oder eine andere Geheimgesellschaft die Intrigen der feindlichen Fremden unterstützte; ich hatte dies den Illuminaten angedichtet und lachte mich halb krank beim Gedanken, daß irgendwelche naiven Leser so dumm sein würden, es zu glauben. Nun wurde von Kenneth Grant verkündet, daß der Ordo Templi Orientis um 1890 durch eine Fusion der Hermetischen Brüderschaft des Lichts P. B. Randolphs mit den ursprünglichen Bayrischen Illuminaten gegründet worden sei. Zum erstenmal überlegte ich mir (wie ich es mir während der Watergate-Skandale mehrmals erneut überlegt hatte): ‘Mein Gott, kann ich denn wirklich keine absurde paranoide Geschichte erfinden, ohne daß irgendwo ein Funken Wahrheit dahinter steckt?’“[10]

Vielleicht ist ein „fiktiver Dialog“, den R. A. Wilson in *Masken der Illuminaten* zwischen einem Schriftsteller und einem TV-Sprecher stattfinden läßt, unter ähnlichen Vorzeichen zu bewerten:

„‘Mit dem Zeitalter der Wissenschaft haben sie (die „Grauen“; Anm. d. Verf.) nur ihre Taktik ein wenig geändert. Zum Beispiel geben sie jetzt vor, in mechanischen Transportmitteln (Schiffen usw.) zu reisen, um der Idee der Außerirdischen gerecht zu werden. Doch die Transportmittel vollführen Manöver, die, wie die Skeptiker immer wieder hervorheben, jedes mechanische Schiff zerfetzen würden. Im Grunde manipulieren sie unseren Verstand, nicht unsere physikalische Realität.’“

‘Haben Sie denn irgendwelche konkreten Hinweise, daß dies die gleichen Wesen sind wie die, von denen in den traditionellen Überlieferungen die Rede ist?’

‘Nun, hier habe ich eine Zeichnung von einer der enochischen Intelligenzen, die mit Hilfe der Enochischen Schlüssel von Dr. John Dee beschworen wurde. Die Zeichnung stammt von Aleister Crowley, der sie nach der Beschwörung des Wesens aus dem Gedächtnis heraus anfertigte. Hat es nicht Ähnlichkeit mit den UFOnauten, so wie sie in letzter Zeit von unzähligen Kontaktpersonen beschrieben worden sind?’

‘Und sind sie wirklich der Meinung, daß sie unseren Verstand so manipuliert haben, daß wir nur das sehen und hören, was sie wollen?’

‘Ja, sie haben die Fäden in der Hand. Und unsere Realität besteht aus dem, was sie für uns entworfen haben.’“...[11]

Auch anerkannte Psychologen haben sich in einem Sinne ausgesprochen, der zu dem von Wilson persiflierten Konzept paßt: „Jung hatte absolut recht, wenn er in den fünfziger Jahren sagte, daß sich das Phänomen der Fliegenden Untertassen zu „einer wichtigen geistigen und religiösen Umwandlung der Menschheit“ entwickeln würde.[12] Viele Ufologen, auch Jacques Vallee und John Keel, haben festgestellt, daß sich die Mehrheit der Kontaktierten mystischen oder okkulten Gruppen anschloß und gelegentlich sogar neue messianische Kulte gründete. Niemand sollte indessen annehmen, daß diese seltsame Angelegenheit deshalb „bloß“ subjektiv sei.[13]

Bei dem oben erwähnten Dr. John Dee (1527-1608) handelt es sich übrigens um den berühmt-berüchtigten“ Magier, Alchimisten und Hofastrologen der englischen Königin Maria I., welcher wegen des Praktizierens von „schwarzer“ Magie und Zauberei mehrmals verfolgt wurde und als Ketzer abgeurteilt werden sollte. Die vorstehende Passage bezieht sich auf die Zeit zwischen 1581-1583, während der Dee zusammen mit dem Apotheker Edward Kelley (Talbot) (1555-1597) mehrere mediale Experimente ausführte und Kelley Botschaften und Beschwörungen in einer unbekannten, als henochisch bezeichneten Sprache übermittelt wurden, die ursprünglich auf dem sagenhaften Kontinent Atlantis gesprochen worden sein soll. Die henochische Sprache kann angeblich, wie Philologen (Sprachwissenschaftler) festgestellt haben sollen, unmöglich eine künstliche Sprache sein. Dennoch gibt es in der gesamten überlieferten (offziellen) Geschichtsschreibung der Erde keinen Hinweis, wo und wann sie als lebende Sprache gesprochen worden sein könnte. Sie bildete die Basis für ein umfassendes magisches System, die henochische Magie. Die so entstandenen 19 magischen Anrufungen dienten wiederum als Grundlage einer Vielzahl von magischen Operationen und Ritualen und wurden außer von Aleister Crowley auch von dem Satanisten und Gründer der „First Church of Satan“ Anton Szandor La Vey benutzt.

Über das von den „Grauen“ angeblich benutzte Symbol des Dreiecks bzw. die von Strieber erwähnten geklopften Dreiergruppen schreibt Eliphas Levi alias Abbé Alphonse-Louis Constant (1810-1875) - Rosenkreuzer und einer der bekanntesten Okkultisten des 19. Jahrhunderts - in seinem Standardwerk *Transzendentale Magie*: „Der Zirkel des G∴ A∴ und der Winkel Salomons sind zum groben und materiellen Niveau des unverständigen Jakobi(nis)mus (des schottischen Zweigs der Freimaurerei (?) - Anm. d. Verf.) geworden, verwirklicht durch ein stählernes Dreieck: für den Himmel und für die Erde.“ Und: „So begann auch die Herrschaft des Aberglaubens und muß bis zu jener Zeit dauern, da die wahre Religion sich auf den ewigen Grundlagen der dreigradigen Hierarchie und der dreifachen Macht, die nach Schicksal oder Vorsehung die Dreiheit in den drei Welten übt, wieder aufrichten wird.“[14]

Nach anderen Überlieferungen sollen untere göttliche Wesen gern in Neunergruppen oder Vielfachem davon auftreten, so die Walküren, die neun Arten von Elfen und, im griechischen Bereich, die Musen. Für Opfer galt die Neun gleichfalls als wichtigste Zahl - entweder wurden neun Dinge geopfert, oder, wie im alten Dänemark, alle neun Jahre ein Opferfest gefeiert, bei dem neun Häupter jeder männlichen Gattung dargebracht wurden.[15]

Auch Whitley Strieber bemerkt in diesem Zusammenhang: „Ich frage mich, ob die schamanische Sprache der Symbole und Mythen ein besseres Verständnis für die Motive der Besucher ermöglichen würde“ und „Vielleicht handelt es sich (bei Engeln und Dämonen, Anm. d. Verf.) um Manifestationen einer essentiellen Energie des Universums.“[16]

Strieber macht aus seinen frühen Verbindungen zu Gurdijeff- und Ouspensky-Gruppen und dem intensiven Kontakt zu Repräsentanten des „runden Sanktuariums“, einer Art Unterorganisation des amerikanischen Zweigs des Wicca-Kultes keinen Hehl. In seinen Büchern erwähnt er einige Male den Einsatz bestimmter Praktiken, die in Ritualen der erwähnten Glaubensrichtungen Verwendung finden.

Ein zusätzliches Indiz einer möglichen Verbindung des UFO-Phänomens zu zumindest einem Teilbereich des Okkultismus liefern Fälle, die in Jacques Vallees Büchern *Confrontations* und *Revelations* beschrieben werden. Sie beinhalten übrigens wenig bekannte Fälle, bei denen der (potentielle) Kontakt mit den Anderen mit einem tödlichen Ausgang für den oder die Kontaktierten verbunden war - ohne daß Waffen oder aggressives Verhalten seitens der Kontaktierten im Spiel waren.

Nach einer UFO-Sichtung in Rio de Janeiro, Brasilien, Ende April 1980 wurden zwei Elektroniker, Miguel José Viana und Manuel Pereira da Cruz unter ungeklärten geheimnisvollen Umständen tot aufgefunden. Bei den Opfern wurden selbstgefertigte Bleimasken gefunden. Sollten sie deren Augen vor irgendeiner Form von Strahlung schützen? Miguels Schwester sagte bei einem Polizeiverhör aus, daß ihr Bruder von einer „geheimen Mission" gesprochen habe. Die Witwe von Manuel Pereira da Cruz bezeugte die Beziehung der beiden Opfer zu einer „spirituellen" Gruppe, die von sich behauptete, mit anderen Planeten zu kommunizieren.

Fast schon aus den Weird Tales entnommen mutet eine der Notizen an, die bei den Leichen gefunden wurde und besagte:

„Treffen am vereinbarten Punkt um 16:30. Um 18:30 Einnahme(?) der Kapseln.
Nach Eintritt des Effekts obere Hälfte des Gesichts mit Bleimasken schützen.
Das vereinbarte Signal abwarten."

Erwarteten die beiden Männer einen Kontakt mit einem UFO? Oder waren sie, viel prosaischer, Teilnehmer eines fehlgeschlagenen spirituellen Experiments?[17]

Auch der Fall von Albacete, Spanien könnte in diesen Bereich passen:

Im Jahr 1970 kam eine spanische Forschungsgruppe in Besitz der Kopie eines Briefes der UMMO-Gruppe an die CIA. In diesem Brief hieß es, daß sich zwei Außerirdische, die sich aufgrund ihres skandinavisch anmutenden Aussehens wohl als dänische Ärzte ausgegeben hatten, von 1952 bis zum Februar 1954 im Haus der Margareta Ruiz de Lihory y Resino, Marquise von Villasante und Baronin von Alcatrali aufgehalten und seltsame Experimente ausgeführt hätten.

Die Untersuchung des Falles zeigte zunächst insgesamt einen eher lächerlich anmutenden Versuch des UMMO-"Kultes", eines UFO-Kultes, dessen Wirken von Vallee eingehend untersucht wurde, seine eigentlichen Enthüllungen mit der zwielichtigen und vermeintlich aufregenden Welt der Geheimdienste in Verbindung zu bringen.

Bestimmte, während der Untersuchung zu Tage tretende Fakten, beinhalten jedoch wiederum reichlich bizarre Elemente: Als die Tochter der Marquise aus erster Ehe, Margot Shelly, im August 1953 schwer erkrankte, waren die beiden „Ärzte" offensichtlich tatsächlich anwesend, denn sie stellten zwei extrem abweichende Diagnosen. Unmittelbar darauf wurde die Patientin auf Veranlassung ihrer Mutter der Obhut der besten Ärzte Madrids übergeben, die jedoch nicht verhindern konnten, daß Margot Shelly am 19. Januar 1954 im Alter von 42 Jahren im Haus ihrer Mutter starb.

In der Zeitspanne zwischen ihrem Tod und ihrer Beerdigung schnitt ihr ein unbekannter Barbar eine Hand ab, entfernte beide Augen und die Zunge. Diese Operationen wurden unter Anwendung chirurgischer Techniken fachgerecht ausgeführt. Im Verlauf der auf die Entdeckung der Greueltat folgenden Polizeiaktion wurden die fehlenden Körperteile im Hause der Mutter Shellys (die Mutter wurde von einem ihrer eigenen Söhne angezeigt) gefunden.

Doña Margareta und ihr Mann wurden auf Anordnung des Gerichts einen Monat lang in einer psychiatrischen Klinik beobachtet, doch beiden wurde anschließend eine völlige geistige Gesundheit ohne die geringsten Anzeichen irgendeiner Störung attestiert.

Nachforschungen ergaben folgende weitere „Lovecraft-Faktoren“: Auf dem Gut der Marquise gab es mehrere Gebäude, auch einige Wohnhäuser, die von niemandem betreten werden durften. Angeblich hatte die Marquise bereits 1952 ihr Anwesen geschlossen. Auf ihren Gütern wurden tatsächlich irgendeine Art von Experimenten ausgeführt. Viele Hunde kamen auf mysteriöse Weise ums Leben, manche wurden mit geöffnetem Magen (!) gefunden, andere waren mumifiziert.

Im Hof ihres Hauses an der Calle Major befand sich ein Friedhof für Katzen und Hunde, und ein Zeuge sah zahlreiche Tierköpfe, die in silbernen Behältern in einem Zimmer aufbewahrt wurden. Doña Margarita stritt jedoch vehement ab, daß jemand anderes als ihr Tierarzt Tiere auf dem Anwesen behandelt habe. Dieser wies jedoch eine Beteiligung an der Sektion der Tiere weit von sich.

Der langjährige Butler der Marquise erzählte Journalisten, daß es in dem Haus der Doña an der Calle Mayor in Albacete, einem der ältesten Gebäude der Stadt, einen Bereich gebe, der als Cuarto del Moro bezeichnet werde. Es war „ein schrecklicher Ort, den man durch eine metallene Falltür erreichte, durch die nur zwei Menschen paßten. Sie (die Marquise) verbrachte viele Stunden dort unten. Ich weiß nicht, was sie dort tat, aber wenn sie wieder heraufkam, war sie bleich wie eine Leiche.“ Die Falltüre wurde in Doña Margaritas Schlafzimmer gefunden. Der Butler nimmt an, daß es unter dem Haus noch weitere unterirdische Kammern gibt.

Der Fall Kirk Allen könnte, wäre er nicht äußerst real, direkt aus der Feder von H.P. Lovecraft stammen und hätte fast als Vorlage für die Erzählung „Der Schatten aus der Zeit“ (1933) dienen können.

Kirk Allen war - interessanterweise - auf einem geheimen Stützpunkt in New Mexiko tätig, wo gerade an der Wasserstoffbombe gearbeitet wurde. Nach Aussage eines Arztes, der bei der Regierung und ebenfalls auf dem Stützpunkt angestellt war, handelte es sich bei Allen um einen brillanten wissenschaftlichen Forscher, der „in jeder Hinsicht völlig normal“ war bis auf die Tatsache, daß er eine erstaunliche Menge von Detailinformationen über eine andere Welt gesammelt hatte - eine Welt, die ihn immer stärker zu beschäftigen schien, bis er seine Arbeit zu vernachlässigen begann.

Der Stützpunktarzt wandte sich an den erfolgreichen Psychiater Dr. Robert Lindner in Baltimore, der später diesen bemerkenswertesten Fall seiner Praxis in seinem Buch *The Fifty-Minute-Hour: A Collection of True Psychoanalytic Tales* zusammenfassen sollte, nachdem Allen, auf den Leistungsabfall seiner Abteilung befragt, sich wortreich entschuldigt und dann gelobte hatte, fortan „mehr Zeit auf diesem Planeten zu verbringen". Die Behörden meinten wohl, daß der Zeitpunkt gekommen wäre, die Hilfe eines Fachmannes in Anspruch zu nehmen.

Entgegen der ersten Annahme Dr. Lindners, handelte es sich bei Allen nicht um einen „verrückten Wissenschaftler", sondern um einen „energisch wirkenden Mann von durchschnittlicher Größe, blond, mit klarem Blick" und trotz der langen Reise makellosem Äußeren. Er kam Dr. Lindner vor wie ein „...junger leitender Angestellter...", der gerade genug verhalten sprach, um auszudrücken, daß er die Situation, in der er sich befand, für einigermaßen peinlich hielt.

Bei der ersten Sitzung erfuhr Dr. Lindner, daß sich bei Allen, einem begeisterten Leser von Science-Fiction-Geschichten, irgendwie die Idee festgesetzt hatte, eine Reihe von Geschichten, deren Hauptperson den gleichen Namen trug wie er, seien in Wirklichkeit Teile seiner eigenen Biographie. Die Geschichten hatten mit weit entfernten Welten auf anderen Planeten zu tun. Allen war besessen von der Idee, seine Biographie zu vervollständigen und Widersprüche zwischen, wie er sie nannte, verschiedenen Teilen der „Aufzeichnung" aufzuklären. Er fand bald darauf heraus, daß er die Fähigkeit besaß, psychisch in die Welt des anderen Kirk Allen zu reisen.

Man kann sich kaum eine Vorstellung von Kirks Aufzeichnungen machen...es waren ungefähr zwölftausend getippte Seiten, auf denen die berichtigte Biographie von Kirk Allen niedergeschrieben war. Das Werk war in etwa 200 Kapitel unterteilt, die sich lasen wie ein Roman...

Abgesehen von dem riesigen Manuskript enthielt das „Gesamtwerk" Allens unter anderem ein Glossar von Namen und Begriffen mit einem Umfang von mehr als 100 Seiten, 83 kolorierte und maßstabsgerecht gezeichnete Karten unter anderem 23 Planeten in vier Projektionen, 31 Karten der Landmassen dieser Planeten und 14 Karten mit der Aufschrift „Kirk Allens Expedition nach..." usw. usw.

Angesichts dieser Menge von Material machte sich der tapfere Psychiater verständlicherweise mit einem ziemlich unguten Gefühl an die Aufgabe, Allen von seiner Besessenheit zu befreien.

Nachdem Dr. Lindner mehrere Strategien zur Heilung Allens erwogen hatte, kam er zur Überzeugung, der einzige Weg bestehe darin, sich auf die Phantasien seines Patienten einzulassen und in sie einzudringen, um diesen von dieser Ebene aus zu befreien. Die Faszination des Arztes indes wuchs während der Beschäftigung mit Allen Stunde um Stunde, und er wurde mehr und mehr in das Spiel hineingezogen, ja erwartete aufgeregt die Daten, die sein Patient von seinen psychischen Reisen mitbrachte.

Nach einiger Zeit versuchte der Arzt sogar selbst, bestimmte Diskrepanzen, die sich aus den Berichten Allens ergaben, aufzulösen. Eines Tages aber gestand Allen dem Arzt, er habe diesen Unfug nur erfunden und schon vor einigen Wochen mit seinen Reisen aufgehört. Der Patient hatte also, um dem Therapeuten (der sich zu weit auf Allens Phantasien eingelassen hatte, die inzwischen in dessen, Lindners, eigenem Leben ein wichtiges Bedürfnis befriedigten) einen Gefallen zu tun, so getan, als wären die Reisen real gewesen.

Dr. Lindner stand nun vor dem Problem, sich selbst heilen zu müssen. Vallee hält die folgende Passage seines Buches für die bemerkenswerteste überhaupt:

Bevor Kirk Allen in mein Leben trat, hatte ich nie an meiner Stabilität gezweifelt. Verwirrungen des Geistes...gab es nur bei anderen...Es ist jetzt Jahre her, seit ich Kirk Allen zuletzt gesehen habe, aber ich muß oft an ihn denken, an die Zeit, in der wir zusammen die Galaxis durchstreiften.

Nach diesem kurzen Exkurs zurück zur Verbindung UFO-Phänomen und Magie.

Dr. Jacques F. Vallee, einer der bekanntesten UFO-Forscher - Assistent von Dr. J. Allen Hynek, einem amerikanischen Astronom, der mehr als zwanzig Jahre lang Berater der Air Force für UFOs war - Spielbergs Berater und Vorlage für den Charakter des Lacombe in dem Film *Unheimliche Begegnung der dritten Art*, impliziert in *Dimensions* einen weiteren Faktor: den Ablauf von Initiationsritualen, der auf frappierende Weise Ähnlichkeiten mit einer Kontaktaufnahme durch die Fremden aufweist.

Phase: Der Kandidat wird mit Angehörigen der (okkulten) Gruppe konfrontiert, die spezielle Gewänder tragen

Phase: Ihm werden die Augen verbunden

Phase: Er wird am Arm entlang einer schwierigen, unebenen und rauhen Strecke geführt

Phase: Er wird in einen eigens für diesen Zweck eingerichteten fensterlosen Raum geführt und so plaziert, daß er nur Teile des Raums sehen kann

Phase: Er wird der Präsenz eines „Meisters" zugeführt

Phase: Er wird einer Prüfung unterzogen und muß bestimmte Fragen beantworten

Phase: Es werden ihm verschiedene Symbole gezeigt, die ihn an den Tod erinnern sollen

Phase: Die Situation läßt darauf schließen, daß er die schwere Prüfung möglicherweise nicht überleben wird

Phase: Es wird ihm ein rituelles Getränk oder eine entsprechende Speise verabreicht.

Phase: Seine Augen werden erneut verbunden, und er wird hinausgeführt.[18]

Zu Phase 9 ist zu bemerken, daß Strieber, Vallee und viele Entführte - ja sogar Lovecraft - von der freiwilligen oder erzwungenen Einnahme seltsamer Flüssigkeiten sprechen.

Auch einige Bestandteile der griechischen Mysterien zeigen verblüffende Ähnlichkeit mit dem derart strukturierten Handlungsablauf einer UFO-Entführung. Sie wurden unter größter Geheimhaltung vollzogen; der Kandidat mußte einen feierlichen Eid ablegen, daß er niemals etwas von dem preisgeben würde, was er sah oder was ihm mitgeteilt wurde.

Das Wort Mysterium soll auf das griechische Wort *myein*, „schließen" zurückgehen, womit das Verschließen der Lippen zur Wahrung des Geheimnisses gemeint ist, und der Initiierte selbst wurde als *mystes* bezeichnet, „der in die Geheimnisse Eingeweihte".

Der Tod war der Schlüssel zu allen größeren Mysterien. Dem Kandidaten für die höchsten Grade wurde offenbar eine Form von Gotteserfahrung durch Todeserfahrung vermittelt, die oft sehr nachdrücklich inszeniert wurde. Er nahm gewissermaßen an der Generalprobe zu seinem eigenen Tod teil. Deshalb wurde die Initiation als *telete* bezeichnet, ein Wort, das mit *teleute*, Tod verwandt ist. Die Erfahrung wurde in manchen Fällen offenbar so realistisch vermittelt, daß der Kandidat nach seinen langen Nachtwachen und Fastenübungen offenbar in einen hypnotischen Schlaf oder einen anderen Zustand „geistiger Umnachtung" versetzt wurde, so daß sein feinstofflicher Leib in das volle astrale Bewußtsein heraustreten konnte.

Der wichtigste Teil des Ritus fand in einem Teil des Heiligtums statt, der speziell diesem Zweck diente. Der Kandidat wurde in einen Vorraum geführt, wo man ihn knebelte. Er bekam eine Binde über die Augen und zusätzlich eine Kapuze über den Kopf, und die Hände wurden hinter seinem Rücken gefesselt. Dies symbolisierte seinen Zustand der Taubheit, Blindheit, Unwissenheit und allgemeinen Unbedarftheit. Dann wurde er in das Hauptgemach geführt und wie ein Toter auf den Boden gelegt, woraufhin seine Totenfeier begangen wurde. Danach gebot man ihm, sich zu erheben, und vertraute ihn einem Mystagogen an, der den Gott Hermes repräsentierte, den *psychopompos* („Seelenführer"), dessen Aufgabe es war, die Toten durch die Unterwelt zu geleiten.

Danach folgte ein Abstieg in ein unterirdisches Gemach, in dem lärmende und bedrohliche Stimmen widerhallten. Anschließend mußte sich der Kandidat durch die verschlungenen Pfade eines gefährlichen Labyrinths hindurchtasten, das, wie Plutarch sagt, „Erstaunen, Zittern und Schrecken" hervorrief. Origenes, der aus einem älteren Bericht zitiert, spricht von der furchterregenden „Fratze von Phantomen", die vielleicht die Bewohner der Unterwelt repräsentieren.

Nach einem Aufstieg in einen oberen Raum wurden ihm die Fesseln gelöst und die Augenbinde plötzlich abgenommen, und er fand sich in einem hell erleuchteten und reich geschmückten Saal inmitten seiner Brüder wieder.[19]

Eine Theorie, die ebenfalls seit einiger Zeit für einen Schlagabtausch der beteiligten Untersucher sorgt, basiert auf der These, daß die Entnahme von Gewebeproben Entführter Teil eines genetischem Forschungsprojekts zur „Rettung" der Menschheit sei. Von den Gegnern dieser Theorie wird zu Recht angeführt, daß das Verfahren, kleine Körperstücke von Probanden abzuschneiden, eine bemerkenswert primitive Methode für eine Spezies darstelle, die ansonsten scheinbar fortschrittlich genug sei, interplanetarische Fahrzeuge zu steuern.

Sogar unsere eigene medizinische Wissenschaft kann heute aus einem Abstrich des Mundinnern eine Vielzahl von Informationen ermitteln und - entgegen der gängigen Praxis der „Grauen" - Blut, Samen, Eier oder Gewebeproben entnehmen, ohne dauerhafte Narben oder Traumata zu hinterlassen. Die heutige Molekularbiologie - die auf der Erde noch in ihren Kinderschuhen steckt - erlaubt es bereits, aus solchen Proben den genetischen „Fingerabdruck" zu ermitteln. Das Befruchten der Eier und die Erzeugung von Embryos stellt ebenfalls kein Problem mehr dar. Durch Klonen könnten diese Wesen beliebig vervielfältigt werden.

Bei der Suche nach einem möglichen Motiv dieser Vorgehensweise wird man aber auf seltsame Weise an die alten Traditionen der „Blutsbrüderschaft" oder der Einnahme einer kleinen Menge Gewebes oder Blutes eines anderen Lebewesens mit dem Ziel, dessen Fähigkeiten zu erlangen, erinnert.

Alexandra David-Neel bemerkt in *Magic and Mystery in Tibet*: „Es gibt...bestimmte Menschen, die einen derart hohen Grad spiritueller Vollkommenheit erlangt haben, daß die ursprüngliche materielle Substanz ihrer Körper in eine subtilere verwandelt wurde, welche ganz spezielle Qualitäten aufweist. ... Nur wenige Leute können die Änderung wahrnehmen, die in diesen außergewöhnlichen Männern vor sich gegangen ist." Die Einnahme eines Bissens ihres transformierten Fleisches produziere eine spezielle Art der Ekstase und ermögliche der einnehmenden Person die Erlangung von Wissen und übernatürlichen Kräften (1929). So gesehen, nehmen die Wörter Jesu: „Nehmt, eßt, dies ist mein Fleisch..." eine ganze neue Bedeutung an. Zudem ist die Annahme, daß die fremden Wesen, um einen andauernden Kontakt und eine Kontrolle zu gewährleisten, eine derartige physische Bindung herbeiführen möchten, nicht völlig abwegig.[20]

In seiner Studie *Passport to Magonia* (1969) präsentierte der französische Wissenschaftler Jacques Vallee bereits viele Ähnlichkeiten zwischen Feen- und UFO-Erscheinungen.

Jean Bastide ging in *La memoire des OVNI* (1978) noch weiter und sagte, daß aktuelle Kontakte mit Außerirdischen präzise den selben Regeln folgen würden wie Kontakte zu mehr oder weniger menschenähnlichen Wesen der Vergangenheit.

Historisch gesehen, werden die Götter der alten Religion meist die Dämonen der neuen Religion, die sie ablöst. Die alte Tradition vom Dämonen zeigt uns die Präsenz hoher spiritueller Wesen mit der Macht für das Gute. Dieser Begriff ist unter den großen der Magie, Alchimisten und heiligen Männern der Tibetaner erhalten geblieben.

Derartige Traditionen zeigen uns, daß die im allgemeinen von Dämonen angenommenen Formen weit davon entfernt sind, furchterregend zu sein; zumindest zu Beginn des Kontakts, wenn die Wesen versuchen, einen guten Eindruck auf den zu Kontaktierenden zu machen. Sie erscheinen als Kinder, sanfte alte Leute oder gutaussehende junge Menschen beiderlei Geschlechts. Obwohl eindeutig nicht menschlich, zeigen sie viel Findigkeit und Gerissenheit. Sie können schmeicheln, zaubern und mit vollendeter Fertigkeit drohen und schmeicheln.

Auch die Hybridisierung von Mischwesen hat ein Gegenstück in der geschichtlichen Vergangenheit. So gab es Berichte, daß Kinder der Vereinigung eines Inkubus mit einer menschlichen Frau geboren wurden. Ein Theologe des siebzehnten Jahrhunderts, Fr. Ludovicus Sinistrati überliefert: „Für Theologen und Philosophen ist es ein Faktum, daß durch Kopulation von Menschen (Mann oder Frau) mit Dämonen manchmal menschliche Wesen gezeugt werden. ... Sie bemerken außerdem, daß die auf diese Weise gezeugten Kinder groß, sehr stark, kühn, prächtig und sehr böse sind..."

Jacques Vallee bemerkt zu Fr. Sinistratis Überlegungen: „Hierbei handelt es sich um eine vollständige Theorie des Kontaktes zwischen unserer Rasse und einer anderen Rasse, nicht-menschlich, von unterschiedlicher physischer Natur, aber mit uns biologisch kompatibel.“ Vallee kommentiert weiterhin: „In der UFO-Literatur gibt es viele andere Berichte über versuchte Diebstähle von Flora und Fauna, welche an eine andere Art Legenden erinnern, die übernatürliche Kreaturen betreffen ... die auf unsere Welt kommen, um unsere Erzeugnisse, unsere Tiere oder sogar Menschen zu stehlen.“ (Vallee, 1969).

Auch beim Thema M.I.B. (Men in Black) gibt es eine Verbindung zu okkulten Themen. So sind, nach John Keel, die M.I.B. Repräsentanten der „Nation des dritten Auges“ (Nation of the Third Eye). Angeblich sollen Wesen vom Sirius mit uns bereits seit langer Zeit in Verbindung stehen. George Hunt Williamson (einer der frühen Kontaktierten) schreibt in seinem Buch *Other Tongues, Other Flesh* (in etwa „andere Sprachen, anderes Fleisch“), die Erdallierten des Sirius, z.B. einige Geheimgesellschaften, benutzten das Auge des Horus als Erkennungszeichen. Dieses Symbol sollen auch M.I.B. tragen.

Bestimmte Geheimgesellschaften glauben an eine „große weiße Loge“ auf Erden. Sie nennen diese Loge „Shambhala oder Shamballa„ und halten sie für den spirituellen Mittelpunkt der Welt. Heute siedeln Theosophen wie Alice Bailey die „große weiße Loge“ direkt auf dem Sirius an. Wenn also das „allsehende Auge“ das Symbol von Sirius-Anhängern auf der Erde ist, die M.I.B. dieses Symbol tragen, und Shamballa die „große weiße Loge“ auf der Erde repräsentiert, könnte man die M.I.B. für Gesandte von Shamballa halten. Sirius und Shamballa zeigen sich als zwei Seiten derselben Münze. Diese Annahme wird von Stephen Jenkins in seinem Buch *The Undiscovered Country* unterstrichen. Ein buddhistischer Priester soll Jenkins mitgeteilt haben, daß Shamballa in dem Sternbild Orion zu finden sei.

Der Eingang nach Shamballa wird gewöhnlich an einem Ort in der Trans-Himalaya-Region vermutet. Andere behaupten, er befände sich im Herzen der Wüste Gobi (sinnigerweise gibt es unbestätigte Berichte über abgestützte Flugscheiben und Basen in dieser Region). Nach dem Forscher Nikolai Roerich gibt es am Fuße des Himalaya Höhlen mit unterirdischen Passagen, die noch unerforscht sind. In einer dieser Passagen soll sich ein steinernes Tor befinden, das noch niemals geöffnet wurde, da die Zeit seiner Öffnung noch nicht gekommen wäre. (Auch hierzu gibt es Parallelen in den Erzählungen Lovecrafts).

Nikolai Konstantinowitsch Roerich, geboren am 9. Oktober 1874 in St. Petersburg, Künstler, Philosoph und Humanist von Weltrang, Initiator des sogenannten „Roerich-Pakts“ zum Schutz von Kulturgütern im Kriegsfall, startete im März 1925 in Srinagar, Kaschmir, eine der ungewöhnlichsten Expeditionen unseres Jahrhunderts. Roerich - der Mann, der übrigens dem damaligen (1933) Vizepräsidenten des Freimaurerstaats Vereinigte Staaten von Amerika vorschlug, das Symbol einer Pyramide auf einem Geldschein (siehe 1-Dollar-Note) zu verwenden, um es der Öffentlichkeit wieder ins Bewußtsein zu rufen, und der die Anerkennung von so bedeutenden Zeitgenossen wie George Bernard Shaw, Albert Einstein, H. G. Wells und Rabindranath Tagore, des späteren Nobelpreisträgers für Literatur fand - hatte sich das Ziel gesetzt, die Länder und Menschen Zentralasiens und deren kulturelles Erbe zu erkunden.

Seine Bücher allerdings wiesen auf das eigentliche Ziel hin, das rätselhafte Shambhala im Inneren Asiens, die Quelle des Wissens der buddhistischen Mythologie...

Am 5. August 1926, so berichtet Roerich in seinen Büchern *Shambhala* und *Altai-Himalaya*, sahen die Expeditionsmitglieder am Himmel einen riesigen schwarzen Geier kreisen. Dann tauchte plötzlich ein großes, leuchtendes Objekt hinter dem Vogel auf, kreuzte mit großer Geschwindigkeit das Lager der Expedition und verschwand wieder im tiefblauen Himmel. „Ein Zeichen von Shambhala“, sagte ein begleitender Lama. „Ein sehr gutes Zeichen, wir werden beschützt.“ - „Habt ihr Euch die Richtung gemerkt, in der sich die Kugel bewegt hat?“ wurde Roerich später von einem alten weisen Lama-Mönch gefragt. „Genau diese Richtung müßt ihr einschlagen, es ist der Weg nach Shambhala! Es sind die Krieger von Shambhala“, erklärte ihm der alte Mönch, „die schützende Kraft von Shambhala folgt Euch.“ - „In Zeiten der Krise haben die Shambhala-Krieger in Form von leuchtenden Kugeln gegen die Kräfte des Bösen gekämpft“, heißt es in einer alten Sage.

Der belgische Jesuitenpater Albert d´Orville bereiste im 17. Jahrhundert als einer der ersten Europäer das damals noch legendäre Land Tibet. Aus der Zeit seines Aufenthalts in Lhasa finden wir in seinem Tagebuch folgende Aufzeichnungen vor:

„1661 - November: Meine Aufmerksamkeit wurde auf etwas gelenkt, das sich hoch am Himmel bewegte. Zuerst dachte ich, es wäre eine unbekannte Vogelart, die in diesem Land lebt, bis sich das Ding näherte und die Form eines doppelten chinesischen Hutes annahm, während es sich leise drehend fortbewegte, als würde es von den unsichtbaren Flügeln des Windes getragen. Es war sicher ein Wunder. Zauberei. Das Ding flog über der Stadt, und so, als wolle es bewundert werden, flog es zwei Kreise, wurde dann von Nebel umgeben, und wie sehr ich meine Augen auch angestrengt habe, es konnte nicht länger gesehen werden. Ich fragte mich, ob mir die Höhe, in der ich mich befand, nicht einen Streich gespielt hätte, als ich ganz in der Nähe einen Lama bemerkte und ihn fragte, ob er es auch gesehen hatte. Er sagte er zu mir: „Mein Sohn, was Du gesehen hast, war keine Zauberei. Denn Wesen von anderen Welten befahren seit Jahrhunderten die Meere des Raums und brachten den ersten Menschen, die die Erde bevölkerten, geistige Erleuchtung. Sie verurteilten alle Gewalten und lehrten die Menschen, einander zu lieben, obwohl diese Lehren wie ein Samenkorn sind, das auf Stein ausgesät wurde und nicht keimen kann. Diese Wesen, die hellhäutig sind, werden von uns stets freundlich empfangen und landen oft in der Nähe unserer Klöster, wenn sie uns lehren und Dinge enthüllen, die verlorengegangen sind in den Jahrhunderten der Kataklysmen, die das Angesicht der Erde verändert haben.“[21]

Im Jahre 1930 gründete Morris Doreal aus Colorado (einem Staat, dem nachgesagt wird, er sei die Heimat einer weit entwickelten, unterirdisch lebenden, humanoiden Rasse) die Bruderschaft des weißen Tempels. Doreal gibt an, der Eingang zu

Shamballa befinde sich tief im Erdinnern, und behauptet, der Weltraum biege sich um Shamballa und berge einen Zugang zu einem anderen Universum.

Nach dem von Madame Blavatsky übersetzten *Buch des Dzyan* befindet sich der Sitz der Adepten von Shambhala in der Mitte der Wüste Gobi, wo sie Zuflucht suchten, als der Erdteil Atlantis in der großen Flut unterging. Vor alter Zeit war der Ort eine Insel in dem Meer, das damals die jetzige Wüste ausfüllte, und ist sehr schön.

„Von dort aus stiegen die Schlangen wieder herab und machten Frieden mit der fünften Rasse, (den Überlebenden) welche sie lehrten und unterwiesen. Die Nagas (Schlangen) der indischen und tibetischen Adepten waren menschliche Schlangen, keine Reptilien, sondern Weise, deren Symbol die Schlange war, Symbol der Unendlichkeit, der Wiedergeburt."

Helena P. Blavatsky erzählt von den unterirdischen Krypten von Theben und Memphis im alten Ägypten. „Sie waren bekannt als die Schlangen-Katakomben oder -Gänge." In ihnen hätten die heiligen Mysterien des „Kreises der Notwendigkeit" stattgefunden. „Sie stellten das unerbittliche Schicksal dar, das jeder Seele nach dem körperlichen Tode (...) auferlegt wird."

De Bourgourg läßt in seinem Buch *Votan* den mexikanischen Halbgott während der Schilderung seines Auszuges einen unterirdischen Durchgang beschreiben, der unter dem Boden verlief und die Wurzel der Himmel erreichte. Dieser Höhlengang, sagt Votan, sei „ein Schlangenloch", und er sei durchgelassen worden, weil er selbst ein „Sohn der Schlangen" war. Die Hierophanten Ägyptens wie auch Babylons nannten sie allgemein „Söhne des Schlangengottes", schreibt Blavatsky. Über mexikanische Indianer äußerte sie sich in *Die entschleierte Isis*: „Die Pueblo-Häuptlinge scheinen gleichzeitig Priester zu sein, sie nehmen verschiedene einfache Riten vor, durch die der Macht der Sonne und Montezumas gehuldigt wird, ebenso der Macht der großen Schlange, von der sie, auf Befehl Montezumas, Leben zu erwarten haben. Sie nehmen auch gewisse Zeremonien vor, durch die sie um Regen bitten. Sie haben gemalte Darstellungen der großen Schlange, zusammen mit einer solchen eines mißgestalteten rothaarigen Mannes, der nach ihrer Erklärung Montezuma vertritt. Von ihm ward im Jahre 1845 in Pueblo de Laguna ein rohes Bild oder Idol gefunden, das anscheinend nur den Kopf der Gottheit darstellen sollte."

Seit Beginn der menschlichen Geschichtsschreibung tauchen Legenden über die Existenz einer schlangenartigen Rasse auf. Diese Mythen erzählen von einer mysteriösen Rasse übermenschlicher Reptilwesen, die vom Himmel herabstiegen, um an der Schöpfung der menschlichen Rasse teilzuhaben. Sie lehrten die Menschen den Gebrauch der Wissenschaften, ließen uns an „verbotenem" Wissen teilhaben, erlegten uns erste Basiskomponenten einer späteren sozialen Ordnung auf, sorgten für eine Art „Zuchtauslese" und überwachten fortan unsere Entwicklung.[22]

Diese schlangenartigen Wesen waren nicht allein, sondern Teil eines Gefolges scheinbar übermächtiger Wesen - den Göttern der Menschen des Altertums. Reptilartige Götter wurden in so unterschiedlichen und weit verstreuten Kulturen wie jene von Sumer, Babylon, Indien, China, Japan, Mexiko und Zentralamerika gefürchtet und verehrt. Bis zum heutigen Tage steht der Drache oder die Schlange in vielen asiatischen Ländern für das göttliche Erbe und Königreich, während im Westen die Schlange Weisheit und Wissen repräsentiert. Das Symbol zweier um einen Stab (ursprünglich der in den alten Mythen erwähnte Baum der Weisheit) gewikkelten Schlangen, als Caduceus bekannt, wird heute von vielen medizinischen Einrichtungen (so z.B. der American Medical Association) als Emblem verwendet. Entführte berichten von Symbolen der Fremden, die dem Symbol eines auf dem Kopf stehenden Dreiecks, das zwei ineinander verschlungene Schlangen umrahmt, ähneln. Alte medizinische Symbole sollen über den Schlangen eine Abbildung einer fliegenden Scheibe zeigen.

Unabhängig von den in den Berichten Entführter erwähnten Wesen - Graue, Blonde, Reptilien oder andere - scheint das Szenario Tausender bisher untersuchter Fälle immer und immer wieder dem gleichen „Drehbuch" zu folgen. Zusätzlich zu den an den Entführten vorgenommenen zahlreichen medizinischen Prozeduren berichteten Entführte von Informationen, die ihnen in Form von Symbolen oder Bildern - oft unklarer Bedeutung - übermittelt wurden. Gemeinsam war ihnen oft nur der Hinweis auf zukünftige, auf Erden stattfindende Katastrophen. Die Wesen bezeichnen sich manchmal selbst als „Beobachter„, „Wächter„ oder „Bewahrer der Menschheit" und aller Lebewesen auf Erden und behaupten, sich auf in naher Zukunft bevorstehende globale Veränderungen vorzubereiten, die alles Leben auf unserem Planeten dramatisch beeinflussen werden. In einigen Fällen deuteten sie an, daß sie aus verschiedensten Teilen des Universums einschließlich anderer Galaxien oder von „weit entfernten Orten" kommen würden.

Hinweise auf Beobachter, gute und böse Engel sowie Hybrid-Babys, finden sich in vielen alten Texten, einschließlich dem Alten Testament der Christenheit, dessen Verfasser offensichtlich viele Informationen aus noch älteren Dokumenten übernommen haben, so auch das Buch Henoch. Der Prophet Henoch wird in der Genesis als Sohn des Kain und Vater des Methusalem erwähnt, und man nimmt an, daß er einer der vorsintflutlichen Patriarchen neben Noah war, die „mit Gott gingen" (Schöpfungsgeschichte 5:24; 6:9). Bücher anonymer Herkunft, die jedoch Henoch zugeschrieben werden, boten Basis für den Glauben früher jüdischer Gelehrter und beeinflußten somit auch die Verfasser des Alten Testaments. Teile eines in Aramäisch verfaßten Buches Henoch wurden 1947 unter den Pergamentfragmenten der Höhlen von Qumran gefunden, die dort vor annähernd 2.000 Jahren von einer jüdischen Sekte, bekannt als Essener deponiert worden waren. Eine weitere Fassung existiert in Äthiopien, wo auch der Aufbewahrungsort der Bundeslade vermutet wird.

Nach den aramäischen Texten war „Henoch einer der ersten unter den auf der Erde geborenen Menschenkindern, welchem durch Engel Schrift, Wissenschaft und Weisheit" offenbart wurden. In einer anderen Schrift, *Dem Buch der Wächter*, erfahren wir, daß die Beobachter Engel seien und es gute und schlechte Beobachter gäbe. Es wird weiter behauptet, daß die Beobachter Engel des Herrn seien, die zur Erde kamen, um die Kinder der Menschen zu unterweisen und Recht und Gerechtigkeit auf die Erde zu bringen.

Den meisten UFO-Forschern ist bisher übrigens entgangen, daß es in der äthiopischen Fassung des Buches Henoch eine uralte Überlieferung vom Kampf der Mächte der Finsternis gegen die Lichtmächte geben soll, welche schildert, wie sich 200 Engel unter ihrem Anführer Semjasa Menschenfrauen nehmen und Kinder zeugen. Nachdem die Riesenkinder die Menschen verzehren, erscheinen die vier Hauptengel und vernichten die ganze Brut durch die Sintflut. Semjasa wird mit den abgefallenen Engeln bis zum Endgericht in einen feurigen Kerker geworfen. Ähnlichkeiten mit Semjase, der Anführerin der Plejadenwesen eines Billy Meier sind ja wohl hoffentlich zufällig?!

Es gibt zwei Theorien über die angeblichen „Verfehlungen“ der Fremden, die zum Szenario der „Vertreibung aus dem Paradies“ geführt haben könnten.

Die erste Theorie besagt, daß die eigentliche Sünde der „bösen“ Engel ihr zügelloser sexueller Appetit gewesen sei. Diese Beobachter fielen nämlich bei ihrem Boß in Ungnade, als Henoch in physischer Form „gen Himmel fuhr“, um gegen sie Zeugnis abzulegen. Er berichtete Gott, daß die Beobachter „begannen, unter die Töchter der Menschen zu gehen, so daß diese unrein wurden.“ Als Strafe für die Verfehlungen der bösen Beobachter gegen die Menschheit, vernichtete Gott die Menschen einschließlich einer Hybridrasse von Wesen, die als Nachkommen von Menschen und Beobachtern bezeichnet werden können, indem er eine Sintflut auslöste. Die bösen Beobachter wurden von den vier Anführern der guten Beobachter, den Erzengeln Michael, Sariel, Rafael und Gabriel, in eine feurige Grube geworfen und dort gefangen gesetzt.

Nach anderen Berichten sei die Sünde der „Fremden“ eher in der Weitergabe des Wissens oder der Fähigkeit zur eigenständigen Reproduktion zu suchen.

Ein anderer interessanter Hinweis auf die Beobachter fand sich in der gleichen Höhle, in der die Henoch-Bücher gefunden worden waren, blieb aber bis zur Veröffentlichung des Buchs von Robert Eisenmann und Michael Wise, *The Dead Sea Scrolls Uncovered*, weitgehend unbekannt.

Unter den 50 Dokumenten, die zum ersten Mal in diesem Buch erwähnt werden, befindet sich ein einzigartiger Hinweis mit einer der wenigen überlieferten physischen Beschreibungen der Besucher. Der umstrittene Text, genannt „Das Testament von Amram“, beschreibt die Erfahrung einer Person namens Amram, in der „ein Engel und ein Dämon„ um seine Seele rangen: „Ich sah (Beobachter) in meiner Vision, einer Traumvision. Zwei (Männer) kämpften um mich. Ich fragte sie: ‘Wer seid ihr, daß ihr auf diese Weise Macht über mich zu erlangen trachtet?’ Sie antworteten mir: ‘Wir wurden ermächtigt, über die Menschheit zu herrschen.’ Sie fragten: ‘Wen von uns wählst du, über dich zu herrschen?’ Ich blickte auf und sah sie an. Einer von ihnen war von schrecklichem Aussehen, einer Schlange ähnlich, mit einem vielfarbigen und doch sehr dunklen Gewand und ... dem Antlitz einer Viper ... Ich sagte: ‘Wer ist dieser (Beobachter)?’ Er antwortete mir: ‘Dieser Beobachter ... hat drei Namen: Belial, Prinz der Dunkelheit und König des Bösen’“.

Was dieses Testament noch interessanter macht, ist der Umstand, daß es sich bei dem bislang nur wenig bekannten Charakter namens Amram, wie sich herausstellte, um eine wichtige Person handelt. Amram ist der Vater eines der berühmtesten Kontaktierten der Geschichte - des Mannes, der die Juden aus der Sklaverei in Ägypten führte: Moses.

Wären dies die einzigen Hinweise auf Reptilwesen in alten Schriften, könnte man sie leicht unbeachtet lassen. Aber Berichte über derartige Kreaturen sollen bis zu den ersten menschlichen Aufzeichnungen zurück reichen: die von Sumer (Land der Wächter), Babylon (Tor der Götter) und anderer Zivilisationen des alten Mesopotamiens. Unter den Tausenden von Lehmtafeln, die geborgen und übersetzt wurden, befinden sich Dokumente, welche 240.000 Jahre zurück reichen sollen. Eine dieser Schriften, eine Aufzählung der „sumerischen Könige", handelt von einem Gott namens An, Hauptgott einer (extraterrestrischen?) Rasse namens Annunaki und dessen Söhnen, Enki und Enlil.

Aus den Texten und Illustrationen, die nach den zu Recht umstrittenen Thesen von Zecharia Sitchin, einem umstrittenen „Altertumsforscher" von den Sumerern überliefert worden sein sollen, wird deutlich, daß zumindest einige dieser „Götter", Enki (auch als EA bekannt) eingeschlossen, reptilhafte Attribute besessen haben könnten. Zudem soll Enki, der den ersten Menschen die Frucht vom Baum der Weisheit reichte, später (durch eine Warnung an eine Noah sehr ähnliche Figur) die Menschheit vor der großen Flut gerettet haben.

Die Ähnlichkeit dieser Überlieferungen mit dem alten Testament lassen eigentlich nur den Schluß zu, daß hier die Autoren des alten Testaments tüchtig „abgeschrieben" haben. Nach den sumerischen Legenden soll Enki beauftragt worden sein, Arbeitskräfte zur Unterstützung der Annunaki herzustellen, die vor fünfzigtausend Jahren auf der Erde Minenkolonien errichtet hatten. Dieser Aufgabe kam er durch einen Prozeß von Versuch und Irrtum nach, welcher in der Schöpfung seltsamer Kreaturen resultierte.

Die Legende impliziert, daß Enki im Besitz hochentwickelter Technologien war, einschließlich der Fähigkeit, eine einheimische Art genetisch zu verändern. Mit Hilfe eines mysteriösen Prozesses, der Herstellung einer lehmartige Substanz, soll er in der Lage gewesen sein, in diese „das Spiegelbild der Götter zu binden" - ein Hinweis darauf, daß Enki Annunaki-Gene verwendet haben könnte, um eine Hybrid-Spezies zu generieren. Dieser Umstand läßt auch die Vermutung zu, daß einige der frühen Menschen ein reptilartiges Aussehen besessen haben könnten.

Auf diese Weise wird die Schöpfungsgeschichte von den Sumerern im Elish oder - wie wir sie nennen - der Genesis überliefert. Eine spätere Version wurde sehr abgeschwächt und verkürzt, enthielt aber, soweit richtig interpretiert, immer noch den ursprünglichen Sachverhalt.

Die Sumerer sollen die Führer der Annunaki „Elohim" genannt haben. Das Wort Elohim wird sowohl für Götter, als auch für Göttinnen verwendet, wurde aber von den Übersetzern der Bibel angeblich mit dem Wort Gott (singular) übersetzt. Elohim ist aber in jedem Fall Plural.

An jeder Stelle der Schöpfungsgeschichte, in der jetzt das Wort Gott verwendet wird, sollte demnach also eigentlich Elohim - die verwendete Originalbezeichnung stehen. Diese Art der fehlerhaften Verwendung von Worten hat große Mißverständnisse ausgelöst.

Die Bibelstelle, in der es heißt „Lasset uns Menschen machen, ein Bild, das uns gleich sei..." könnte nach Kenntnis des Sachverhalts völlig neue Bedeutung gewinnen.

Das Symbol der Schlangen könnte bestimmten Mutmaßungen zufolge das Emblem des „genetischen Corps" [Corps???] der Fremden darstellen. Das Symbol gleicht der Doppelhelix der DNS, zeigt also eine Abbildung eines genetischen Codes.

Eine von Dr. Dale Russel vom Kanadischen Nationalmuseum der Naturwissenschaften hergestellte Statue zeigt, wie das Leben auf der Erde aussehen könnte, hätten die Dinosaurier überlebt. Russels Skulptur ähnelt auf frappierende Weise dem von den Entführten berichteten Aussehen der Fremden.[23]

Andere alte Texte stützen diesen beunruhigenden Schluß. 1945 wurde in einer ägyptischen Kleinstadt ein Tonkrug mit Schriftrollen ähnlich der am Toten Meer gefundenen entdeckt. Diese Rollen, nach ihrem Fundort Nag-Hammadi-Schriften genannt, schildern u.a. die Entstehung des Menschen. Nach den Schriften sollen die Körper von Adam und Eva mit einer hornigen Schicht so hell wie das Tageslicht überzogen gewesen sein, einem leuchtenden Gewand nicht unähnlich. Aus diesem Grund, heißt es, benötigten die beiden auch keine Bekleidung. Im weiteren sollen die Texte eine von der Genesis völlig abweichende Handlung schildern: „Sie nahm eine der Früchte und aß sie und gab auch ihrem Gefährten davon...da öffnete sich ihr Bewußtsein. Denn während sie aßen, leuchtete das Licht der Weisheit über sie. Als sie ihre Schöpfer sahen, wanden sie sich schaudernd ab, da diese die Form von Bestien hatten....

Aus einem anderen jüdischen Dokument, bekannt als Haggadah, könne man bestimmten Theorien zufolge schließen, daß die Schlange der Schöpfungsgeschichte in der Tat keine herkömmliche Schlange gewesen sein konnte: „Unter den Tieren war die Schlange sehr bemerkenswert. Unter all ihnen hatte sie hervorragende Fähigkeiten, die sie dem Menschen ebenbürtig machte. Wie der Mensch stand sie aufrecht auf zwei Beinen, und ihre Größe entsprach der des Kamels...Ihre großen geistigen Fähigkeiten bewirkten, daß sie abtrünnig wurde. Dies erklärt auch ihren Neid auf den Menschen, besonders ihr geschlechtliches Interesse an Eva. ... Als Strafe für die Versuchung Evas, sprach Gott: 'Ich habe dich geschaffen, um König über alle Tiere zu sein...aber das war nicht genug für dich. ...Ich schuf dich aufrecht gehend, aber fortan sollst du auf dem Bauche kriechen.'"

Diese quälenden Spuren aus einer dunklen Vergangenheit bieten uns einige neue Anhaltspunkte. Sie unterstützen die These, daß die heutigen UFO-Insassen - Reptilwesen oder nicht - genau das sein könnten, was sie vorgeben zu sein: die alten Wächter der Menschheit. Sollte diese Behauptung zutreffen, muß die Theorie, daß UFOs von Wesen anderer Welten gesteuert werden, vorsichtig überarbeitet werden.

Aber wie immer die Antwort ausfallen mag, klar wird, daß die UFO-Forscher alle Hände voll zu tun haben, dieses rätselhafte und verwirrende Mysterium aufzuklären.

In seinem Buch *The Dragons of Eden* spekulierte der kürzlich verstorbene renommierte Astronom Dr. Carl Sagan über Zusammenhänge der Reptil-Herkunft des Menschen und dem mysteriösen Sprung in der Evolution des menschlichen Gehirns, der aus Fossilienfunden abzuleiten ist. Er bemerkt, daß, hätte sich die Menschheit auf natürliche Weise aus den Reptilien entwickelt, wie es die Darwinisten behaupten, die Evolution der Säugetiere 200 Millionen Jahre und die Evolution des Menschen noch einmal 10 Millionen Jahre in Anspruch genommen haben müßte. Aber - so bemerkt er mit äußerster Verwirrung - bestätigen die Daten aus den Fossilienfunden diesen Schluß in keinster Weise. Vielmehr wurde die Entwicklung der Säugetiere und im Besonderen des Menschen sehr schnell vollendet - in einem „riesigen Schub der Gehirnevolution", wie er sich ausdrückt. Ein Beweis hierfür sei die Tatsache, daß der Gebrauch von Steinwerkzeugen nicht etwa nach und nach auftrat, sondern derartige Werkzeuge „in enormer Fülle plötzlich auftauchten." Frustriert stellt Sagan weiter fest, daß „es hierfür keine Erklärung gibt", außer daß der Australopithecus Bildungsinstitutionen besessen haben müsse, die ihn im Gebrauch von Werkzeugen unterwiesen. Natürlich gäbe es eine andere Erklärung, die allerdings keiner der „Mainstream"-Wissenschaftler ernsthaft in Betracht ziehen würde.

Im Mai 1989 erfolgte der letzte „dokumentierte" Absturz eines unidentifizierten Fluggeräts in der Kalahari-Wüste. Die beiden Insassen des Geräts zeigten erneut alle wesentlichen Merkmale der „Grauen", wobei im Bericht der Südafrikanischen Air-Force angeblich von einer „Kreuzung zwischen insektoiden und reptiloiden Lebensformen" gesprochen wird.

Reptiloide Lebensformen - Johannes von Buttlar stellt in *Drachenwege* die Frage, ob es sich möglicherweise um die „Schlangen der Weisheit", die Nagas der Inder, die Nacaals der Maya oder die geflügelte Schlange der Azteken handeln könnte? Die beiden Überlebenden des Kalahari-Absturzes sollen auf ihren Overalls das Symbol eines roten geflügelten Drachens getragen haben. Auch der Streifenpolizist Herb Schirmer, der 1967 in Ashland, Nebraska, ein Treffen der besonderen Art hatte, erinnerte sich an das Emblem einer geflügelten Schlange auf der Kleidung seiner Entführer.

Eine These, die in dieses Bild passen würde, basiert auf der Spekulation von Linda Moulton-Howe, der Autorin von *Strange Harvest* und *Alien Harvest*, daß die Tier- und Menschenopfer der verschiedensten Religionen, in denen das Sinnbild des Drachen oder der geflügelten Schlange Besucher, die vom Himmel kommen, verkörpern, eine Fehlinterpretation der genetischen Untersuchungen außerirdischer Intelligenzen darstellen könnte.

Zum Höhepunkt der Viehverstümmelungen, 1979, erwartete die Sekte der „Xipetoteken" - die sich selbst für Abkömmlinge des Azteken-Häuptlings Motecuhzoma Xokoyotzin, gemeinhin bekannt unter dem Namen „Montezuma" halten - die Rückkehr der „Quetzalcoatl", der geflügelten Schlange. Auf der Suche nach einem Drogenring stießen die mexikanischen Behörden auf einen grausigen Fund: 13 verstümmelte männliche Leichen zeugten von einer Blutorgie. Die Xipetoteken treffen sich an den Kultplätzen ihrer Vorfahren, um bei ihren Zeremonien Blutopfer darzubringen. Menschen und Tiere werden bei Kulthandlungen umgebracht und buchstäblich „ausgesaugt".

Ein wichtiger Mithras-Ritus war eine Zeremonie des Todes und der Wiederauferstehung. Der Kandidat wurde wie ein Toter auf den Boden gelegt; der Hierophant faßte mit seiner Rechten die Rechte des Liegenden und zog ihn hoch. Er galt dann als einer der *syndexi*, die durch die Rechte miteinander verbunden waren. Ein anderes Ritual war dasjenige der Taufe, bei der der Kandidat nackt in einer Grube unter einem Gitter stand, über dem ein Widder oder eine Ziege oder seltener auch ein Stier als Opfertier geschlachtet wurde. Das Blut lief durch das Gitter über den Körper des Neophyten, der daran nippte und sich damit einrieb.

Auch die Gnosis lehrt, daß Sternengeister, dämonische Mächte und Elementargeister alle Dinge steuern, den Ablauf und die Gliederung der Zeit lenken, sich um die irdischen Ereignisse kümmern und die Naturkräfte leiten. In ihrer Herrschaft aber waltet keine weise Vorsehung; sie ist despotisch und feindlich. Der Mensch ist durch die Heimarmene (das Schicksal - Anm. d. Verf.) auf das Rad des Schicksals geflochten. Die Verbannung, die Selbstvergessenheit, der Schlaf, die Vergiftung, die Ängstlichkeit und die Unwissenheit der menschlichen Seele sind sämtlich mit der Heimarmene verknüpft.

Nach gnostischer Auffassung kann die Seele, weil sie von der geistigen Ebene kommt, nicht ohne weiteres einem grobstofflichen Leib eingegliedert werden. Sie erinnert sich an ihre himmlische Heimat und will nicht in die Materie eingesperrt werden. Der Satan sorgt daher dafür, daß jede Seele allmählich „durch die Sphären herabsteigt", bevor sie endgültig ein einen Leib inkarniert wird. Zuerst durchschreitet sie die Sphäre der über die Sterne herrschenden Archonten, wobei jeder Archon ihr sein Siegel aufprägt. Das Prägemal (charakter) dieser Siegel legt die Natur und Veranlagung des jeweiligen Menschen fest. Dann durchläuft die Seele die sieben Sphären der die Planeten beherrschenden Archonten, die ihr eine Maske (lat. Persona) anfertigen, so daß sie in unterschiedlich starker Weise die Dumpfheit Saturns, den Jähzorn des Mars, die Begierde der Venus usw. empfängt.

Tertullian bezeichnet die Seele als den Lichtsamen, den unsterblichen Funken, das göttliche Licht. In der „Megale Apophasis" heißt es: „Du und ich sind eins," Im gnostischen „Evangelium der Eva" sagt daß Große Wesen: „Ich bin du und du bist ich, und wo du bist, bin auch ich." Auf verblüffende Weise deckt sich fast der exakte Wortlaut dieser Aussage mit einer Botschaft der „Besucher" Striebers.[24]

Vallee bezeichnet das komplexe Kontrollsystem des Phänomens, welches die menschliche Gesellschaft seit Tausenden von Jahren zu formen scheint, als eine Art „Schnittstelle der Realität zu unserem Bewußtsein". Irgendwie hört sich das an wie das Hauptthema von Arthur C. Clarkes Science Fiction *2001*: eine fremde Intelligenz, die auf subtile Weise den Verlauf der menschlichen Entwicklung hin zu einem mysteriösen Ziel leitet.

Wie man an die Wirklichkeit herangeht, ist für das ausschlaggebend, was man finden kann.

Paul Watzlawick, österreichischer Psychotherapeut und Kommunikationsforscher

Die Warnung

Alle uns vorliegenden Schilderungen und Theorien sind geeignet, uns bei aller Hoffnung auf positive Grundlagen der kommenden Zusammenkunft auch ein Gefühl für die Schatten zu geben, die mit dem Licht der Erkenntnis auf uns fallen könnten. Die Zeit, in der wir mit großen Kinderaugen bunten Lichtern freundlicher kleiner Außerirdischer hinterherstarrten, ist vorüber.

Das Phänomen der Entführungen durch UFOs oder andere Lebensformen existiert nicht erst seit dem halben Jahrhundert, das seit der Arnold-Sichtung vergangen ist. Die Last scheinbarer Beweise führt zu dem unvermeidlichen Schluß, daß die Erfahrung der Entführung selbst real ist. Es ist eine unbestreitbare Tatsache, daß etwas wirklich Fremdartiges und Beunruhigendes mit einer großen Anzahl von Leuten passiert. Und die Anzahl derer, die derartige Erfahrungen machen, steigt praktisch jeden Tag.

Zusätzlich zeigen sich Schilderungen dieser Erfahrungen meist übereinstimmend bis zu winzigsten Details, obwohl die Opfer unter Umständen nie etwas über das Thema gelesen haben, Filme über Außerirdische gesehen oder andere Personen getroffen haben könnten, die ein ähnliches Erlebnis hatten.

Ein Psychiater, der Entführte interviewte, behauptet: „Die Intensität der Energien und Emotionen, die beteiligt sind, wenn Entführte ihre Erfahrungen noch einmal durchleben, steht im krassen Gegensatz zu allem, was mir während meiner klinischen Arbeit begegnet ist.“ (Mack, 1993).

Entgegen der wohl mit einiger Berechtigung als „unangenehm“ zu bezeichnenden Erfahrungen vieler der erst vor kurzem Entführten, schienen einige der früheren Entführungen, hauptsächlich der 50er Jahre, durchaus positive Erfahrungen beinhaltet zu haben. Die Entführten wurden von den Anweisungen, die sie bei dieser Gelegenheit erhielten, oft positiv beeinflußt, und einige fanden sogar, daß die Beachtung erhaltener Ratschläge und Offenbarungen ihrem Leben auf vielfältige Art und Weise half.

Viele entdeckten Interessen und Fähigkeiten an sich, die Ihnen zuvor nicht bewußt gewesen waren. Es bleibt abzuwarten, wie positiv diese Erfahrungen auf lange Sicht gesehen tatsächlich sind, und eine gründlichere Erforschung dieses Aspektes erscheint wünschenswert. Denn das, was auf den ersten Blick positiv scheint, erweist sich bei näherer Untersuchung oft als das genaue Gegenteil (und umgekehrt).

In wachsender Anzahl beinhalten Berichte von Entführten groteske, inkommunikative und sogar feindselige Verhaltensweisen der UFO-Besatzungen. Ein weiterer bemerkenswerter Punkt ist, daß offensichtlich zumindest bis Ende der 80er Jahre wesentlich weniger Entführungsfälle in Europa bekannt wurden und die bisher festgehaltenen Fälle ein weit größeres Spektrum an Entitäten und Aktivitäten einschlossen als die amerikanischen Fälle - eine äußerst eigenartige Tatsache. Man muß sich fragen, warum Entführungen in den USA so viel mehr Gemeinsamkeiten aufweisen als anderswo. Aufgrund des gemeinsamen kulturellen Hintergrunds eines großen Teils der Bevölkerung?

Ich möchte aber keineswegs den *advocatus diaboli* für jene Kreise spielen, die mit aller Gewalt Erkenntnisse und Gefahren beim Umgang mit den „Grauen" von der Öffentlichkeit fernhalten wollen. Das genaue Gegenteil ist der Fall: Ich plädiere einmal mehr, wie viele andere vor mir, für die rückhaltlose Sammlung von Fakten, die es uns - so gut es nur irgendwie geht - ermöglicht, auf eine eventuell bevorstehende Entwicklung vorzubereiten. Sollten sich bestimmte Vorhersagen bewahrheiten, sind wir alle von den Vorgängen betroffen, ob es uns „paßt" oder nicht.

Wilhelm Reich, ein bekannter österreichischer Psychoanalytiker, behauptete, mehrmals unbekannte Flugobjekte gesehen zu haben. Die außerirdischen Insassen dieser Raumschiffe aus anderen Welten seien, so glaubte er, feindselig und darauf aus, die Erde einer kostbaren Substanz zu berauben, die Reich Orgon nannte - eine kosmische Lebensenergie, die das ganze Universum durchdringe und in allen organischen Substanzen enthalten sei - ähnlich der odischen Kraft (Odyl) Reichenbachs, deren okkulte und alchemistische Überlieferung sich anhand seiner Experimente mit Edel- und Halbedelsteinen zu bestätigen schien, oder Phoebe Paynes „Aura"[25]. Er meinte, die fliegenden Untertassen würden durch Orgon angetrieben, und auf die blaue Farbe des Orgons sei das bläuliche Licht zurückzuführen, von dem Beobachter von UFO-Erscheinungen oft berichten.[26]

Anstelle des Orgons, so vermutete Reich, gäben die Raumschiffe eine negative Energie, das „tödliche Orgon" ab, das bei Menschen Krankheiten hervorrufe und das Land in eine ausgedörrte Wüste verwandle.

Aber es gibt auch den Glauben an letztendlich positive Absichten der fremden Besucher.

So ist John E. Mack, M.D. Professor der Psychiatrie in Harvard, der Meinung: „Die Vorstellung, daß Männer, Frauen und Kinder von eigenartigen humanoiden Wesen gegen ihren Willen aus ihrem Heimen, Autos und Schulhöfen entführt werden, in Raumschiffe befördert und aufdringlichen und bedrohlichen Verfahren unterzogen werden können, ist derart furchterregend und erschüttert gleichzeitig unsere Vorstellungen von allem, was wir in unserem Universum für möglich hielten, daß die Wirklichkeit des Phänomens von vornherein zurückgewiesen oder in den Berichterstattungen der Medien generell bizarr verzerrt dargestellt wurde ... Bei meiner eigenen Arbeit mit Entführten beeindruckte mich die unglaubliche Dimension des persönlichen Wachstums, welches die traumatischen Erfahrungen begleitet ... Besonders, wenn diese Menschen Hilfe dabei erhalten, ihre Entführungserfahrungen zu verarbeiten..."

„Nehmen wir an, [daß eine kosmische Intelligenz] ... dem Schicksal der Erde nicht gleichgültig gegenübersteht und ihre Lebensformen und transzendente Schönheit für den Bestandteil einer mehr oder weniger weit entwickelten Schöpfung hält. Und stellen wir uns vor, daß das von bestimmten menschlichen Eigenschaften geschaffene Ungleichgewicht ... als Grundproblem ... diagnostiziert wurde. Was könnte als ein Korrektiv angewandt werden? Hierzu wären zwei natürliche Ansätze denkbar - der genetische und der umweltbezogene Ansatz. Wäre es möglich, daß durch ein gewaltiges, Unmengen von Menschen betreffendes Zuchtprogramm und der gleichzeitigen Invasion unseres Bewußtseins von Bildern unserer Selbstzerstörung Bemühungen unternommen werden, den Planeten unter eine Art von „Konkursverwaltung" zu stellen?"

Der Naturwissenschaftler Dr. Michael D. Swords schreibt: „Wenn wir die menschliche Form mit der unseres nächsten Verwandten auf der Erde, des Schimpansen vergleichen, entdecken wir natürlich viele Ähnlichkeiten. Aber es gibt auch wichtige Unterschiede. Und doch sind wir, wenn wir uns genetisch mit den Schimpansen vergleichen, nahezu identisch. Wie jemand es formuliert hat: Die Gene passen, aber die Körper nicht. Wie kann das sein? Wie können wir nahezu identische Strukturgene haben, aber recht große Strukturunterschiede in einigen Bereichen unserer Körper aufweisen?"[27]

Die Lösung des Problems könnte das bei vielen Amphibienarten auftretende Phänomen der Neotenie sein: Der Fötus oder die Larvenform einer Spezies überspringt die Entwicklung hin zum ausgewachsenen Wesen und wird vor Abschluß der Entwicklung geschlechtsreif. So ist der oft in Aquarien gehaltene Axolotl die neotenische Larve des mexikanischen Salamanders Ambystoma mexicanum. Die hierdurch auftretenden physischen Veränderungen können von Dauer sein; es kann also vorkommen, daß eine völlig neue Spezies entsteht, die ihre Körpermerkmale beibehält. Der Grund für diese plötzliche Entstehung neuer Arten liegt nicht in den Genstrukturen begründet, sondern in den Genen, die das Wachstums- und Entwicklungstempo kontrollieren. So könnten also Wesen, die über die gleichen Gene verfügen, deren Funktionsgeschwindigkeit aber unterschiedlich ist, sehr unterschiedlich aussehen. Auf die Entwicklung des Menschen angewandt, zeigt sich bei einer Betrachtung ihrer embryonalen Formen, daß der Unterschied zwischen dem Menschen und dem Menschenaffen nicht mehr ganz so groß ist. Der Anatom Louis Bolk behauptete bereits im Jahr 1920, daß der moderne Mensch physisch einem Affenfötus gleicht, der Geschlechtsreife erlangt hat.[28]

Diese Feststellung ist insofern interessant, da UFO-Entführungsopfer, nach dem Aussehen der Entführer befragt, häufig antworten, sie hätten ausgesehen wie „Föten". Nach der Behauptung der Fremden, sie bestünden aus derselben Substanz wie die Menschheit, könnte man schließen, daß sie selbst durch Genmanipulation aus dem Menschen erschaffen wurden. Denn wie Dr. Swords ausführt, könnten zukünftige Erkenntnisse der Genmanipulation eine deutliche Annäherung der Erscheinungsform des Homo sapiens an das Aussehen der Außerirdischen möglich machen.

Er schreibt: „Nach der Theorie dauert die Entwicklung des menschlichen Fötus gegenwärtig rund neun Monate. Dabei verbraucht das Gehirn des Fötus 50% des gesamten Sauerstoffs, der ihm während der Schwangerschaft durch die Mutter zugeführt wird. Ab einer bestimmten Größe kann die Mutter es nicht mehr mit ausreichend Sauerstoff versorgen, und das Gehirn des Fötus beginnt leicht zu asphyxieren (Asphyxie: „Pulslosigkeit“ - Anm. d. Verf.). Wenn der Fötus als Reaktion darauf zu strampeln beginnt, um dagegen zu „protestieren“ (wobei aller Wahrscheinlichkeit nach chemische Signale in das Blut seiner Mutter ausgesandt werden), wird vom System der Mutter der Geburtsvorgang eingeleitet. Im Laufe der Jahrtausende hat sich unsere Spezies bei ihrer Entwicklung der Beckengröße der Frau angepaßt, und das funktioniert auch sehr gut. Durch die moderne Ernährung und Mutterschaftsvorsorge geht die Entwicklung des Fötus schneller vor sich. Hierdurch kommt es zu einer zunehmenden Vergrößerung der Köpfe der Föten, so daß sie nicht mehr durch den Geburtskanal von kleineren Frauen passen. Die Folge ist ein Ansteigen der Geburten durch Kaiserschnitt. Mit der fortschreitenden Entwicklung der Biowissenschaften kann sich dieser Trend noch verstärken. Irgendwann könnte es unumgänglich werden, die Probleme und Beschränkungen für die Entwicklung unseres Gehirns zu umgehen, indem man es in einen künstlichen Uterus versetzt, sobald die Entwicklung weit genug fortgeschritten ist. Sollte eine derartige Auslese allgemeine Praxis werden, ist der Weg frei für eine künstliche Selektion und Genmanipulation.“

Was Dr. Sword als eine - zugegebenermaßen unheimliche - Möglichkeit einer zukünftigen Menschengeneration erachtet, könnte von den Fremden bereits in die Wirklichkeit umgesetzt worden sein. Durch die von Dr. Sword beschriebene Technik könnten sie der Neotenie durch künstliche Zuchtauswahl ausgewichen sein und ursprünglich menschliche Körper zu den beschriebenen Körpern umgeformt haben. Mehrere Entführte, so auch Betty Andreasson Luca glauben beobachtet zu haben, daß menschliche Föten aus den Körpern ihrer Mütter entfernt, medizinisch behandelt und in glasartige Behälter umgesetzt wurden. Dr. Swords: „Eine natürliche Geburt wäre in dieser hochtechnisierten Zivilisation unmöglich; die großen, hochgewölbten Schädel das Resultat der Befreiung ihres genetischen Potentials aus den Beschränkungen ihrer kleinen Geburtskanäle“. Diese Entwicklung hätte zur Folge, daß das Gehirn dieser Wesen wesentlich größer und leistungsfähiger wäre als beim heutigen Menschen.

Eine Genmanipulation am Menschen der Vergangenheit würde aber noch andere typische Körpermerkmale der Fremden erklären, deren Entstehung nach Dr. Sword auf natürliche Weise nicht möglich gewesen wäre. Im Detail:

a) Das bereits erwähnte Verhältnis zwischen Kopf und Becken.

Die Reduzierung von Geschlechtsorganen, sekundären Geschlechtsmerkmalen und allgemeines „eingeschlechtliches“ Aussehen; ähnliche Merkmale seien heute ab und zu bei Hypophyseanomalien zu beobachten. Durch die genetische Selektion bedürfe es keiner aktiven Geschlechtszellen, und eine Funktionstüchtigkeit der Geschlechtsorgane sei überflüssig.

Der durch einen neotenischen Sprung bedingte Verlust einer Kommunikation durch Schallwellen könnte durch den Einsatz von Telepathie ausgeglichen werden.

Die Theorien von Dr. Swords könnten zudem einen Lösungsansatz für die Frage bieten, weshalb die Fremden scheinbar ohne Probleme unsere Luft atmen können und warum sie oft in Begleitung von Wesen gesehen werden, die eine Zwischenstufe zwischen Mensch und „Außerirdischen“ darzustellen scheinen.

Budd Hopkins, einer der bekanntesten amerikanischen Hypnoseregressions-Forscher, versucht in seiner 1987 erschienen Studie *Ethische Implikationen des UFO-Entführungsphänomens* andere, mögliche Motive der „Grauen“ aufzuzeigen:

In der Natur menschlicher Psychologie liegt begründet, daß ein derart dramatisches Ereignis, wie es der Kontakt zu einer außerirdischen Intelligenz darstellt, nicht völlig neutral ohne Berücksichtigung tief sitzender Hoffnungen oder vorgefaßter Meinungen analysiert werden kann. Ich bin sicher, die meisten unter uns bevorzugen den Glauben, daß Außerirdische, die unseren Planeten besuchen, freundliche, wohlwollende Wesen sein werden, begierig darauf, ihre Technologie mit uns zu teilen und uns bei der Lösung unserer sozialen und ökologischen Probleme zu helfen. Auf diesem grundlegenden und sehr menschlichen Wunsch haben bestimmte Leute ein mächtiges Gebilde von Interpretationen moderner UFO-Berichte aufgebaut. Diese Hoffnungen, verdichtet in einer Art Theologie, können als eine Spielform moderner Religion bezeichnet werden, künstlich geschaffen durch den Niedergang unserer traditionelleren Gottheiten. Schließlich wurde uns mehr als einmal gesagt, Gott sei tot.

Andererseits haben unsere letzten Kriege, „heiße“ als auch „kalte“, sowie die Bestechlichkeit und bewußte Irreführung, der wir durch unsere politische Führung ausgesetzt sind, eine Art unterschwelligen Pessimismus globalen Ausmaßes herbeigeführt. Das internationale Chaos, der Terrorismus und eine Art regierungstypische Inkompetenz haben viele von uns darauf konditioniert, von vornherein das Schlechteste anzunehmen. Obwohl die Majorität also die Meinung oder Hoffnung hegt, Außerirdische würden sich wie Brüder aus dem Weltall verhalten, fürchtet eine starke Minderheit das genaue Gegenteil - nämlich daß wir von einer Bande galaktischer Eroberer übernommen werden könnten. Unsere beliebten Science-Fiction-Filme spiegeln diese Hoffnungen und Ängste ziemlich buchstäblich wieder: Auf der einen Seite treten „Space Brothers“ aus einem schimmernden Raumschiff, um „Erdlinge“ aus ihren Schwierigkeiten zu retten, auf der anderen Seite gibt es die „Body Snatchers“, die uns eher als Grundnahrungsmittel ansehen. Ich nenne diese Grundeinstellungen zu einem Kontakt mit Außerirdischen aus einem bestimmten Grund: Wenn wir Berichte über Kontakte prüfen wollen, besonders im Zusammenhang mit Entführungsberichten, sollten wir immer unsere grundsätzlichen Vorgehensweisen bei Wahrnehmungen und die Art und Weise, wie diese unsere Beurteilung derartiger Ereignisse beeinflussen könnten, berücksichtigen.

Nach zwölf Jahren Praxis in der Untersuchung des Entführungs-Phänomens möchte ich hier nicht die Gültigkeit solcher Berichte behandeln. Ich habe diese Streitfrage bereits an anderer Stelle, in zwei Büchern und einer Anzahl Artikel kommentiert, so daß wir hier von der Annahme ausgehen werden, daß die Entführten, mit denen ich gearbeitet habe - alles in allem mehr als einhundertundfünfzig an der Zahl - die Wahrheit sagen, zumindest so gut sie in der Lage sind, sich zu erinnern. Ich konzentriere mich statt dessen vielmehr darauf, welche Informationen wir bei der Suche nach der Frage der moralischen Natur des UFO-Phänomens aus ihren Berichten ableiten können. Sind die UFO-Insassen, wie sie von ihren Opfern beschrieben werden, gut oder böse, Freund oder Feind, oder ist die Situation generell auf derartige Formulierungen nicht reduzierbar? Der erste Schritt ist die Analyse der Gefühle, die Entführte ihren Kidnappern gegenüber empfinden - wie jeder Untersucher weiß, eine sehr komplexe Aufgabe. Meine zwölfjährige Erfahrung führt mich zu einem deutlichen Schluß: Die Emotionen jedes Entführungsopfers sind unveränderlich intensiv und vielschichtig - und meist widersprüchlich.

Als Erläuterung hierzu Johannes von Buttlar in *Drachenwege - Strategien der Schöpfung*:

Phänomene, die für ihn keinen ersichtlichen Zusammenhang von Ursache und Wirkung hatten - also keine Kausalreihe bildeten -, versuchte der Mensch bereits in einer frühen Entwicklungsstufe durch mystisch-magische Vorstellungen zu erklären. Da der Mensch alles Nützliche mit „gut“ und alles Schädliche mit „böse“ gleichsetzte, stellte er sogenannte Moralbegriffe wie gut/böse auf eine Stufe mit den rein materiellen Kategorien nützlich/ schädlich. Subjektive Überlegungen, die mit dem reinen Sachverhalt nicht mehr übereinstimmen konnten. Der Mensch fing an, die Welt von seinem Standpunkt aus zu beobachten und einzuteilen, und schuf sich gleichzeitig eine von den Tatsachen deutlich abweichende Vorstellungswelt. So war es ihm beispielsweise nicht möglich, die wahren Zusammenhänge natürlicher Ereignisse wie Gewitter und Sturm, Hitze, Blitze oder Kälte zu erkennen. Und da nur seine Sinneseindrücke für ihn zählten, hielt er solche Phänomene für die Botschaften unbekannter Mächte ihm weit überlegenener Götter und Dämonen. Die in seiner Phantasie entstehende zweite Welt war daher viel gewaltiger als seine eigene. Wenn auch unerreichbar, war sie doch mit seiner eigenen verbunden.

Doch weiter mit Budd Hopkins' Studie:

Zunächst einmal wird die Konfrontation mit UFO-Insassen im allgemeinen als derart erschreckend empfunden, daß Furcht an einem gewissen Punkt fast als Universalelement der entstehenden emotionalen Mixtur bezeichnet werden kann.

An zweite Stelle tritt eine Art Ehrfurcht oder Verwunderung gegenüber der Leistungsfähigkeit und der fast magisch anmutenden Technologie der Fremden.

Diese Gefühle werden oft in eine Art Zuneigung, ja Liebe, die das Entführungsopfer meist einem besonderen Entführer gegenüber empfindet, transponiert, zu welchem der oder die Betroffene eine besondere Beziehung wahrnimmt. Die andere Seite derselben Münze zeigt einen fast allumfassenden Zorn - reichend bis zu blankem Haß –, der bei den Entführten angesichts ihrer erzwungenen Hilflosigkeit gegenüber ihren Entführern hervorgerufen wird,- ein Gefühl des Unfreiwillig-benutzt-Werdens oder, in anderem Zusammenhang, Heftigem-Schmerz-ausgesetzt-Seins.

Entsprechend der größten Studie der Entführungsliteratur, von der ich Kenntnis habe - Thomas Bullard, der Verfasser der Studi,e gilt als größte Autorität auf diesem Gebiet (ParaNet-Mitglieder können die Studie unter dem Dateinamen FUFOR.ORD abrufen) - sind Furcht, Ehrfurcht, Zuneigung und Ärger die grundlegenden emotionalen Komponenten fast jeder UFO-Entführung. Die Behauptung, daß starke und verwirrende Emotionen zwangsläufig auf derartige Erfahrungen folgten und Entführte nach einer solchen Begegnung der Auffassung seien, weder in der Gewalt von grundsätzlich bösartigen Feinden noch in der Hand selbstloser, engelsgleicher Weltraumbrüder gewesen zu sein, kann als gesichert gelten. Die Situation ist viel zu kompliziert für eine derart stark vereinfachte Auslegung.

Während der letzten acht Jahre habe ich eine informelle Gruppe für UFO-Entführungsopfer im Stadtbereich New York geleitet und stand in Kontakt zu vielen vergleichbaren Gruppen in verschiedenen Teilen des Landes. Diese Umstände haben mir erlaubt, eine größere Anzahl von Männern und Frauen über einen längeren Zeitraum hin zu beobachten und vielfältige Raster von Reaktionen ihrer Entführungserfahrung festzustellen.

Das Gewicht jeder Komponente der angesprochenen emotionalen Mixtur variiert von Person zu Person und verändert sich im Laufe der Zeit innerhalb jeder betroffenen Psyche. Aber die besprochenen Grundkomponenten bleiben in jedem Entführten, manchmal im scheinbaren Widerstreit zueinander, vorhanden. Mehrere Dinge sollten jedoch bei der Auswertung der emotionalen Diagramme der Entführten beachtet werden. Der oder die Entführte befindet sich während der Entführung meist in einem verändertem Bewußtseinszustand, vergleichbar einer hypnotischen Trance. Das Opfer wird vollständig durch die Entführer kontrolliert, und sein oder ihr Benehmen weicht vielfach weit vom Normalwert ab.

Dem Entführungsopfer werden Dinge gesagt und gezeigt, die nicht echt oder „real" sein können. In diesem Kontext müssen wir die gelegentliche Zuneigung des Entführungsopfers zu seinem oder ihrem Entführer berücksichtigen.

Psychologen haben festgestellt, daß dieses Phänomen, das „Patty Hearst"-Syndrom, oft auch in sehr irdischen Entführungserfahrungen auftritt. Deshalb sollten bei der Beurteilung der vier von UFO-Entführungsopfern beschriebenen Emotionen drei als angemessen bezeichnet, eine jedoch mit Argwohn betrachtet werden. Die angesprochene Furcht ist verständlich, wenn die Fremden tatsächlich so aussehen und sich derart verhalten, wie von ihren Gefangenen berichtet wird. Ähnlich angemessen wirken Gefühle der Ehrfurcht vor den technologischen Fähigkeiten der Fremden. Wut, auch extremer Ausprägung, scheint die natürliche Reaktion der meisten Entführten darauf zu sein, von ihren Eroberern paralysiert und kontrolliert zu werden. Die physisch verletzenden und manchmal schmerzhaften Handlungen, denen sie unterzogen werden, unterstreichen diese Reaktion, oft durch den Umstand vertieft, daß sich die UFO-Insassen normalerweise weigern, den eigentlichen Zweck dieser beunruhigenden Verfahren zu erörtern. Den Betroffenen bleibt keine Wahl, außer sich den Nadeln, Lichtern, Messern, „Scannern" usw. zu ergeben, ohne jede Möglichkeit des Protests oder

der Ablehnung. „Ich fühlte mich wie ein Versuchskaninchen", drückte eine Entführte ihre ganz verständlichen Gefühle aus.
Es ist die merkwürdige Zuneigung für ihre Entführer, welche unter den genannten Umständen verdächtig erscheinen muß. Ist dieses Gefühl vielleicht eine telepathisch hervorgerufene, künstliche Emotion, herbeigeführt durch eine Art Quasi-Hypnose? Ist es eine Version des „Patty Hearst"-Syndroms? Ist es eine echte Reaktion? Anscheinend kann niemand diese Fragen wirklich zufriedenstellend beantworten.
Will man versuchen, die Pros und Contras einer Entführungserfahrung in Übereinstimmung zu bringen, kann - besonders im Hinblick auf die sofortige und sichtbare Einwirkung auf die menschlichen Emotionen - festgestellt werden, daß sich zwei der Reaktionen im Grunde genommen negativ oder sogar zerstörerisch auswirken. Furcht und Wut, oft als Schrecken und Haß empfunden, wirken mit Sicherheit einschneidend auf das Leben der Betroffenen ein. Ehrfurcht kann, obwohl grundsätzlich neutral ausgeprägt und manchmal von Furcht begleitet, das Weltbild des Betroffenen erweitern und sich aus diesem Grund sogar positiv auswirken. Die vierte, verdächtige Emotion, Zuneigung gegenüber den Eroberern zu empfinden, könnte, soweit als echtes Gefühl empfunden, ebenfalls als eine positive Begleiterscheinung gedeutet werden.
Wenn wir uns von den Mustern der unmittelbaren emotionalen Reaktionen der Entführten wegbewegen, können wir den Versuch unternehmen, den ethischen Inhalt einer außerirdischen Präsenz unter Bezugnahme auf die Möglichkeit der Existenz eines anderen größeren Plans zu beurteilen. Gibt es einen Beweis, daß eine außerirdische Intelligenz, ungeachtet einer positiven oder negativen Auswirkung, aktiv in menschliche Angelegenheiten eingegriffen hat? Die moderne Ära der Aufzeichnung von UFO-Aktivitäten beginnt in erst im Jahre 1947, aber bereits während des zweiten Weltkriegs wurde ein vergleichbares Phänomen von den amerikanischen Piloten berichtet - die „FOO-Fighter". Aber keine Macht, weder eine außerirdische noch eine irdische, konnte - oder wollte - dem Sterben in Deutschland Einhalt gebieten. An diesem Zeitpunkt war es für Millionen unschuldiger Menschen bereits zu spät. Die Vereinigten Staaten entwickelten im selben Zeitraum Kernwaffen und verwendeten sie, um Zehntausende Kinder, Frauen und Männer zu verbrennen. Niemand hinderte die Bomben an ihrem Fallen. Die anhaltenden stalinistischen Gemetzel, der internationale Terrorismus, die amerikanische Intervention im vietnamesischen Bürgerkrieg - all das bedeutete, daß Tausende über Tausende unschuldiger Menschen ihr Leben wegen der Grausamkeit oder Teilnahmslosigkeit politischer Führer jeglicher Couleur verloren. Niemand griff ein. Niemand verließ sein Raumschiff, um uns vor uns selbst zu schützen. Wir haben unseren Planeten verunreinigt und durch die Gier unserer Industrien Krankheiten wie Krebs verbreitet. Wieder kam uns niemand zu Hilfe; die Streitwagen der Götter erhoben sich scheinbar nur, um untätig zuzusehen, wie sich der Schaden verschlimmerte. Heute haben wir eine neue Plage - eine Seuche, bekannt unter ihrem ironischen Akronym AIDS ... etwas

Neuartiges, mit dem wir möglicherweise vor dem Aufkommen der modernen UFO-Ära keine Berührung hatten.
All das kann nur eins bedeuten: Als moralische Präsenz erscheint das UFO-Phänomen auf erhabene Weise unserem Tun gleichgültig gegenüber zu stehen. Eine Intervention scheint offensichtlich genauso wenig Teil des Plans zu sein, wie ein Sturz in die tosende Brandung zur Rettung eines ertrinkenden Kindes Plan eines sich am Strand sonnenden Urlaubers ist. Andererseits scheint es auch keine Beweise dafür zu geben, daß eine außerirdische Präsenz uns überflüssigen Schaden zugefügt hat. Wenn die außerirdischen Retter also nur in Hollywood-Filmen existieren, ist das personifizierte Böse - die „Körperfresser" - auch nur in diesem Bereich zu vermuten. Ich glaube, daß die Grausamkeiten, die Menschen in diesem Jahrhundert erdulden mußten, allzu menschlichen Ursprungs sind; es ist nicht notwendig, die Ursachen hierfür in außerirdischen Raumschiffen zu suchen. Wir hoffen vergeblich auf Hilfe von den Sternen, ganz zu schweigen von einer Erlösung von den Übeln der Welt.
Aber wie sollen wir die augenscheinliche Gleichgültigkeit der außerirdischen Präsenz gegenüber menschlichen Tragödien beurteilen? Ich meine, daß hier ein strenges Urteil gefällt werden sollte. Die in UFO-Bericht auf UFO-Bericht offenbarte Leistungsfähigkeit der fremden Technologie läßt vermuten, daß eine wie auch immer geartete Intervention möglich gewesen wäre. Verfechter der Weltraumbruder-Theorie verwenden die gleichen Argumente wie ihre christlichen Kollegen: Die UFO-Insassen, wie auch Gott, tolerierten Übel wie Krieg und Völkermord nur, weil das Leben ohnehin nur eine flüchtige Realität sei, die Beurteilung der mörderischen Handlungen obliege der Zeit nach dem Tod oder der nächsten Reinkarnation. Als Humanist kann ich diese Antwort nicht akzeptieren. Der Tod eines Kindes aus der Hand eines bis an die Zähne bewaffneten Erwachsenen ist und bleibt eine Abscheulichkeit, kein Bestandteil einer Lehre für spätere Leben. Die einzige Entschuldigung, die ich für die außerirdische Gleichgültigkeit anbieten kann, ist ein Schönheitsfehler ihrer scheinbaren Macht. Eine sehr reale Verletzlichkeit, die ihnen die Entschuldigung für eine moralische Verantwortung liefern könnte, ähnlich wie der bereits erwähnte Tourist freizusprechen wäre, wenn der Versuch, das ertrinkende Kind zu retten, unterlassen worden wäre, weil er des Schwimmens nicht mächtig ist.
Einige wenige gültige UFO-Fälle beinhalten zwar Berichte von Heilungen, geheilten Wunden, wiederhergestelltem Augenlicht usw. doch derartige seltene Beispiele verstärken eher das ethische Problem, als es zu lösen. Wenn die Insassen von UFOs die Fähigkeit zur Heilung von Krankheiten besitzen, warum gebrauchen sie diese Gabe so sparsam? Warum einen Schwimmer retten und die anderen ertrinken lassen? Eine Frau, mit der ich gearbeitet habe und die ich gut kenne, wurde zusammen mit ihrer älteren Schwester entführt; beide waren bereits in der Kindheit Opfer einer Entführung durch die Fremden geworden, und beide waren gezwungen, auf unbehagliche Weise mit ihren Erinnerungen zu leben. Letzten Frühling wurde die ältere Schwester in einem Park von einem

wahrscheinlich geistesgestörten Täter ermordet. Die Tragödie selbst hatte zwar nichts mit UFOs zu tun, aber meine Bekannte sagte: „Ich dachte immer, daß SIE irgendwie auf die Leute aufpassen und sich um die kümmern würden, die sie diesen Versuchen unterzogen haben. Jetzt weiß ich, daß ich nicht sicherer bin, als irgend jemand anderes. Wir scheinen ihnen ziemlich egal zu sein." Und doch wurde in einem anderen Fall, von dem ich erfahren habe, ein Entführter aus einer ähnlichen Situation gerettet. Die gezeigte Willkür verhindert jeden Versuch, ein brüderliches Verhalten der Fremden ablesen zu wollen. Unmoralisches Verhalten ist der Ausdruck, der einem spontan dazu einfällt.

Wenn die unmittelbaren emotionalen Reaktionen auf UFO-Entführungen im Normalfall eher negativ als positiv ausfallen und es buchstäblich kein Zeichen einer hilfreichen extraterrestrischen Intervention in die Angelegenheiten unserer Erde gibt, entsteht so ein weiterer, äußerst wichtiger Untersuchungspunkt. In einer Langzeitstudie über die psychologischen Auswirkungen von UFO-Entführungen hat Dr. Aphrodite Clamar, eine Klinik-Psychologin, mit der ich in vielen derartigen Untersuchungen zusammengearbeitet habe, festgestellt, daß fast jedes Entführungsopfer durch seine Erfahrung bleibende Schäden erlitten hat. Dies ist auch meine Auffassung, und ich glaube, daß sowohl die psychologischen Tests mit Entführungsopfern durch Dr. Elizabeth Slater als auch die psychologischen Auswertungen durch das Columbia Presbyterian Hospital in New York City diese These erhärtet haben. Obwohl sie darauf hinweist, daß kein absolut gesicherter Kausalzusammenhang feststellbar sei, beschreibt Dr. Slater die psychologischen Profile der von ihr untersuchten neun Entführungsopfer als mit Mustern vergleichbar, die bei Vergewaltigungsopfern festgestellt wurden - einer niedrigen Selbstachtung, einem starken Mißtrauen ihren Körpern und ihrer Sexualität gegenüber und einer Unschlüssigkeit, anderen zu vertrauen. - Keine nette Hinterlassenschaft unserer angeblichen Brüder aus dem All.

Meine Akten beziehen drei Fallbeispiele ein, in welchen Personen - alle männlichen Geschlechts und etwas depressiv - nach einer Erfahrung, die von ihren Freunden und ihrer Familie als UFO-Entführungserfahrung beschrieben wurde, Selbstmord begingen. Und es gibt den Bericht eines Unfalls, der auf die Entführung mehrerer PKW-Insassen folgte, bei dem der Fahrer des Wagens - einziger überlebender Elternteil von vier Kindern - an Komplikationen, die er sich anläßlich der Begegnung zugezogen hatte, verstarb. Zwei weibliche Entführungsopfer, die ich betreut habe, haben entweder Selbstmordversuche geplant oder ausgeführt, als sie kaum zehn Jahre alt waren, und erst kürzlich erfolgte ein Versuch dieser Art auch bei einem erschreckten und niedergeschlagenen vierzehnjährigen Mädchen.

Niemand, der eine derartige Erfahrung gemacht hat, hält sie für einen reinen Segen. Viele leben seither in immerwährender Furcht. Andere haben einen schweren Nervenzusammenbruch erlitten und sind in Folge ihrer Erfahrungen und der chemischen und elektrischen Behandlungen, durchgeführt von verwirrten und unfähigen Ärzten, gezwungen, grundlegend geschädigte Leben zu führen.

Ich habe entstellende Narben auf Körpern Entführter gesehen, die durch die „medizinischen" Prozeduren der UFO-Insassen entstanden waren. Doch ich habe auch die Bekanntschaft Entführter gemacht, deren Leben unbestreitbar von ihren bizarren Erfahrungen bereichert wurde; Überlebende, die es geschafft haben, ihre Traumata zu überwinden und ihnen etwas Positives abzuringen. Derartige Berichte sind vielgestaltig, aber der geschilderte Schmerz und die Leiden sind immens. Tod, Verletzungen, Schrecken und Nervenzusammenbrüche müssen gegen die philosophische „Erweiterung" einzelner und die Erkenntnis, daß das Universum größer und näher ist, als wir uns vorzustellen wagten, aufgewogen werden. Die Kosten derartiger „Erfolge" sind natürlich ungeheuer und eher der menschlichen „Unverwüstlichkeit" zuzuschreiben als der Freundlichkeit der Fremden.

Aber es gibt, wie ich glaube, vielleicht eine Erklärung für das anscheinend gefühllose und oft zerstörerische Verhalten der Fremden. Ein Beispiel: Vor zwei Jahren schrieb mir ein Mann aus Minnesota, den ich hier Earl nennen möchte, seine nur teilweise erinnerten UFO-Erfahrungen. Bei passender Gelegenheit besuchte ich ihn auf seiner Farm, und wir begannen eine Reihe von Hypnoseregressionen. Er erinnerte sich an einen Tag vor einigen Jahren, an dem ihm seine Frau half, die Heuernte von einem ziemlich einsam gelegenen Feld einzubringen. Die Frau hatte sich für eine kurze Pause auf den Anhänger des Traktors gelegt, während Earl einige hundert Meter weit weg seine Arbeit beenden wollte ... Kurz darauf sah er, daß drei kleine UFOs auf Höhe der Baumwipfel über seiner schlafenden Frau schwebten. Eines von ihnen setzte gerade zur Landung an, als Earl seinen Traktor in Gang brachte und sich anschickte, ihr zu Hilfe zu eilen, um sie, vor was auch immer, zu schützen. Ein normal aussehender, Englisch sprechender, blonder Mann trat hinter der Gruppe von Bäumen hervor, wo das UFO gelandet war, und bat Earl anzuhalten: „Alles in Ordnung", sagte er, „ihr wird nicht wehgetan". Earl ignorierte ihn und sprang vom Traktor, um seinen Weg in Richtung des Geschehens fortzusetzen, an dem seine Frau inzwischen von kleinen grauhäutigen Wesen umgeben war. Earl fand sich plötzlich paralysiert und hilflos. Er stand wie angenagelt, außerstande, sich zu bewegen, während der blonde Mann fortfuhr, ihm zu versichern, daß alles in Ordnung sei und seiner Gefährtin nichts passieren würde. Earl beobachtete mit Entsetzen, daß seine paralysierte Frau entkleidet wurde. Eine lange Nadel wurde in ihren Unterleib gestochen, während sie noch auf ihrem Heubett lag, ihren Schmerz herausschrie, aber außerstande zu sein schien, sich zu widersetzen. Haut- und Haarproben wurden entnommen und eine dünne Sonde in ihre Scheide eingeführt. Immer noch unfähig, sich zu bewegen, tobte und fluchte Earl, woraufhin der blonde Mann über seine Reaktion überrascht schien. „Wir wollen, daß du das siehst", sagte er „wir verletzen deine Gefährtin nicht. Es geht ihr gut. Warum regst du dich auf? Wir tun ihr nichts ..."

Die Szene endete kurz darauf, und das Paar kehrte nach Hause zurück, sich zwar eines gewissen Zeitverlustes bewußt, aber ohne wirkliche Erinnerung an ihre

UFO-Begegnung. In den Tagen und Wochen nach dem Ereignis begann Earls Gattin an Alpträumen zu leiden, krallte sich in den Bereich nahe der Nasenwurzel, zwischen ihre Augen und schrie IHNEN zu „es herauszunehmen, es täte weh“. Sie grub tiefe Stellen in ihre Stirn, während die Alpträume unvermindert weitergingen. Andere Anzeichen ihres schrecklichen Erlebnisses erschienen, halbverarbeitete Erinnerungen an die Ereignisse im Heufeld. Schließlich mußte sie sich wegen eines schweren Nervenzusammenbruchs in klinische Behandlung begeben. Sie lebt jetzt zuhause, ruhig gestellt und traurigerweise nicht mehr sie selbst.

Diese Geschichte ist nur eine von vielen, die ich nennen könnte, um einen zentralen Punkt des Verhaltens der UFO-Insassen Menschen gegenüber zu schildern: SIE scheinen einfach außerstande, unsere Gefühle, unseren Schrecken und unsere Liebe zueinander zu verstehen. Sie scheinen psychologisch blind gegenüber grundlegenden menschlichen Emotionen zu sein. In meinem Buch Intruders (Eindringlinge) berichtete ich von Fällen, bei denen Frauen künstlich befruchtet wurden oder die Entnahme von Eizellen erdulden mußten, deren Reaktionen - Wut oder Entsetzen - ihre Entführer jedoch zu erstaunen schienen. Die augenscheinlich teilnahmslosen UFO-Insassen scheinen sich von unseren „eigentümlichen“ menschlichen Emotionen vielleicht noch mehr zu unterscheiden als von unserer Anatomie. Und ihr Mangel an Verständnis könnte uns eine Art Entschuldigung für ihr gefühlloses Verhalten liefern.

Es scheint, es bleiben uns nur zwei Alternativen, von denen keine sehr attraktiv ist. Wenn die UFO-Insassen uns und unsere Bedürfnisse und Emotionen verstehen, dann sind sie moralisch unzulänglich - sogar grausam in ihrem zielstrebigen Egoismus. Vielleicht nicht gerade böswillig oder bösartig, aber äußerst gefühllos. An einem gewissen Punkt wird amoralisches Verhalten unmoralisch. Aber wenn die gleichen fremden Wesen einfach unfähig sind, unsere Gefühle zu verstehen, haben sie eine Entschuldigung für ihr Verhalten. Und Beweise deuten an, daß sie tatsächlich nicht wissen könnten, welche Katastrophen sie manchmal verursachen.

Eine Entführte schrieb mir vor kurzem einen Brief, den ich hier teilweise wiedergeben möchte:

„Vor kurzem sah ich einen Tierdokumentarfilm, den ich mir ansah, weil ich Tiere liebe. Ich weiß nicht mehr, ob es Wild Kingdom oder eine National-Geographics-Sendung war, aber die gezeigten Wissenschaftler untersuchten das Leben der Polarbären. Sie hatten alle Arten unheimlich aussehender Ausrüstungsgegenstände und verwendeten ein weiß-getarntes Versteck, das sie im Schnee für die Bären unsichtbar machte. Als ich zusah, bekam ich ein wirklich übles Gefühl in der Magengrube. Diese Wissenschaftler waren mit identischen weißen Anzügen bekleidet, lockten die Bären an und betäubten ein Bärenweibchen im Beisein ihrer Jungen. Während sie das Muttertier kennzeichneten, entnahmen sie Blutproben, maßen ihr Fettgewebe, überprüften Augen, Maul usw., und jedesmal wenn die Bärin gegen ihre Narkose ankämpfte, kraulten sie sie, *sprachen mit ihr und sagten ihr, daß alles wieder gut würde. Die Jungen blieben während der ganzen Zeit in der Nähe ihrer Mutter. Die Wissenschaftler plazierten ein Funkpeilgerät auf der Bärin, damit sie sie im Laufe der nächsten Jahre jederzeit würden aufspüren können. Sie markierten sie sogar mit einer Spezialfarbe, so daß sie leicht aus der Luft identifiziert werden kann. Dann, als sie mit ihr fertig waren, liefen sie davon und versteckten sich hinter dem großen Schirm, so daß das Tier sie, als es aufwachte, nicht sehen konnte. Das Tier stand auf, sah sich um und lief so schnell davon, daß ihre Jungen kaum Schritt halten konnten. Stellen Sie sich vor, wie sie sich gefühlt haben muß, als sie ihr in einem Hubschrauber folgten. Sie konnte laufen, wohin sie wollte, mit der Kennzeichnung und dem Peilgerät konnte sie sich nirgends verstecken! Ich denke, daß wir alle für diese Wesen ein Haufen Tiere sind. Ein kleiner Versuch, über einen ungewissen Zeitraum hinweg. Ich kann mich mit der Vorstellung, irgend jemandes Versuchskaninchen zu sein, nicht anfreunden."*

Ich dachte lange über ihren Brief und ihr Verständnis für die Notlage des Tiers und die Traumata, die dem Tier und seinen Jungen durch die Wissenschaftler zugefügt worden waren, nach. Diese Zoologen verhalten sich - so hoffen wir wenigstens - wie die Insassen der UFOs, ausgehend von eigentlich grundsätzlich anständigen, wissenschaftlichen Motiven. Und doch wird in beiden Fällen Schmerz zugefügt und Lähmung auferlegt, mit dem Ergebnis eines traumatischen Schreckens.

Einige Tiere könnten nach einer solchen Erfahrung ihre Jungen verlassen oder an einer falschen Dosis Betäubungsmittel bzw. aus purem Schrecken sterben - oder wie Earls arme Frau sich niemals wieder von dem Horror ihrer Begegnung erholen. So traurig uns diese Alternative stimmt, es fällt leichter, zu glauben, daß die Insassen von UFOs ganz einfach nicht verstehen, was sie uns antun, als anzunehmen, daß ihnen menschliches Leid gleichgültig ist.

Bei der Beurteilung dieser Thematik sollte unser eigenes Verhalten anderen Lebensformen gegenüber, die mit uns diesen Planeten bewohnen, berücksichtigt werden. Menschen haben gewissermaßen einen einprogrammierten Raubtierinstinkt, auch die den Raubtieren angeborene Aktionsbereitschaft und Aggressivität ist ihnen zu eigen. Aber selbst wenn sie friedliche Tiere züchten und vorgeben, diese zu mögen, töten sie diese kaltblütig, um ihren Fleischbedarf zu decken. Verfolgen, Überlisten und Töten sind also fundamentale, an den Instinkt gebundene Eigenschaften des Menschen, das Erbe seiner Urahnen, von dem er sich bisher nicht lösen konnte. Denn: Alle dem Zwischenhirn entstammenden Emotionen und aus dem Reptiliengehirn herrührenden Instinktreaktionen zwingen ihn, zur Selbsterhaltung wie ein Raubtier zu handeln, nämlich zu töten.

Ich habe mit vielen Leuten gesprochen, die auf die Auffassung einer hilfsbereiten Weltraumbruderschaft nicht verzichten wollen. Zu Beginn sagte ich bereits, daß pseudo-religiöse Hoffnungen nur langsam sterben. Und trotz massiver negativer Beweise gibt es so immer noch viele Leute, die sich an die Idee klammern, daß es zwei fremde Gruppen gebe, eine böse und eine gute Gruppe Außerirdischer. Die böse Gruppe übernimmt entsprechend dieser Theorie das Entführen und das Experimentieren, während uns die gute Gruppierung aufrichtig liebt und versteht. Manchmal kann sogar eine Art unterschwelliger Rassismus im Deckmantel dieser Hoffnungen wahrgenommen werden, in der die „Grauen“, wie sie genannt werden, den Part der „Bösen“ spielen, während die attraktiveren „Blonden“ natürlich die „Guten“ sind.

Während der zwölf Jahre meiner Nachforschungen zeichnete sich jedoch ab, daß die scheinbar menschlich anmutenden Fremden als Team mit den so genannten „Grauen“ zusammenarbeiten. Es gibt, soweit ich weiß, nicht den Hauch eines Beweises, der eine derartig vereinfachte Lesart der Ereignisse erlauben würde, es gibt jedoch eine große Anzahl an Indizien, daß es sich hierbei um Wunschdenken einer gemeinsamen psychologischen Gewohnheit handelt.

Das Kontakt-Phänomen blieb indes unberücksichtigt von fast allen ernstzunehmenden Nachforschungen und stellt den Triumph der Hoffnung über die Realität, der Bedürfnisse über den Beweis dar. Die Entführungsfälle, die ich in diesen Jahren bearbeitet habe, können als „beweiskräftig und nicht ideologiebehaftet“ definiert werden, während die Kontakt-Kulte im Grunde genommen das genaue Gegenteil sind. Die Botschaft der Anhänger dieser Kulte, wie sie durch hilfreiche „Channeling-Botschaften“ verbreitet werden, reduzieren sich üblicherweise auf sanfte Bitten, sich doch gegenseitig zu lieben, lieber Frieden zu schaffen als Krieg zu führen und sich um die prekäre Lage unserer Ökologie zu kümmern, mit anderen Worten jene Art Klischee, das sogar Politiker routinemäßig in ihren formellen Reden verwenden. (In dieser Art nebulöser Botschaften, soviel sollte erwähnt werden, wird allerdings auch manchmal in tatsächlichen UFO-Entführungsfällen berichtet. Aber was wir wirklich brauchen, sagte eine Entführte, ist wirkliche Hilfe bei der Lösung unserer Probleme, keinen neuen Zeitungsartikel, der auf diese Probleme hinweist). Es gibt keinen Grund zur Annahme, daß irgendeine wohltätige Gruppe Außerirdischer schon einmal etwas wirklich Hilfreiches für unseren Planeten getan hätte. Beweise hierfür existieren jedenfalls nicht.

Die letzte Schwierigkeit in der Annahme einer „Guter Alien/Böser Alien-Dualität“ liegt im äonenalten Problem des Bösen. Wenn uns die bösartigen Fremden durch ihre Entführungen verletzen, warum verhindern die gutartigen Fremden das nicht? Seit Jahrhunderten fragen wir uns, wenn Gott allmächtig ist, wie kann er das Leiden von Kindern dulden? Viele von uns sind der Meinung, daß keine der angebotenen Antworten mit der Vorstellung von der Allmacht Gottes zufriedenstellend vereinbar ist und irgend etwas an der entwickelten Theologie grundlegend falsch sein müsse. Genauso verhält es sich mit dieser Art außerirdischer Theologie, ganz abgesehen von der Tatsache, daß es keinen Beweis einer Auseinandersetzung zwischen rivalisierenden Aliens gibt. Wenn es verschiedene Gruppen von Außerirdischen an verschiedenen Ursprungsorten im Universum gibt, verhalten sich alle diese Gruppen uns, der menschlichen Rasse

gegenüber, auf die selbe Art und Weise - und meine Meinung ist, daß das, was sie tun, kurz gesagt, immens zerstörerisch ist.
Kehren wir zurück zu den beiden brauchbaren Alternativen. Entweder haben die UFO-Insassen nicht den psychologischen „Wegezoll" begriffen, den sie durch diese Entführungen und genetischen Versuche verlangen, weil sie nicht in der Lage sind, die menschliche Psychologie zu verstehen, oder sie müssen als gefühllose, gleichgültige und amoralische Rasse verstanden werden, einzig geneigt, ihren eigenen wissenschaftlichen Bedarf zu befriedigen, ungeachtet der Kosten für uns, die Opfer. Die Frage, welche Alternative wirklich in Betracht zu ziehen ist, kann zur Zeit nicht beantwortet werden. Es gibt Tatsachen, die geeignet sind, beide Thesen zu unterstützen, von denen ich jedoch die erstere eindeutig bevorzuge.
„Während der gesamten Geschichte der Menschheit haben viele Gesellschaften das Bewußtsein als etwas Mächtigeres anerkannt, als wir im Westen es zugelassen haben - als eine Art Sieb oder Empfänger bzw. Sender für eine Kommunikation mit Kräften nämlich, die nicht immer sichtbar sind und sich in einem Bereich außerhalb unserer üblichen Wahrnehmung bewegen. Der zeitgenössische westliche Grundsatz, daß wir allein im Universum sind, nur uns selbst vertraut, ist in Wirklichkeit lediglich die Perspektive einer Minderheit, eine Anomalie." *John Mack, Abduction: Human Encounters with Alien.*

Mike Miley schreibt in seinen Artikeln „Ein neues Paradigma der Ufologie" und „Neue Dimensionen des Alien-Kontakts":

Etwas sehr Altes kehrt in die moderne Welt zurück und erscheint vielen als etwas völlig Neues. Es erscheint aber nur deshalb als etwas Neues, da wir aus einer Art Amnesie, einem Jahrhunderte währenden 'Schlaf' zu erwachen scheinen. Ich beziehe mich nicht nur auf den Glauben an Wesen, die vom Himmel kommen, obwohl dieser Glaube einen großen Teil der Entwicklung darstellt.

Es handelt sich um etwas viel Tiefergehendes und deshalb viel Beunruhigenderes, von so großer Tragweite, daß es bereits in eine Art Krieg ausgeartet ist. Ein ontologischer Krieg. Ein Krieg der Weltanschauungen. Auf der einen Seite befindet sich die Perspektive der Materialisten, bewahrt im Schrein unserer Universitäten, unserer Labors und Denkfabriken. Auf der anderen Seite befindet sich die eher „spirituelle" Sicht, erweckt durch Rip van Winkle im Leben der normalen Menschen. Für manche nimmt es die Form eines nächtlichen Besuchs vielfältiger Wesen, gelegentlich scheinbar unmöglicher Kreaturen an.

Für andere sieht es wie eine Art Aberration der Quanten, wie außerkörperliche Erfahrungen oder ET-Channeling aus. Insgesamt deutet aber alles auf einen Zusammenbruch der Weltanschauungen hin, die uns zwar bisher gut gedient, aber sich nun überholt haben. Doch dieser Zusammenbruch wird nicht ohne Kampf vonstatten gehen. Und dieser Kampf erstreckt sich auch bis zum Feld der Ufologie.

Die These dieses Artikels ist, daß die UFO/Alien-Frage am besten aus der transpersonalen Sicht der „Wissenschaft des Bewußtseins" betrachtet werden sollte. Diese Sicht postuliert andere Bereiche von Wesen und veränderte Bewußtseinsstadien, zu denen wir Zugang besitzen. Sie postuliert, daß der Grund, weshalb wir UFOs oder fremde Wesen nicht verstanden haben, sehr gut in der Tatsache begründet liegen könnte, daß unser diesbezüglicher Fokus bisher in die falsche Richtung ausgerichtet war. Geblendet vom Phänomen selbst, von seiner „gaunerhaften" Qualität, vernachlässigten wir die Natur des Wesens, das diesem Phänomen ausgesetzt ist: Wir, die Gattung Homo sapiens - wir, eher Affe als Maschine. Der Grund für diese Vernachlässigung ist eine Mischung aus Gehirnwäsche und Furcht, eine sehr tief verwurzelte und animalische Furcht, eine Furcht, die unserer Furcht vor dem Tod sehr verwandt ist. Denn noch immer gibt es kein größeres Tabu als das Wissen, wer wir eigentlich sind."

Ein Plädoyer für die hyperdimensionale Theorie

„Wenn sie keine Raumfahrzeuge sind, was sonst könnten UFOs sein? Welches Forschungsgebiet kann Rechenschaft über die physischen Auswirkungen, die Einflüsse auf die Gesellschaft, das Erscheinungsbild der UFO-Insassen und die scheinbar absurden, traumwandlerischen Elemente ihres Verhaltens ablegen?... Ich denke, daß das UFO-Phänomen den Beweis für andere Dimensionen neben Raum und Zeit antreten könnte; die UFOs mögen vielleicht nicht aus dem „herkömmlichen" All kommen, aber aus einem „Multiversum", das sich überall um uns herum befindet und dessen beunruhigende Realität wir, ungeachtet aller Beweise, über Jahrhunderte hinweg hartnäckig verleugnet haben." *Jacques Vallee, Dimensions*

Eine kurze Übersicht der hyperdimensionalen Theorie über UFOs und Aliens scheint hier angezeigt, da die Theorie versucht, das beobachtete Phänomen aus mehreren unterschiedlichen Blickwinkeln zu betrachten. Diese sind im einzelnen: das Verhalten der Fahrzeuge selbst, der Wesen, von denen angenommen wird, daß sie diese Fahrzeuge bedienen, und die Auswirkung einer Begegnung mit ihnen auf beteiligte Zeugen. Begegnung heißt nicht zwangsläufig auch Entführung, obwohl das eine der wohl dramatischeren Begegnungsformen darstellt.

Jacques Vallee war einer der ersten Forscher, die festgestellt haben, daß sich UFOs oftmals nicht wie physische Objekte oder Fahrzeuge, wie wir sie kennen, verhalten und trotzdem die Fähigkeit besitzen, physische Spuren auf dem Boden oder in Bäumen zu hinterlassen.

Unberechenbare Flugbewegungen bei unvorstellbaren Geschwindigkeiten und Beschleunigungen, das Verschmelzen zweier Flugkörper, plötzliches Verschwinden und erneutes Auftauchen an einem weit entfernten Ort wie auch Licht- und Energieeffekte führten ihn wie auch andere Forscher (Davenport, Fowler, Randle) zu der Spekulation über die Existenz anderer Dimensionen oder holografischer „Lichtshows", die aus diesen Raumbereichen projiziert werden könnten, und zu Theorien über Hyperraum, Anti-Schwerkraft und Zeitmaschinen. Alle diese Theorien über das Verhalten von UFOs implizieren einen verborgenen Aspekt der physischen Realität, über den wir nur sehr geringe Kenntnisse besitzen.

Dann gibt es die Wesen selbst, die in vielfältigsten Formen auftreten. Aufstellungen reichen von einigen wenigen (Moulton-Howe) bis zu über 70 (Harder) verschiedene Spezies, aber neben verwirrenden Schilderungen von Insekten, intelligenten Eidechsen, grauen „Neugeborenen“ und wunderschönen Wesen gibt es leuchtende Arten, die erscheinen und verschwinden, durch Wände gehen (und Menschen mitnehmen) und telepathisch kommunizieren.

Die „Grauen“ sind eine eher körperliche Art, genau wie „plasmaartige“ Wesen, die unter den am häufigsten geschilderten Spezies beschrieben werden. Vergleiche zwischen diesen Aliens und Erscheinungen der Vergangenheit können - wie Ufologen, Anthropologen und Völkerkundler schnell bereit sind zuzugeben (Vallee, Goodenough, Clark und Coleman und Rojcewicz) - gezogen werden. Thomas Bullard scheint allerdings eher der Meinung zu sein, daß die heutigen Entführungsfälle nicht der jeweiligen Kultur zugeschrieben werden können, wie es z.B. bei Sagengestalten der Fall ist, sondern eine eigene Struktur zu besitzen scheinen (Pritchard).

Viel wichtiger für die hyperdimensionale Theorie ist es, daß diese Wesen sich offensichtlich zu allen Zeiten um uns herum befunden haben, aber für gewöhnlich unsichtbar sind und nur unter den geeigneten Voraussetzungen gesehen werden können. Sie könnten, nach allem, was wir zu wissen glauben, Außerirdische sein, verbergen sich aber hinter einem „Mantel“ oder einer Maske aus Materie.

Betrachten wir den Effekt einer Begegnung auf die anwesenden Zeugen, deren Natur ebenfalls mannigfaltig beschrieben wird. Während des Ablaufs einer Entführungs- oder Begegnungserfahrung zeigt sich eine erstaunliche Matrix außergewöhnlicher Erfahrungen, die Visionen einer Apokalypse oder holografische „Shows“ ebenso einschließt wie einen telepathischen Austausch mit den Wesen, Psychokinese, Levitation, Dematerialisation, OBEs (außerkörperliche Erfahrungen) und Theophanie [Gotteserscheinung - Anm. d. Verf.] (Fowler, Mack, Turner).

Entsprechend der Mimikry-Hypothese von Dr. Johannes Fiebag scheinen sich die Wesen in einer dem (religiösen und wissenschaftlichen) Erwartungshorizont der Zeugen entsprechenden Erscheinungsform zu präsentieren. Unklar ist, ob es sich dabei tatsächlich um die Tarnprojektionen einer außerirdischen Intelligenz handelt. Vielleicht treffen wir hier auf die tiefere Seinsordnung eines holografisch strukturierten Universums. Wesen werden beschrieben, die religiösen Figuren in üblicherweise mystischen- und „Nah-Tod“-Erfahrungen (NDEs) gleichen (Turner, Fowler, Ring), während andere vor den Augen der Beobachter ihre Gestalt verändern (Strieber, Turner).

Die „Spätfolgen“ einer derartigen Erfahrung sind ebenso seltsam. Zeugen berichten, daß elektronische Geräte in Gegenwart der Fremden aufhören, ihren Dienst zu verrichten, während Poltergeist-ähnliche Phänomene die Häuser der Betroffenen auf ähnliche Weise heimsuchen können, wie es in Fällen pubertierender Jugendlicher berichtet wird (Jung, Talbot).

Physische Spuren wie Schnitte, Abschürfungen und Verbrennungen oder Andeutungen über Implantate implizieren die Möglichkeit der Verwendung einer verborgenen Technologie, während unglaublich schnell heilende Wunden auf das Werk paranormaler Kräfte - ähnlich der im Leben von Mystikern wie Padre Pio auftretenden Phänomene, dessen Stigmata im Moment seines Todes verschwanden - hindeuten (Grosso).

Abschließend darf man nicht vergessen zu erwähnen, daß eine Begegnung nicht zwangsläufig mit einer physischen Entführung verbunden sein muß, wenngleich sich diese Meinung in der letzten Zeit durch Berichte der Medien verdichtet zu haben scheint. Ich spreche dieses Thema an, da selbst bei der Abduction Study Konferenz im Jahre 1992 der Versuch gemacht wurde, Entführungen primär unter physischen Gesichtspunkten zu definieren. (Pritchard/Hopkins, Jacobs, Rodeghier).

Meiner Ansicht nach ist, wie gesagt, weder eine Begegnung einzig durch Entführung, noch eine Entführung durch bloßes physisches Verbringen an einen anderen Ort, normalerweise einem Raumfahrzeug, zu definieren. Interviews, die ich in der Gegend der Bucht von San Francisco mit den Kontaktierten Dr. Angela Browne-Miller, Kurt Mayne und Su Piercy durchgeführt habe, scheinen eher anzudeuten, daß Begegnungen in viel größeren Varianten auftreten, als die publizierten Entführungsberichte glauben machen könnten, und daß Begegnungen während außerkörperlicher Erfahrungen und außergewöhnlicher Bewußtseinsstadien, ja selbst während sie in ihrem Bett liegen, stattfinden können. Natürlich wird diese Sicht kontrovers diskutiert, obwohl sie von anderen Forschern geteilt wird (Fowler, Mack, Randle, Ring).

Dämonische und außerordentliche Realitäten

„Wenn wir von den glänzenden metallischen Häuten oder Anzügen der Aliens hören, denken wir natürlich zunächst an unsere eigenen Astronauten. Aber wir sollten uns auch an die glänzenden kleinen Metallmänner - Erdgeister und Kobolde, die die Minen und Berge heimsuchten, die kapuzenbewehrten Cabiri aus Goethes Faust und die kleinen, aber mächtigen Dactylen, erfindungsreiche Gottheiten, die bereits den alten Griechen bekannt waren, erinnern. Wir haben bereits gesehen, daß Feen und ihresgleichen den Himmel als UFO-ähnliche Lichter bereisen sollen. Die ihk´al der Tzeltal-Indianer in Mexiko fliegen mit einer Art Rakete, die an ihren Rücken befestigt ist. Sie werden als drei Fuß große, haarige Humanoide beschrieben, die gelegentlich ihre Antriebsmethode verwenden, um Leute mit sich zu nehmen..." (Patrick Harpur, *Daimonic Reality: A Field Guide to the Otherworld)*
Nach Peter Fiebag wurden noch 1947 von den in der mexikanischen Provinz Chiapas - in der sich auch die sagenhafte Ruinenstadt Palenque befindet - beheimateten Indios ganze Schwärme dieser ikh´al beobachtet. Er vermutet eine Verbindung zu den Mothman-Sichtungen der Vergangenheit und den Chupacapras Mexikos und Puerto-Ricos. Dort wurden die Berichte von Zeugen zumindest so ernst genommen, daß sich ganz offiziell eine Spezialeinheit der Polizei und des Militärs mit der Klärung des Phänomens befaßte.

Seit ungezählten Generationen erzählen Legenden der Paiute und Navaho-Völker von den großen silbernen Flugschiffen der Hav-Musuv. Die Hav-Musuv sollen zu einer Zeit, als die Welt noch jung war, mit großen Galeeren im Golf von Kalifornien gelandet sein. Sie fanden große Höhlen in den Panamints, in denen sie eine ihrer Städte bauten. Zu dieser Zeit war Kalifornien noch die Insel, von denen die Ureinwohner den Spaniern berichteten und die diese auf ihren Landkarten markierten.

Von dieser verborgenen Stadt aus kontrollierten die Hav-Musuv mit ihren schnellen Schiffen das Meer und trieben Handel mit weit entfernten Völkern. Sie brachten seltsame Güter zu den großen Anlagen, von denen gesagt wird, sie existierten noch heute in den Höhlen.

Nachdem ungezählte Jahrhunderte vergangen waren, begann sich das Klima zu verändern. Das Wasser des Sees floß zurück ins Meer, bis der Zugang zum Meer versperrt war. Zunächst brachen die Hav-Musuv einen Weg durch die südlichen Berge, um ihre Güter zur Küste bringen zu können. Aber nach einiger Zeit sank der Wasserspiegel immer weiter ab, bis eines Tages nur noch eine trockene Kruste von dem großen blauen See übrig geblieben war. Dann kam die Wüste, und der Feuergott fing an, über Tomesha, das glühende Land, zu streifen.

Die Hav-Musuv konnten ihre großen Ruderboote nicht mehr benutzen und begannen über andere Methoden nachzudenken, wie sie die Welt jenseits der Meere erreichen konnten. Sie begannen „fliegende Kanus" zu benutzen. Zunächst waren das kleine silberne Schiffe mit Flügeln. Sie bewegten sich mit einem leisen, schwirrenden Geräusch und schwebten wie Adler.

Die folgenden Jahrhunderte brachten große Veränderungen. Stamm nach Stamm kam ins Land, kämpfte darum, es eine Weile behalten zu können, und zog wie ein Sandsturm weiter. In ihrer unterirdischen Bergstadt lebten die Hav-Musuv derweil friedlich, weit entfernt von den Konflikten. Machmal wurden sie in großer Entfernung gesehen, in ihren fliegenden Schiffen oder auf schneeweißen Tieren reitend, die sie über die Berge trugen. Diese Tiere wurden nie an anderen Orten gesehen. Die Hav-Musuv schufen während der weiteren Jahrhunderte immer größere Schiffe, die sich immer leiser fortbewegten.

Die Ureinwohner pflegten sich den Hav-Musuv nur mit großer Vorsicht zu nähern, da diese in Besitz von kleinen Rohren ähnlichen Waffen waren, welche Strahlen aussandten, die sich wie ein Regen aus Kaktusnadeln anfühlten. Der Getroffene konnte sich stundenlang nicht mehr bewegen, während die mysteriösen Gestalten über die Klippen verschwanden. Eine andere Waffe war tödlich. Es handelte sich dabei um ein langes silbernes Rohr, dessen Strahl den sofortigen Tod zu Folge hatte.

Die Hav-Musuv werden als schönes Volk beschrieben. Ihre Haut besitzt einen goldfarbenen Ton, und ein Stirnband hält ihr langes Haar zurück. Sie kleiden sich in fein gesponnenes Tuch, daß sich wie eine Toga um ihre Schultern schmiegt, und tragen helle Sandalen an ihren Füßen.

Eine Legende der Paiute erzählt von einem Häuptling, dessen Braut plötzlich und unerwartet verstarb. In seinem großen und überwältigenden Kummer dachte er an die Hav-Musuv und ihr langes Rohr des Todes. Er wollte sich zu ihr gesellen, also verabschiedete er sich von seinem gramgebeugten Stamm und machte sich daran, die Hav-Musuv zu finden. Er fand niemanden, bis er sich anschickte, die nahezu unzugänglichen Panamints zu besteigen. Einer der Männer in Weiß erschien vor ihm und gab ihm ein Zeichen, zurückzukehren. Der Häuptling begann zu signalisieren, daß er sterben wolle, und ging weiter. Daraufhin gab der Mann in Weiß einen langen singenden Pfeifton von sich, worauf andere Hav-Musuv auf der Bildfläche erschienen. Sie sprachen zueinander in einer seltsamen Sprache und betrachteten den Häuptling nachdenklich. Nach einer Weile machten sie ihm Zeichen, um ihm verständlich zu machen, daß sie ihn mit sich nehmen würden.

Viele Wochen, nachdem ihn sein Volk bereits betrauert hatte, kam der Paiute-Häuptling zurück in sein Lager. Wie er berichtete, sei er in dem gigantischen unterirdischen Tal der Hav-Musuv gewesen, in dem weiße Lichter Tag und Nacht brennen würden, niemals ausgingen oder nachgefüllt werden mußten und welche die uralte Stadt aus Marmor wundervoll beleuchteten. Dort habe er die Sprache und Geschichte der seltsamen Wesen gelernt und diesen im Gegenzug die Sprache und Legenden der Paiute gelehrt. Er sagte, er hätte gerne für immer den Frieden und die Schönheit ihres Lebens geteilt, aber die Hav-Musuv hätten ihn gebeten, zurückzukehren und sein neues Wissen an sein Volk weiterzugeben.

Die Paiute, die die Launen von Tomesha kannten, wußten allerdings nicht, ob sie ihrem Häuptling Glauben schenken sollten. Wenn ein Mann in Tomesha verlorenging und der Feuergott über die salzige Wüste schritt, zogen seltsame Träume wie Nebel durch seinen Verstand. Kein Mensch konnte den heißen Atem des Feuergottes atmen und gesund bleiben.[29]

Eine transpersonale Sicht der Begegnungen führt zur Positionierung der Aliens in ein vages Pantheon imaginärer, volkstümlicher Wesen im Sinne eines William Blake oder Ibn Arabi, die solche Wesen zwar als real, aber nicht als von völlig physischer Natur einstufen. (Crobin, Grosso, Ring). Aber der durchschnittliche westliche Student der Völkerkunde neigt heutzutage eher dazu, seine Studien als literarische Übung auszuarbeiten, ähnlich dem Fischzug nach psychologischen Themen in der Weltmythologie (Campbell). Götter und Geister, wie auch eine große Anzahl mythischer Wesen, werden auf Bilder und Metaphern der menschlichen Psyche reduziert, in den Bereich der Dichtkunst des menschlichen Bewußtseins verwiesen. Dies ist symptomatisch für die Naturalisation der dämonischen Welt (nicht der „Dämonen“, aber der griechischen Welt der „Seelen“), welche die Hinterlassenschaft kartesischem Denkens mit seiner radikalen Unterscheidung zwischen Geist und Materie darstellt (Harpur, Herbert, Goswami).

Auch die Jung´sche Tradition ist hier nicht sonderlich hilfreich, ungeachtet der Tatsache, daß Jung selbst großes Interesse an UFOs zeigte und zugab, daß eine rein psychologische Interpretation des Phänomens bei einer Berücksichtigung von Radarspuren und anderen physischen Effekten möglicherweise unangebracht sein könnte. Selbst Jungs Vorstellung eines psychoiden Phänomens - Ereignisse, die sowohl psychologische als auch physische Ursachen haben - hat nie viel Verständnis hervorgerufen. Dies liegt vermutlich daran, daß „das Psychoide“ und verwandte Konzepte wie die „Synchronizität„ eine schwere Zeit mit dem Versuch verbracht haben, mit der dominierenden wissenschaftlichen Betrachtungsweise zu konkurrieren, daß unser Bewußtsein in unseren Köpfen beheimatet und lediglich eine Funktion unseres Gehirns ist. (Was wollten wir mehr? Ein „psychoides“ Phänomen durch reine Willenskraft hervorzurufen ist aber leider nicht unbedingt ein Talent, welches unsere Labortechniker sehr gut beherrschen).

Damit soll nicht gesagt werden, daß die Arbeit von allen Völkerkundlern und Mythologen „bloße Literatur" darstellt, es geht hier im Besonderen um unser Thema. John Mack zitiert die Arbeiten von Goodenough, Clark und Coleman Eliade und Rojcewicz in seinem Buch *Abduction: Human Encounters With Aliens*, die auf quälende Parallelen zwischen modernen Begegnungen und der Folklore der Hopi, Aborigines, Pygmäen und der sibirischen und brasilianischen Ureinwohner hinweisen.

Er erwähnt zudem die Tradition der tibetanischen Buddhisten, in der deutlich erwähnte Traumtechniken den Weg zu OBEs ebnen und in der Flüge zu „anderen Dimensionen" schamanistische Reisen widerspiegeln könnten, beides ein möglicher Beweis für die Existenz normalerweise unsichtbarer Wesen (Norbu). Die Hindu-Tradition glaubt ebenfalls an solche Wesen, warnt jedoch den Yoga-Ausübenden ausdrücklich, sich vor der vermeintlichen Schönheit der mittleren Reiche der Existenz zu hüten und Versprechungen der dort lebenden Wesen (Pantanjali) Glauben zu schenken. Ähnliche Warnungen finden sich in der schamanistischen Literatur (Castaneda, Halifax, Hamer, Kalweit).

Hinzugefügt werden müssen die Erkenntnisse der Erforschung von Psychedelika, Channeling, transpersonaler Psychologie, OBEs und der Thanatologie (Erforschung des Todes und von Nah-Tod Erfahrungen), die alle zum gleichen Schluß kommen: Außergewöhnliche menschliche Erfahrungen können sich in Bereichen „jenseits" des Gehirns ereignen, um Stanislav Grofs emphatische Bezeichnung zu wählen, die die Erfahrungen in immateriellen Bereichen und der dort lebenden Wesen deuten möchte.

Um es ganz präzise zu sagen: NDEs und OBEs wurden im Zusammenhang mit UFOs und Aliens bei einer ganzen Anzahl von Forschern (Fowler, Mack, Ring) erwähnt; während Raymond Fowler in *The Watchers I* und *II* (welche Erfahrungen von Betty und Bob Luca beinhalten) dies sehr deutlich zeigt: „Graue„ und große, in Roben gekleidete „Aliens" wurden von Betty und Bob gesehen, als sie sich sowohl in ihren Körpern als auch außerhalb ihrer Körper befanden haben sollen. Dieses Thema hallt auch in Whitley Striebers *Breakthrough* wider, als er die tote „Astralform" von Michael Talbot im Zusammenhang mit einem Besuch der Fremden wahrnimmt, während andere Erfahrungen, an die er sich erinnert, ihn empfänglich für OBEs zeigen.

Inzwischen hat jeder schon einmal etwas von OBEs gehört und weiß, wie schwer es ist, diese Erfahrung innerhalb einer Kultur zu transportieren, die schlicht und einfach verleugnet, daß es derartige Dinge geben könne oder daß solche Dinge sein könnten, was sie zu sein scheinen. Alles, was während einer OBE gesehen wird, kann als Halluzination abgetan werden; während NDEs, mit ihrer Offenbarung des Jenseits (das Licht am Ende des Tunnels, die leuchtenden Wesen, die zusammen mit verstorbenen Verwandten auf der anderen Seite warten...) chemikalischen Stoffen, die während des Prozesses des Sterbens fehlgeleitet werden, oder dem Wunschdenken einer Persönlichkeit, die sich vor ihrer eigenen Disintegration im Moment des Todes fürchtet, zugeschrieben werden können.

Der Schluß, der gezogen werden sollte, ist, daß es sich hierbei zwar nicht zwangsläufig um „Fakten" zur Stützung des Falls handeln muß, daß aber materialistische Hypothesen und ihnen zugrunde liegende Annahmen über Kausalität und die physische Natur der Realität überdacht werden sollten, um einen Rahmen für eine mögliche „Erklärung" dieses eigenartigen Phänomens zu schaffen. Das genaue Gegenteil trifft natürlich ebenso zu: Da ihr „spirituelles" Gegenstück auch auf Hypothesen gestützt wird, werden wir mit der faszinierenden Aussicht konfrontiert, daß durch die richtige Art von Experimenten möglicherweise das Gegenteil einer physischen Erklärung ermittelt werden könnte. Genau um diesen Punkt dreht sich die transpersonale Position: Außerordentliche menschliche Erfahrungen zeigen profunde Beweise für eine nicht-materialistische Betrachtungsweise der Realität - eine Art idealistischen Monismus, in dem das Bewußtsein, nicht die Materie Fundament aller Dinge ist.

Kontakt in transpersonalem Kontext

„Es würde sich zeigen, daß viele Außerirdische, zumindest teilweise, bereits den Pfad des post-dualistischen Verständnisses der Schöpfung beschreiten könnten. Sie scheinen uns beeinflussen und nach Belieben in unsere übereinstimmend beschränkte, unbewußte, spezienspezifische und Stadium-abhängige Realität eindringen zu können. Sie tun dies, indem sie zumindest einige unter uns inspirieren, in Betrachtung zu ziehen, wie es sein könnte, sich in ihrem, nicht unserem, Bezugssystem aufzuhalten und zu leben." Jon Klimo, aus *Zen in the Art of Close Encounters.*

Aus diesem Grund hat die transpersonale Betrachtungsweise von UFOs und fremdartigen Begegnungen zwei klare Eigenschaften:

b) Sie plaziert diese Erfahrungen in einen historischen Kontext, unterstützt von folkloristischen und esoterischen Traditionen überall auf der Welt.

c) Sie läßt die Vermutung zu, daß die Bereiche solcher Erfahrungen menschlichen Wesen in außergewöhnlichen Bewußtseinsstadien zugänglich ist.

Sie besagt aber auch etwas ganz anderes, sehr Provokatives: Begegnungen, mit all ihrem Trauma, könnten etwas Besonderes für die Evolution der Menschheit darstellen. Wie die Traumreisen der Schamanen, in der eine Person psychisch „auseinandergerissen" und wieder zusammengesetzt wird, nur um neue Heilfähigkeiten zu entwickeln - wie übrigens auch in vielen UFO- und Alien-Begegnungen, und der großen Anzahl von Charakterveränderungen und paranormalen Begleiterscheinungen, die sie im Leben der Kontaktierten bewirken - könnten sie eine Erweiterung des Daseins verursachen.

Wie könnte diese Erweiterung des menschlichen Daseins aussehen, und was könnte uns der „Weg" der fremden Lebensformen bringen? (Vielleicht „infizieren" uns die Fremden während der Begegnungen mit ihren eigenen Fähigkeiten und Perspektiven, und je mehr wir von ihnen verändert werden, desto mehr können wir ihre Handlungsweisen verstehen.) Oder vielleicht sollte man das Ergebnis in andere

Worte kleiden: Was für eine Art Welt ist das, in der solche Dinge möglich sind? Zumindest was den Westen anbelangt, sicher keine Welt, an die zu glauben uns gelehrt wurde, aber eine Welt, die nahe an der Weltanschauung der Schamanen oder Yogis liegt, in der paranormale Fähigkeiten eine völlig normale Angelegenheit darstellen. In ihrer Welt stellt das Bewußtsein, nicht die Materie eine fundamentale Grundlage der Existenz dar und durchdringt alles - eine Sichtweise der Existenz, die Aldous Huxley einmal als „immerwährende Philosophie" bezeichnet hat. Ein Yogi ist ein Mensch, der einfach „mehr Bewußtsein" besitzt und auf Tiefe und Reichweite des Kosmos „geeicht" ist (Aurobindo, Radhakrishnan, Yogananda).

Das Bewußtsein als Basis allen Seins stellt eine sehr alte mystische Sichtweise der Welt dar, von der Modelle in den esoterischen Traditionen aller Weltreligionen gefunden werden können. Aber wir befassen uns hier mit einer Tendenz, die sich auch an den Schnittstellen zur Quantenphysik zeigt. Eine Forschungsrichtung untersucht die beobachtbare Verhaltensweise der Quantenverschiebung (die Wellen/Partikel-Dualität, die Unsicherheit und den Zusammenbruch der Wellenfunktion, die Sprünge von „Quantenobjekten" von Stadium zu Stadium ohne Nutzung dazwischen liegender Ebenen und das Prinzip der „Nicht-Lokalität") wiederum am besten erklärt durch einen idealistische Monismus, in der das Bewußtsein als vage Realität die Schöpfung der deutlich erkennbaren, materiellen Welt als eine Art „Traum" oder Hologramm bewirkt (Bohm, Goswami, Herbert, Talbot, Wolf).

Viele UFO-Forscher neigen nach sorgfältiger Beurteilung und Auswertung von Tausenden von Zeugenberichten zu der Auffassung, daß diese „Maschinen" nicht unbedingt materielle Objekte im üblichen Sinn sein könnten, sondern eher Erscheinungen aus einem anderen Raum-Zeit-Kontinuum. Da es jedoch eine Vielzahl von materiellen Spuren gibt und zugleich zahlreiche optische und elektrische Sekundärphänomene auftreten, könnte es sich bei den UFOs um zeitweise „materialisierte Objekte" handeln.

Sicherlich erscheint vielen Forschern eine solche „Hypothese" als sehr weit hergeholt, aber sie erhält bei sorgfältigem Studium des vorliegenden Datenmaterials eine gewisse Plausibilität. „Materialisationen" sind im übrigen für parapsychologisch und esoterisch geschulte Forscher keineswegs utopisch. Selbst die heutigen Feldtheoretiker und Kosmologen schließen nicht aus, daß in mehrdimensionalen Raum-Zeit-Strukturen andere Gesetze als die der klassischen Physik auf der Erde gelten.[30]

Das Leben könnte nicht an materielle Erscheinungsformen gebunden sein - höhere Lebensformen in für uns nicht wahrnehmbaren Sphären existieren. Ein Grund für das Unverständnis gegenüber Phänomenen wie UFOs, die beliebig in Erscheinung treten und verschwinden, könnte in der beschränkten materiellen Sichtweise - vor allem der amtlich bestellten Naturwissenschaftler - liegen. Gewisse geistige Zusammenhänge sind möglicherweise erst im Lauf eines eigenen Bewußtseinsprozesses begreifbar.

In der transpersonalen Psychologie findet sich auch der zeitgenössische Beweis für eine erweiterte Weltanschauung. Die Prämisse hier, wie im Grof-Report, ist: Wenn das Bewußtsein überall existent ist, dann haben bewußte Wesen potentiellen

Zugang zu allen vielfältigen Bereichen der Existenz, einschließlich der Zwischenreiche dämonischer Wesen - dem Jagdgrund von sogenannten „Engeln und Aliens".

Neue Dimensionen des Alien-Kontakts

Wenn wir uns von dem üblichen Szenario von Entführungen weg bewegen, wird die Angelegenheit sehr vieldeutig. Auf unserer derzeitigen Ebene des Wissensstandes ist der wahre Status einer einzelnen Erfahrung sehr schwer zu entschlüsseln. Findet eine einzelne Erfahrung in einem Traumstadium statt? In einem außerkörperlichen Stadium? In der physischen Welt? In einer anderen Dimension? Oder finden die Erfahrungen simultan auf verschiedenen Ebenen statt?

d) auf einer bewußten Ebene, in der die ins Bewußtsein gelangende Information mit „Deckerinnerungen", die vielleicht sogar von den Fremden ausgelöst werden, vermischt oder interpretiert wird?

e) auf einer außerordentlichen Ebene, in der das wahre Erlebnis registriert wird - und eine Hypnoseregression, die vergrabene Erinnerungen freilegt, ein zweischneidiges Schwert darstellt. Wir scheinen eine „tiefere" Erinnerung zurückzuholen, aber vielleicht verfälschen wir das Ergebnis, indem wir während der Regression eine „Erzählung herausfordern", wie einige Forscher vermuten. Vielleicht auch nicht. Es gibt für uns noch viel über außergewöhnliche Stadien des Bewußtseins zu lernen, und eine Auswertung wird noch durch die Wesen selbst kompliziert. Sie scheinen ihren eigenen Ablaufplan zu befolgen, der manchmal den Anschein erweckt, daß wir verwirrt oder manipuliert werden sollen.

Die folgenden Zitate sind Auszüge aus Befragungen dreier Kontaktierter aus der Gegend um die Bucht von San Francisco, die alle während ihres Lebens paranormale Begebenheiten erlebt haben. Die ersten beiden sind bewußt erinnerte Erfahrungen, während Kurts Erfahrung von einer Hypnoseregression gestützt wurde. Unterstützen diese Berichte eine „transpersonale Sichtweise" der Begegnungen, oder sind sie ein Beweis für einen außerirdischen Kontakt? Ein Urteil hierüber steht noch aus, aber die Indizien scheinen vielsagend.

Dr. Angela Browne-Miller: „Im Juli des Jahres 1995 fuhr ich um 23.00 Uhr von Marin aus zu jemandem, den ich durch den „Untergrund" kennengelernt hatte, nach Crissy Field nahe Ft. Mason, um Zeuge einer Art „arrangierter Landung" zu werden. Ich weiß, daß sich das seltsam anhören muß, aber so war es eben. Aber ich kam dort nie mit meinem Auto an. Als ich an die Brücke heranfuhr, dachte ich zu mir selbst: Das ist doch alles Quatsch, eigentlich sollte ich gar nicht hier sein. Und als ich das nächste Mal auf die Uhr sah, war es 4 oder 5 Uhr morgens. Verlorene Zeit. Aber während dieses leeren Zeitraums gab es eine Zeitspanne, in der ich nirgendwo war.

Das hört sich so typisch an, daß es selbst mich erstaunt. Aber da war etwas, das irgendwie formlos war, eher ein gelatineartiges Etwas als eine spezifische Form, aber seine Unterseite öffnete sich und dieses weiße Licht - aber es war kein Licht - tropfte heraus und es war ein wirklich delikater Sirup. Es war ekstatisch, sehr verführerisch und saugte mich in sich hinein. Und ich kam zu ihm und sah diese fünf Wesen oder Präsenzen im Licht, die mir (telepathisch) mitteilten: ′O.K. wir sind hier, um mit dir zu sprechen. Du gehorchst nicht, und wenn du deinen Part der Angelegenheit nicht erfüllst, bringen wir dich zurück.′ Ich sagte: ′Was?′ und sie sagten: ′Wir nehmen dich jetzt mit, wenn du den Rest deines Auftrages nicht erfüllen willst.′ Und ich sagte: ′Ich habe noch etwas zu tun.′ ′Gut′, sagten sie, ′du kannst in einem anderen Körper zurückkommen oder über einen Kanal übermitteln.′ ′Aber ich erfülle meinen Auftrag′, sagte ich. Und dann sagten sie: ′Du hattest zwei Aufgaben: deine Aufgabe als Zuchttier (Züchterin?) und die, Bewußtseinsdenken zu verbreiten.′ Ich antwortete: ′Das tue ich doch, (wobei ich in Wahrheit meinen Auftrag unterminiere, natürlich sagte ich ihnen das nicht) aber ich möchte jetzt noch nicht gehen. Ich tue sogar dieses Liebes-Ding.′ Und sie sagten: ′Dazu bist du nicht hierher gekommen. Du machst einen wirklich schwerwiegenden Fehler′."

Sudakshina Piercy: „Es ist der Dezember 1993. Ich gehe gerade durch eine spirituelle Krise. Ich funktioniere von Moment zu Moment. An einem Tag komme ich von der Arbeit nach Hause, lege mein Futon auf den Boden und lege mich darauf. Drei Tage lang bin ich in Trance. Alles um mich herum hört auf zu existieren. Mein Mann kommt in periodischen Abständen zu mir, um nach mir zu sehen, aber ich kann mich nicht bewegen. Ich kann kaum seine Stimme hören. Ich scheine im Bardo zu sein, dem Raum des Todes, und sehe Lichtsäulen, reine Seelenenergie um mich, sieben Wesen mit jüdischen Namen. Die Seele einer jüdischen Psychiaterin betritt diesen Raum. Ich sehe, daß sie sterben wird. (Was sie auch ungefähr ein Jahr später, im Januar 1995 tat. Mike Miley)

Ich fühle, daß ich mich in mehreren Dimensionen gleichzeitig befinde. Ich liege in meinem Zimmer auf meinem Bett, aber im selben Moment auf einem Tisch in einem ausgedehnten Raum, wie in einem Bienenstock. Ein helles, intensiv weißes Licht scheint mir ins Gesicht, das aus der Decke des Raumes zu kommen scheint. Ich fühle einen schweren physischen Druck, so intensiv, daß ich meine Arme nicht bewegen kann. Außerhalb des Lichts stehen verschiedene Wesen in einem Kreis. Ich fühle, daß ich auf etwas vorbereitet werde. Eine Art Kommunikation findet statt, ein Informationsaustausch, um meine Ängste zu lindern. Ich befinde mich in ihrem Reich, während sie Teil meiner Erfahrung mit ihnen sind, diese Erfahrung mit mir teilen, als ob sie sich in meinem Bewußtsein befinden. Es ist, als ob ich mich im Bereich eines zukünftigen Ereignisses befinden würde, als ob ich zu einem späteren Zeitpunkt bei diesen Außerirdischen sein werde. Nun erinnere ich mich, daß sie mir im Jahr 1974, als unsere Familie das UFO in Chittaranjan, Indien sah, (telepathisch) mitgeteilt hatten, daß sie in 20 bis 25 Jahren wieder zurückkommen würden."

Kurt Mayne: „Es ist das Jahr 1970, Spätsommer in Oakland. Ich stehe mitten in der Nacht auf, weil einige Katzen schreien. Aber es ist ein unheimliches Geräusch, wie Millionen Meilen entfernt. Dann völlige Stille. Normalerweise würde man einfach zurück ins Bett gehen. Statt dessen, ohne wirklichen Grund, stehe ich auf und verlasse das Schlafzimmer in Richtung Wohnzimmer. Ich sehe aus der Glastür in den Hinterhof. Ich kann durch das Haus sehen, das Treppenhaus hinunter, durch die

Küche und das dortige Fenster in der Tür. Auf der anderen Seite sehe ich schimmernde Lichter und möchte auf sie zugehen. Ich höre meinen Magen knurren. Dann scheine ich durch die Hintertür zu gehen.

Ich sehe ihn dort stehen. Er ist 5, vielleicht 6 Fuß groß und hat zwei schwarze Punkte an Stelle der Augen. Er hat eine kissenartige Form, nicht körperlich, ein grüner Schatten. Er ist reine Liebe, und ich liebe ihn mehr, als ich sagen kann. Ich frage ihn, warum ich nicht nach Hause gehen kann. Er sagt mir, ich sei zu Hause und ich sei hier, weil ich die Gabe besäße, Leute zueinander zu bringen. Dann sehe ich einen orangenen Planeten, der in mein Bewußtsein projiziert wird und der sich irgendwie heimatlich anfühlt. Dort gibt es eine große Pyramide mit einem Kreis und einem Halo um sie herum. Nach einer Weile taucht über uns ein rundes Schiff auf, und ich kann die Wärme eines Strahls fühlen, der von oben herab kommt. Dann gehe ich zurück ins Bett. Ich weiß nicht, wie ich dort hin kam. Ich materialisierte mich einfach dort, und das war´s. Nach dieser Erfahrung begann der nächtliche Schrecken. Alles klärte sich erst auf, nachdem ich mich meiner Erfahrung stellte und mich einer Regression unterzog."

Angela Browne-Miller, D.S.W. Dr. phil., auch bekannt unter ihrem Künstlernamen „Shri-Yah" ist Künstlerin, Seminarleiterin und Autorin zahlreicher Bücher, unter ihnen *Adventures in Death* und *Omega Point.*

Sue Piercy arbeitet in der Softwareindustrie als Beraterin, in der Entwicklung von Ausbildungsprogrammen und Projekten für technische Dokumentationen. Ihre Interessen sind Lesen, Schreiben, Malen und Tanzen.

Kurt Mayne und seine Familie leben in der East Bay. Er hat nicht nur Interesse an seiner Entführung/Kontakt, sondern auch an den Erfahrungen anderer Kontaktierter.

Interessierte Leser können sich mit o.g. Personen über Mike Miley (InterNet: mikemiley@aol.com) in Verbindung setzen.

DIE UFO-Verschwörung

Bei folgendem Material handelt es sich um eine sehr freie Übersetzung verschiedener Dateien der alt.conspiracy-Sektion des Usenets, eines weltweiten Computernach-richtennetzes, zu dem Besucher des Internet (angeblich) unkontrollierten Zugriff haben.

Interessant ist in diesem Zusammenhang der Ursprung des InterNet, jenes weltumspannenden Computernetzes selbst: Mitte der 60er Jahre, zur Hauptzeit des kalten Krieges, erhielt die Rand Corporation, eine der Denkfabriken des kalten Krieges (und in den folgenden und anderen Dateien oftmals als Drahtzieher UFO-relevanter Unternehmungen bezichtigt) von der US-Regierung den Auftrag, die Telekommunikation auch im Falle eines (damals noch wahrscheinlich erscheinenden) Atomkrieges sicherzustellen. Erwartet wurde ein Befehls- und Kontrollnetzwerk, das selbst nach einem Atomschlag den Nachrichtenfluß zwischen der Regierung und den Militärbasen, aber auch mit den einzelnen Städten gewährleisten konnte.

Kurz nach Realisierung des so entstandenen Netz-Grundkonzeptes durch die führenden US-Universitäten (MIT und UCLA) wurde vom US-Verteidigungsministerium ein großes ambitioniertes Projekt mit dem Namen ARPA (Advanced Research Project Agency) initiiert. ARPA ist der Name einer Abteilung dieses Ministeriums (Department of Defense oder DOD), die das erste Netzwerk in die Realität umsetzte und betreute. Schon im Dezember 1969 bildeten vier Knoten ein kleines Netz, das vom Pentagon den Namen ARPANET erhielt und heute als „Mutter des InterNet" gilt.

Anfang der 80er Jahre spaltete sich aufgrund der immer stärkeren zivilen Nutzung des ARPANETs, z.B. durch Universitäten, der militärische Bereich des Netzes ab, um als MILNET (Military Network) und eigenständiges Netzwerk fortzubestehen. Die Verbindungen zwischen MILNET und ARPANET blieben jedoch bestehen und erlauben den Beteiligten die Fortsetzung der ursprünglichen Kommunikationsform. Diese Art der Verbindung wurde DARPA InterNet (Defense Net + ARPANET = DARPA) genannt.

Ironie des Schicksals: Aus einem ursprünglich rein militärisch konzipierten Computernetzwerk aus der Zeit des kalten Krieges wurde ein unkontrollierbares und in Teilbereichen sogar anarchistisch anmutendes Forum zur Verbreitung von Informationen, die die Auftraggeber jener Militärs möglicherweise lieber vor der Öffentlichkeit geheimhalten würden. Andererseits gilt in Fachkreisen die Annahme als gesichert, daß nahezu alle Geheimdienste der Welt die über das Internet verbreiteten elektronischen Mitteilungen „abhören" und auswerten. Warum sonst sollten einige Länder der sogenannten freien Welt, zum Beispiel Frankreich, per Erlaß den Einsatz von Kryptografie-Programmen verbieten, die die Diskretion elektronischer Post sichern sollen? Jeder, der weiß, daß selbst ein Supercomputer ein paar Wochen rechnen müßte, um einen derartigen Code zu knacken, kann sich ausrechnen, daß hierdurch die erhebliche Mehrarbeit für die am Inhalt der Botschaften interessierten Stellen vermieden werden soll. Gegen den Erfinder des inzwischen weit verbreiteten

Verschlüsselungsprogramms PGP, Phil Zimmermann, ermittelten die US-Behörden drei Jahre lang. Im Januar des Jahres 1996 wurde das Verfahren ohne Angabe von Gründen eingestellt.

Nach diesem kurzen Exkurs in die Arbeit moderner Geheimdienste zurück zu unserem Thema. Viele Teile des in den nächsten Kapiteln folgenden Materials sind - vorsichtig ausgedrückt - stellenweise nur als „bizarr“ zu bezeichnen. Ich möchte ausdrücklich betonen, daß der Wahrheitsgehalt der einzelnen Aussagen oftmals nicht überprüfbar ist und es sich bei den Schilderungen der Einrichtungen und Geschehnisse durch unterschiedliche Zeugen um vielleicht sogar bewußt herbeigeführte Fehlinformationen handeln kann.

Da der folgende Text laut Dokument von einer Tonbandaufnahme transkribiert wurde, besteht zudem die Gefahr, daß insbesondere Eigennamen falsch dargestellt wurden. Viele der im Manuskript genannten Details finden sich übrigens in *Beholds of a pale horse* von Milton William Cooper: (im Deutschen erschienen unter dem Titel *Reiter der Apokalypse*).

Das Material selbst ist, wie auch Milton William Cooper selbst, nicht ohne Widersprüche. Viele Einzelpunkte und Behauptungen sind nicht nur phantastisch, sondern neigen zu augenscheinlichen Widersprüchen bzw. sind nachweisbar sachlich falsch. Da es sich jedoch um die in den Vereinigten Staaten meistdiskutierten Thesen und um die Basis vieler Alien-Verschwörungstheorien handelt, wollte ich hier einmal den Hauptbestandteil des Textes wiedergeben. Die Aussagen selbst möchte ich unkommentiert lassen - kann aber in unser aller Namen nur hoffen, daß es sich hierbei wirklich nur um die Spinnereien eines Verschwörungsfreaks handelt. Tatsache ist, daß die im folgenden Text erwähnten seltsamen Flugobjekte im Testgebiet des Groom Lake (Area 51) tatsächlich beobachtet werden können (konnten) und der „UFO-Tourismus“ in dieses Gebiet erst durch Coopers Aussagen schwunghaften Auftrieb erhielt.

Protokoll einer 45 minütigen Lesung von Milton William Cooper anläßlich der „Whole Life Expo“ in Los Angeles, Calif. am 17. November 1989.

„Für die, die nicht wissen, wer ich bin: Ich bin in einer Militärfamilie aufgewachsen. Meine Familie und meine Ahnen waren Leute der Regierung, seitdem wir in dieses Land kamen. Wir haben im Militär gedient, waren Patrioten, haben in allen Kriegen gekämpft, sorgen uns um dieses Land und glauben an die Verfassung der Vereinigten Staaten. Wir wissen, was einige Leute nicht wahr haben wollen, daß die Verfassung der Vereinigten Staaten von Amerika die Vereinigten Staaten von Amerika sind. Das ist auch der Grund, weshalb wir immer bereit waren, die notwendigen Dinge zu unternehmen, um sie zu erhalten und schützen.“

„Nachdem ich von zu Hause wegging, trat ich zunächst in die Luftwaffe, ins Strategic Air Command ein. Als Kind hörte ich Geschichten meines Vaters und anderer Piloten, die FOO-Fighters und seltsame Flugzeuge betrafen, die nicht von dieser Welt waren. Als Kind hören Sie das im Vorbeigehen, finden es lustig,

kichern darüber, gehen nach draußen um „Weltraum-Mann“ zu spielen und vergessen das Ganze.“

„Als ich in der Air Force diente, traf ich Männer, die an der Bergung abgestürzter Alien-Schiffe beteiligt gewesen waren. Das Thema faszinierte und interessierte mich, aber normalerweise fand eine derartige Unterhaltung erst nach einigen Flaschen Bier statt, und ich wußte manchmal am nächsten Morgen nicht mehr, worüber der Mann eigentlich gesprochen hatte.“

„Als ich nach der Luftwaffe zur Marine ging, begann eigentlich erst alles. Ursprünglich hatte ich beabsichtigt, von Truppengattung zu Truppengattung zu wechseln und Dinge zu tun, die bisher nur wenige Leute getan hatten. Ich war ein sehr abenteuerlustiger, ziemlich verrückter...junger Mann und dachte, daß das ein ziemlich aufregendes Leben sein müsse. Ich bewarb mich für den Dienst an Unterseebooten und sah während meines Dienstes auf der USS Tyroot, SS-416 während einer Durchfahrt zwischen Portland/Seattle und Pearl Harbour Sub Base, unserem Heimathafen...ein Objekt, untertassenförmig, von der Größe eines Flugzeugträgers der Midway-Klasse - für jene von Ihnen, die nicht wissen, wie groß das ist, es ist riesig... Das Objekt taumelte langsam um seine eigene Achse und verschwand dann in den Wolken. Es schien sich - auf eine Entfernung von zweieinhalb Seemeilen - langsam zu bewegen, in Wirklichkeit aber muß es sich ziemlich schnell bewegt haben, da es aus dem Wasser herausschoß, einige Drehungen vollführte und dann verschwunden war!“

„Ich meldete meine Sichtung dem Deckoffizier, wobei ich nicht berichtete, was genau ich gesehen hatte, da ich verhindern wollte, mich zum Gespött der Leute zu machen, wenn sich herausstellen sollte, daß ich der einzige war, der das Ding beobachtet hatte. Ich bat also den Deckoffizier, mir dabei behilflich zu sein, das Areal zu überwachen... Nach einigen Sekunden beobachteten wir, wie dasselbe oder ein gleich aussehendes Objekt aus den Wolken herab schwebte, sich ebenfalls um seine Achse drehte und ins Wasser eintauchte. Ensign Ball, der Deckoffizier, war buchstäblich schockiert! Was sollte ich sagen? Seemann Dejeralimo, der Steuerbord-Ausguck war, wurde ebenfalls Zeuge des Vorfalls; Ensign Ball rief daraufhin den Kapitän - gefolgt vom Chief Quartermaster, der sich mit einer 35mm Kamera bewaffnet hatte - zur Brücke, und wir beobachteten zwischen sieben bis 10 Minuten lang ein oder mehrere Objekte das Wasser verlassen und wieder in das Element eintauchen. Es war eine unglaubliche Vorstellung. Ich weiß nicht, ob den Fremden bewußt war oder ob es sie interessiert hat, daß wir anwesend waren. Das Objekt emittierte kein Licht, wirkte metallisch - es handelte sich zweifellos um eine Art Maschine und wurde zweifellos von einer Intelligenz gesteuert. Es war groß, und aufgrund meiner Luftwaffen- und Marineausbildung wage ich zu behaupten, daß diese Maschinen nicht auf unserer Erde hergestellt worden waren....“

„Wenn sie jemals an Bord eines Flugzeugs waren und dann an Bord eines Unterseeboots gegangen sind - ich weiß, daß sich sehr wahrscheinlich einige unter ihnen befinden, die das eine oder andere Mal ein U-Boot besichtigen konnten –,

können sie problemlos feststellen, wie schwierig das Unterfangen sein muß, ein derartiges Gefährt herzustellen. Wo sollte etwas in dieser Größe gebaut worden sein? Es war absolut unglaublich. Dieses Erlebnis veränderte mein Leben - ich erkannte, daß alle Geschichten, die ich mein ganzes Leben lang darüber gehört hatte, wahr waren, und begann, die Welt in einem anderen Licht zu sehen."

„Kurz danach absolvierte ich eine nachrichtendienstliche Ausbildung bei der Naval Security. Ich wurde nach Vietnam beordert und einem Patrouillenboot und seiner Besatzung...als Kapitän zugewiesen. Mein Befehl besagte, Informationen bei Fischern und den Leuten, die rund um den Hafen lebten, zu sammeln sowie die Sicherheit des Hafens und der Schiffahrt zu garantieren. Nach ungefähr fünf Monaten wurde ich nach Norden an einen Ort namens Qua Vieaf (?) am Tacan (?)-Fluß geschickt. Unser Hauptlager war an der Mündung des Flusses..."

„Damals entdeckte ich, daß es in Vietnam ein ungeheures Maß an UFO- und Alien-Aktivitäten gab. In offiziellen Berichten wurde in diesem Zusammenhang immer von „feindlichen Helikoptern" gesprochen. Jeder von Ihnen, der etwas vom Vietnam-Krieg gehört hat, weiß, daß die Nordvietnamesen gar keine Helikopter mehr besaßen, besonders nach den ersten Luftangriffen auf Nordvietnam. Selbst wenn sie welche gehabt hätten, wären die Nordvietnamesen kaum so dumm gewesen, diese über die Demarkationslinie zu schicken, da deren Verlust voraussehbar gewesen wäre. Diese „Feindhelikopter" feuerten gelegentlich auf unsere Truppen, und genau so oft verschwanden Leute. Ich weiß sicher von einem Fall, bei dem ein ganzes Dorf durch Aktivitäten der Fremden verschwand. Der Grund, weshalb der Ausdruck „feindliche Helikopter" in den Nachrichten und Meldungen gebraucht wurde, war, daß sie in Vietnam jederzeit überrannt werden konnten. Man brachte keine Chiffriergeräte mit nach Vietnam. Man benutzte Codetabellen, die jeweils nach 24 Stunden ihre Gültigkeit verloren. Wir benutzten zudem bestimmte Codewörter wie eben „feindliche Helikopter"..."

„Als ich Vietnam verließ, wurde ich schließlich der nachrichtendienstlichen Gruppe des Stabshauptquartiers des Commander in Chief der Pazifikflotte der Vereinigten Staaten in Macalappa, Hawaii... zugeteilt. Während meiner dortigen Dienstzeit gingen im Rahmen meiner Pflichten Dokumente durch meine Hände, die so unglaublich und unglaubwürdig waren, daß ich einige Zeit brauchte, um mich daran zu gewöhnen, daß das, was ich sah, real war..."

„Schließlich fand ich mich im Besitz zweier Dokumente; dem „Projekt Grudge" und ein zweites mit Namen „Operation Majority". Projekt Grudge beinhaltete die Geschichte außerirdischer Aktivitäten seit 1936, beginnend bei der Bergung einer abgestürzten Scheibe im Deutschland des Jahres 1936 und dem Versuch der Deutschen, diese Technologie zu duplizieren. Entgegen allem, was gewisse „Nazijäger" Ihnen erzählen wollen, waren diese Bemühungen nicht erfolgreich. Wären sie erfolgreich gewesen, hätten wir den Krieg niemals gewonnen, da derartige Waffen unbesiegbar sind. Niemand konnte diese Maschinen fliegen, sie sind mit herkömmlichen Flugzeugen nicht einmal ansatzweise vergleichbar. Wä-

re Deutschland erfolgreich gewesen, sähen sie jetzt eine deutsche Flagge im Hintergrund dieses Podiums stehen."

„Aber die Deutschen machten Fortschritte. Als wir nach Punta Mundy (wahrscheinlich ist Pennemünde gemeint - Anm. d. Verf.) kamen, erbeuteten wir Dokumente, Wissenschaftler und technisches Gerät. Auch die Russen machten entsprechende Beute. Vor dem Jahr 1947 ist es uns selbst nicht gelungen, eine außerirdische Maschine abzufangen...Das geschah nahe der Stadt Roswell, New Mexiko. Aus einem Wrack wurden tote Außerirdische geborgen. In der Akte Projekt Grudge sah ich Fotografien der toten Außerirdischen im Raumschiff, Fotografien der überlebenden Außerirdischen, Fotografien von Autopsien, innerer Organe, und ich sah Fotografien des Außerirdischen der „E.B." genannt wurde. Er wurde von 1949 bis zum 2. Juni 1952 gefangen gehalten, dann starb er. Ich sah eine geschichtliche Zusammenfassung der außerirdischen Aktivitäten, angefangen von Fällen im 19. Jahrhundert, die Außerirdische und deren Fluggerät beinhalteten."

„Ich sah Projektnamen. Ich sah Schilderungen eines Projekts, intaktes und unbeschädigt geborgenes außerirdisches Fluggerät zu fliegen...Der Name des Projekts war Redlight. Es fand zunächst auf dem Tonopah-Testgelände in Nevada statt und wurde später mit Geheimbefehl in ein eigens vorbereitetes Gebiet die „Area 51„ mit dem Codenamne „Dreamland„ in der Groom Lake Area des Nevada Testgeländes verlegt. Wenn Sie die Regierung fragen, werden Sie feststellen, daß dieses Gelände offiziell gar nicht existiert. Wenn Sie sich aber da draußen umsehen oder darüber hinwegfliegen, werden Sie sehen, daß es existiert."

„Das Testflugprojekt lief bis zu jenem Tag im Jahr 1962 weiter, an dem eine dieser Maschinen nicht weit außerhalb des Testgeländes in der Luft explodierte, die Explosion aber in 3 Bundesstaaten zu sehen war. Alle Piloten wurden getötet, hatten aber vermutlich keine Ahnung, was wirklich passierte oder warum das Gerät in die Luft flog. Das Projekt Redlight wurde bis zu dem Tag, an dem uns die Außerirdischen selbst mit drei Fahrzeugen und Personal ausstatteten, das uns half, die Fahrzeuge kontrollieren zu lernen, außer Kraft gesetzt. Das Projekt läuft bis zum heutigen Tag, und wir benutzen inzwischen nicht nur deren Maschinen, sondern auch Fahrzeuge, die von uns selbst gebaut wurden und erbeutete Technologie benutzen. Einige der UFO-Berichte aus den USA oder auch von außerhalb der USA könnten also auf Schiffen beruhen, die von US-Personal geflogen werden."

„Vielleicht werde ich Sie mit der folgenden Aussage etwas schockieren. Wir sind im Besitz einer Technologie, die weit außerhalb der Grenzen dessen liegt, was der Öffentlichkeit mitgeteilt wird. Ein Großteil unserer technologischen Errungenschaften seit dem Ende des zweiten Weltkriegs basieren auf technologischen Errungenschaften der Area 51."

„Als Professor Oberth in den Ruhestand ging - viele von Ihnen wissen vielleicht überhaupt nicht, wer er war ... nicht allzu viele Weltraumleute hier. Professor

Oberth war wahrscheinlich einer der größten Raketenwissenschaftler und Weltraumwissenschaftler. Als er in den Ruhestand ging, bekam er von der Regierung eine spezielle Auszeichnung. Anläßlich der Verleihung dieser Auszeichnung stand er auf und sagte, und ich zitiere wörtlich: 'Gentlemen, wir können uns gar nicht genug für die technologische Entwicklung der letzten Dekade bedanken. Wir hatten Hilfe...', und hier stoppte er."

„Einer der Reporter hob seine Hand und fragte: 'Professor Oberth, könnten Sie uns sagen, welches andere Land uns behilflich war?' Worauf Prof. Oberth bemerkte: 'Die kleinen Kerle aus dem Weltraum', sich hinsetzte und keinen weiteren Kommentar abgab. Dies geschah im Jahre 1959. In dieser Art könnte ich fortfahren, aber leider erlaubt es unsere Zeit nicht."

(Anm. d. Verf.: Durch einen Telefonat mit der Tochter von Hr. Professor Oberth, Frau Erna Roth-Oberth, im Spätsommer des Jahres 1996 konnte die im vorangegangenen Absatz geschilderte Begebenheit nicht verifiziert werden. Das Vermächtnis Prof. Oberths, des großen deutschen Weltraumforschers und Visionärs und Mentors von Wernher von Braun, findet übrigens - vermutlich nicht zuletzt auch aufgrund seiner in Fachkreisen umstrittenen Ansichten in Bezug auf die mögliche Existenz anderer Lebewesen im Weltall - auch im Deutschland des Jahres 1996 immer noch nicht die Form der Anerkennung, die eines solchen Mannes würdig wäre. Das überaus sehenswerte Oberth-Museum in Feucht bei Nürnberg finanziert sich nicht etwa aus Mitteln des Freistaates Bayern oder der Bundesrepublik Deutschland, wie man vermuten möchte, sondern aus Spenden und dem Privatvermögen von Frau Roth-Oberth. Viele Besucher des Museums sind einigermaßen konsterniert angesichts der Art und Weise, wie das Nachkriegs-Deutschland mit dem Vermächtnis eines seiner größten Wissenschaftler umgeht. Aber vielleicht wird sich auch in der Frage extraterrestrischen Lebens wieder einmal die Genialität des Visionärs Oberth beweisen und dazu beitragen Prof. Oberth die Anerkennung zu sichern, die ihm aufgrund seiner großen Verdienste um die Raumfahrtforschung zustehen.)

„Kürzlich haben wir - und das ist an die Adresse derer gerichtet, die an der Existenz jener geheimen Gruppe, der Jason Society zweifeln - einen Brief des Pentagons mit 51 Namen von Jason-Stipendiaten (Jason Scholars) in unsere Hände bekommen, zudem die Freigabe der höchsten nationalen Sicherheitsstufe für diese Leute durch das Pentagon, die Zusage des Pentagon, diesen Leuten einen protokollarischen Rang des Rear Admiral zu verleihen und die Anweisung, sie wie jede andere militärische Einrichtung oder Regierungsstelle zu behandeln. Auf dieser Liste befinden sich nicht weniger als sechs Nobelpreisträger, die Creme de la Creme der wissenschaftlichen Welt, also die Menschen die die Wahrheit über die heutige Technologie und die wahre Seite der Physik kennen... Wenn Sie ihre Kinder zur Schule schicken, um Physik zu studieren, verschwenden Sie Ihr Geld, weil dort Zeug gelehrt wird, das nicht funktionieren kann und wird. Unwahrheiten und irreales Zeug. Schwerkraft ist nicht das, was wir denken. Es gibt eine vereinheitlichte Theorie. Es geht im wesentlichen darum, was diese Fahrzeuge antreibt..."

„Als John Lear und ich anfingen zu schildern, was vor sich ging, sagte jeder zunächst: 'Sie sind verrückt, nichts passiert dort draußen in Groom Lake!' Die Hörer der Billy Goodman Radio Show organisierten einen Ausflug und starteten nach Groom Lake. Seitdem sind sie jede Nacht dort draußen und beobachten die Testflüge außerirdischer Schiffe... Jede Nacht! In der ersten Nacht waren dort 100 Leute. Und diese 100 Leute sahen vier außerirdische Luftfahrzeuge Dinge tun, zu denen keines unserer Flugzeuge oder Helikopter fähig gewesen wäre. Niemand wird uns mehr vormachen, daß dort draußen nichts vor sich gehe. Inzwischen erzählen sie uns, es gäbe keine Außerirdischen. Vielleicht werden wir in der Lage sein, das Gegenteil zu beweisen, auch wenn es vielleicht eine Weile dauern wird..."

„Wenn Sie wirklich wissen wollen, was zur Zeit vor sich geht, gehen Sie ins Kino, schauen Sie sich die Werbeeinblendungen im Fernsehen an und lesen sie Whitley Striebers Buch Majestic. *Teil des Plans mit dem Namen „Majestic" ist, festzustellen, wie die Öffentlichkeit auf die Präsenz Außerirdischer auf der Erde reagieren wird. Ich bin gerade mit der Lektüre von Striebers Buch fertig geworden und kann Ihnen versichern, daß die meisten Dokumente, die in* Majestic *als Fiktion bezeichnet werden, echte Dokumente des Projekts Grudge sind. Das Buch selbst ist Teil einer Regierungskampagne, insgeheim Informationen durchsickern zu lassen und trotzdem in der Lage zu sein, die Wahrheit zu verleugnen. Die einzige Fiktion des Buches liegt in den dort vorkommenden Charakteren, zu deren Existenz ich nichts sagen kann... Es handelt sich offensichtlich um die selben Dokumente, die ich in den Jahren 1970 und 1973 zu Gesicht bekam, und haben wir früher darüber nachgedacht, ob Whitley Strieber für die Regierung arbeiten könnte, wissen wir nun, daß dem tatsächlich so ist. Dieser Verdacht bestand spätestens, nachdem er bereits zu Beginn seines Buches erklärt, bei den Recherchen zu seinem Buch von den Untersuchungsteams um Moore, Shandera und Friedman unterstützt worden zu sein. William Moore hat bereits öffentlich zugegeben, daß er als Agent für die US-Regierung tätig ist, und wir wissen, daß es sich bei den anderen ähnlich verhält."*

Wie Vallée in *Revelations* ausführt, gestand Bill Moore anläßlich einer MUFON-Konferenz, die im Juli 1989 in Las Vegas stattfand, in einem wirren und peinlichen Auftritt und in Folge einer Anschuldigung des Forschers Lee Graham, er, Bill Moore, habe sich „im Auftrag des Geheimdienstes" an ihn gewandt und ihm ein Abzeichen der DIS (Defense Information Service, Ermittlungsabteilung des Verteidigungsministeriums) präsentiert, tatsächlich, daß er sich bereitwillig *von verschiedenen Leuten* hatte benutzen lassen, die behaupteten, für den Geheimdienst der Luftwaffe zu arbeiten, und bewußt Desinformation betrieben habe.

Der Vorwurf, Whitley Strieber sei in Anbetracht seiner umfassenden Informationen aus militärischen Quellen vermutlich selbst CIA-Agent, wird von diesem mit dem einleuchtenden Argument entkräftet, er habe für *Majestic* Exklusivinformationen von seinem Onkel, dem Air Force Colonel Edward Strieber und seinem Freund General Arthur Exon erhalten.

„Mehr und mehr Fakten werden bekannt, und der Grund, weshalb es auf diese Weise geschieht, ist einfach, weil SIE wissen, daß wir zu guter Letzt die Wahrheit selbst herausfinden werden. Wir werden Schritt für Schritt desensibilisiert, um den größten Schock und einen völligen Kollaps unserer sozialen Strukturen zu vermeiden, um zu verhindern, daß unsere religiösen Strukturen sich urplötzlich in Nichts auflösen und vor allem der Aktienmarkt verrückt spielt, was ihre eigentlichen ursprünglichen Bedenken waren."

„In einem Punkt allerdings kann nichts mehr unternommen werden, einfach weil wir bereits vor vollendeten Tatsachen stehen. So gibt es einen Teil der Bevölkerung, der die Außerirdischen verehrt, obwohl sie nicht viel anders sind als wir selbst; sie sind lediglich fremd hier und mögen etwas anders aussehen. Sie sind keine Götter. Aber es gibt Leute, die die Außerirdischen als Götter verehren - etwas, auf das uns die Fremden bereits vorbereitet hatten, als sie die ganze Sache mit dem Siegel der Geheimhaltung versahen."

„...als SIE sich zur Geheimhaltung entschlossen, mußten sie die Angelegenheit natürlich finanzieren - sie konnten sich schließlich nicht an die Öffentlichkeit wenden - also auch nicht den Kongreß einschalten. So entschlossen SIE sich, die Angelegenheit mit dem Import und Verkauf von Drogen zu finanzieren. Die Dokumente der Operation Majority, auf die ich mich beziehe, enthielten spezifische Angaben, daß in der Zeit, in der George Bush Präsident und Vorstandsvorsitzender von Sapata Öl war, in Zusammenarbeit mit der CIA die erste groß angelegte Drogenimport-Aktion aus Süd- und Mittelamerika in dieses Land organisierte; über die küstennahen Ölplattformen von Sapata Öl unter Umgehung aller amtlichen Kontrollen mit Fischerbooten direkt an die Küste. In beschränktem Umfang werden auf diese Weise selbst heute noch Drogen ins Land geschafft. Eine andere Methode ist der Einsatz von Flugzeugen unter CIA-Kontrakt; eine der Basen solcher Flugzeuge ist übrigens die Homestead Air Force Base in Florida. Wir haben eidesstattliche Versicherungen von Luftsicherungspersonal vorliegen, die diese Flugzeuge im Rahmen ihrer Tätigkeit überwacht haben... Uns liegen zudem eidesstattliche Versicherungen des Personals der Homestead Air Force Base vor, die besagen, daß sich Jeb Bush, George Bushs Sohn, in der Nähe solcher Flugzeuge aufgehalten haben soll. Und wir haben Aussagen von Leuten, die in der küstennahen Ölindustrie des Golfs von Mexiko tätig waren, daß tatsächlich Drogen auf diese Weise über die...Ölplattformen ins Land kamen."

„...der nächste Punkt ist, daß SIE, um ihr Geheimnis zu bewahren, den Tod vieler Menschen, welche die Wahrheit durchsickern lassen wollten, verursacht haben. Und hätte ich mich nicht so verhalten, wie ich es in der Vergangenheit getan habe, wäre ich mit Sicherheit nicht mehr am Leben. Sie ermordeten Präsident Kennedy... zwischen 1970 und 1973, so steht es in Operation Majority wörtlich, ordnete Präsident Kennedy an, daß MJ-12 die Einfuhr und der Verkauf von Drogen sofort einzustellen habe, und befahl, einen Plan zu entwickeln, der amerikanischen Bevölkerung innerhalb eines Jahres die Präsenz der Außerirdi-

schen zu enthüllen. Seine Ermordung wurde vom politischen Komitee der Bilderberger angeordnet...“

Mr. Cooper machte eine kurze Pause, und eine Dame aus dem Publikum stellte die naheliegendste Frage: „Warum wurden sie bisher dann nicht ermordet?“

„Sollte ich getötet werden, was würden Sie denken?“

„Daß Sie die Wahrheit gesagt haben“, riefen mehrere Leute. „So ist es, ich habe DIE, wo ich sie haben will. Wenn SIE mir ein Haar krümmen, wird jeder, der von meinen Thesen gehört hat, wissen, daß alles, was ich behauptet habe, wahr ist. Solange ich aber in Ruhe gelassen werde, werden einige immer an dem zweifeln, was ich sage...“

Es folgt eine Zusammenfassung der im Dokument als Anhang A: Operation Majority bezeichneten angeblichen Geheimdienstprojekte, die im Zusammenhang mit Aktivitäten der „Grauen“ und anderer Lebensformen stehen sollen.

OPERATION MAJORITY
FINAL RELEASE....
(C) COPYRIGHT 1989 BY MILTON WILLIAM COOPER
...

MAJESTY	*Kennwort des Präsidenten der Vereinigten Staaten, wird innerhalb der Kommunikation der Dienststellen benutzt.*
OPERATION MAJORITY	*Operation, die für jeden Aspekt, jedes Projekt und aus der Präsenz der Fremden resultierende Konsequenzen der Präsenz der Fremden auf der Erde verantwortlich zeichnet.*
GRUDGE	*enthält 16 Bände gesammelter und dokumentierter Informationen - angefangen zu Beginn der Untersuchungen der Vereinigten Staaten betreffend Unindentifizierter Fliegender Objekte (UFOs) und Identifizierter Außerirdischer Fahrzeuge (IAC Identified Alien Crafts).* *Dieses Projekt wurde vom CIA durch vertrauliche (unbewilligte) Fonds und Gelder aus verbotenem Drogenhandel finanziert.* *Die Teilnahme an illegalen Drogengeschäften wurde dadurch gerechtfertigt, daß auf diese Weise asoziale Elemente unserer Gesellschaft identifiziert und eliminiert würden. Ziel des Projekts Grudge war es, alle wissenschaftlichen, technologischen, medizinischen und nachrichtendienstlichen Informationen der UFO/IAC-Sichtungen, sowie der Kontakte mit fremden Lebensformen zu sammeln.* *Dieses Kompendium wurde benutzt, um das Raumfahrtprogramm der Vereinigten Staaten voranzutreiben.*
MJ-12	*der Name eines geheimen Kontrollorgans.*

Präsident Eisenhower beauftragte dem Dokument zufolge eine Geheimgesellschaft mit Namen THE JASON SOCIETY (JASON SCHOLARS), alle Fakten, Beweismittel, Technologiedaten, Lügen und Täuschungen durchzusieben und die Wahrheit aus dem Alien-Phänomen herauszufiltern. Diese Gesellschaft setzte sich aus 32 der prominentesten Menschen des Landes des Jahres 1972 zusammen; die prominentesten 12 Mitglieder dieser Gruppe formierten sich dann zu einer weiteren Gruppe namens MJ-12.

MJ-12 hat völlige Kontrolle über alles. Die Mitglieder werden durch Codes wie J-1, J-2 usw. (Jason Society) bezeichnet.

Der Direktor der CIA wurde zu J-1 ernannt und ist gleichzeitig Direktor von MJ-12.

MJ-12 ist allein dem Präsidenten der Vereinigten Staaten von Amerika gegenüber verantwortlich.

MJ-12 unterhält den größten Teil des weltweiten Drogenhandels. Hierzu war man „gezwungen", um die astronomisch hohen Kosten der geplanten und durchgeführten Projekte zu finanzieren und vor dem Kongreß und der Bevölkerung der Vereinigten Staaten geheimzuhalten.

MJ-12 ermordete Präsident Kennedy, als er der Öffentlichkeit alle Fakten der fremden Präsenz zugänglich machen wollte. Er soll von einem Secret-Service-Agenten, der sein Auto fuhr, getötet worden sein, nach Cooper und anderen klar aus einem Filmstreifen ersichtlich, der vor der Öffentlichkeit geheimgehalten wird.

In MARYLAND wurde ein geheimer, nur aus der Luft erreichbarer Treffpunkt für MJ-12-Angehörige eingerichtet. Dort wurde Lebensraum, Erholungsgebiete und andere Einrichtungen für die Familienmitglieder der MJ-12 und der JASON SOCIETY geschaffen. Der Codename dieser Einrichtungen ist „THE COUNTRY CLUB". Nur Menschen mit TOP SECRET/MAJI-Sicherheitsfreigabe haben dort Zutritt.

MAJI ist die MAJORITY AGENCY FOR JOINT INTELLIGENCE. Jede Information und geheime Nachricht zum Thema wird von MAJI gesammelt und ausgewertet. Diese Agentur ist verantwortlich für jede Art von Desinformation und arbeitet eng mit der CIA, NSA und dem Verteidigungsministerium zusammen. MAJI ist nur MJ-12 verantwortlich.

SIGMA	*Projektname für alle Arten der Kommunikation mit den Aliens.*
PLATO	*Projekt für diplomatische Beziehungen zu den Aliens. Im Rahmen dieses Projekts wurde ein formelles (und nach der amerikanischen Verfassung illegales) Abkommen mit den Außerirdischen geschlossen. Die Vereinbarungen sehen einen Technologietransfer von außerirdischer Seite vor, im Gegenzug erklärte sich die Regierung der Vereinigten Staaten damit einverstanden, die fremde Präsenz auf der Erde geheimzuhalten, in Aktionen der Fremden nicht zu intervenieren und Entführungen von Menschen*

und Tieren zuzulassen. Die Aliens erklärten sich zudem damit einverstanden, MJ-12 periodisch eine Liste der von ihnen entführten Personen bereitzustellen.

MAJIC ist eine Sicherheits- und Freigabeeinstufung für die Aliens betreffenden Materialien, Projekte und Informationen.

MAJIC bedeutet durch MAJI kontrolliert (MAJI Controlled).

AQUARIUS ist das Projekt, in dessen Rahmen die Geschichte der Alien-Präsenz der letzten 25.000 Jahre und deren Interaktion mit Lebensformen unseres Planeten zusammengestellt wurde. Besonders erwähnt werden hierbei baskische und syrische Volksstämme.

POUNCE	*Projekt zur Bergung gelandeter oder abgestürzte Weltraumfahrzeuge und deren Insassen.*
REDLIGHT	*Projekt für Versuchsflüge mit geborgenen Alien-Fahrzeugen. Versuche dieser Art sollen z. B. in der AREA 51 (DREAMLAND) in Nevada ausgeführt werden.*
SNOWBIRD	*Deckeinrichtung für das Projekt REDLIGHT. Im Rahmen dieses Projekts wurden verschiedene untertassenförmige Fluggeräte unter Verwendung konventioneller Technologien gebaut. Dieses Gerät wurde daraufhin der Presse vorgeführt. Ziel war es, unbeabsichtigte Sichtungen oder durchgesickerte Informationen zu Projekt REDLIGHT als SNOWBIRD-Fahrzeug hinstellen zu können.*
LUNA	*Name der Alien-Basis auf der erdabgewandten Seite des Mondes. Sie wurde von Apollo-Astronauten entdeckt und gefilmt. Auf der Basis gibt es Bergwerke mit riesigen Maschinen und sehr große Schiffe der Aliens, im Zusammenhang mit Sichtungsberichten oft als „Mutterschiffe“ bezeichnet.*
JOSHUA	*Entwicklungsprojekt einer Niederfrequenz-waffe. Angeblich äußerst effizient im Einsatz gegen Raumschiffe der Fremden und deren Strahlen-Bewaffnung.*
EXCALIBUR	*Waffe, die dazu dienen soll, unterirdische Basen der Fremden zu zerstören. Es handelt sich um eine Rakete, die angeblich 1000 m hartes Gestein durchdringen kann - wie in New Mexico vorkommend - und dabei keinen operationalen Schaden erleidet. Die Waffe soll mit einem ein-Megatonnen-Nuklear-Gefechtskopf bestückt sein.*
ALIENS	*Vier verschiedene Spezies werden im Papier erwähnt.* *Der GROSSNASIGE GRAUE, mit dem die o.g. Verträge geschlossen wurden.* *Die GRAUEN - an den meisten bekannten Entführungen beteiligt - arbeiten demzufolge für den GROSSNASIGEN GRAUEN.*

Ein blonder Humanoider, der als NORDIC (nordischer Typus) bezeichnet wird.
Ein rothaariger Humanoid, der als ORANGE bezeichnet wird.
Als Heimatsterne der Außerirdischen werden Sterne im Sternbild des Orion, Barnard's Stern und Zeta Reticuli 1 und 2 angegeben. Eine Zuordnung der einzelnen Spezies zu ihren Heimatplaneten ist bisher nicht möglich.

EBE — *Bezeichnung für die außerirdischen Überlebenden des Roswell-Zwischenfalles im Jahr 1949. Nach dem hier behandelten Bericht soll einer dieser Überlebenden in der Gefangenschaft verstorben sein.*

KRLL oder KRLLL
CRLL oder CRLLL — *(ausgesprochen: KRILL) war eine der außerirdischen Geiseln, die nach der ersten Landung auf der Holloman Basis der amerikanischen Regierung als eine Art Rückversicherung der dort getroffenen Basisvereinbarungen übergeben wurden.*
KRLL soll verantwortlich sein für die Zusammenstellung des „Yellow Book", das später von einem anderen „Gast" vervollständigt wurde. KRLL erkrankte und soll von Dr. G. Mendoza behandelt worden sein, der später zu einer Kapazität in Exobiologie und extraterrestrischer Medizin avancierte. KRLL verstarb kurze Zeit später.
Das „Yellow Book" wurde unter dem Pseudonym O.H. Cril oder Crill veröffentlicht. Zur Zeit, als Cooper Einblick in entsprechende Unterlagen bekam, sollen nur noch drei der den Amerikanern überlassenen „Gäste" am Leben gewesen sein...
Die Aliens behaupten, den Homo sapiens durch Züchtung geschaffen zu haben. Ferner behaupteten sie, Gründer der vier Weltreligionen zu sein. Sie zeigten ein Hologramm der Kreuzigung Christi, die von der Regierung aufgezeichnet wurde. Sie behaupteten ferner, Jesus geschaffen zu haben.

ALIEN BASEN — *Existieren in den vier Ecken von Utah, Colorado, New Mexico und Nevada. Sechs Basen, so wurde es in den Unterlagen des Jahres 1972 beschrieben, alle auf dem Gebiet von Indianerreservaten. Die Dulce Basis ist eine dieser Basen.*

MORD — *Die Dokumente sollen beweisen, daß viele Militär- und Regierungsangehörige beim Versuch, diese Geheimnisse zu enthüllen, ermordet wurden.*

General Doolittle machte die Vorhersage, daß wir eines Tages mit den Aliens Auseinandersetzungen haben würden, und die Dokumente scheinen zu bestätigen, daß sich diese Annahme später als korrekt erweisen sollte.

Entführungen fanden bereits lange vor dem Jahr 1972 statt. Das Dokument besagt, daß Menschen und Tiere entführt und/oder verstümmelt wurden. Viele verschwanden spurlos.

Sperma, Eiproben und Gewebeteile wurden entnommen, chirurgische Operationen durchgeführt und kugelförmige Sonden mit einem Durchmesser von 40 bis 80 Micronen in den optischen Nerv des Gehirns eingepflanzt. Alle Versuche, diese Sonden zu entfernen, resultierten im Tod des Patienten. Nach einer Schätzung wurde einer von 40 Personen eine derartige Sonde implantiert (allerdings ist unklar, ob sich dieser Satz auf die Anzahl der Entführten, der Einwohner Amerikas oder der Weltbevölkerung beziehen soll - Anm. d. Verf.). Den Implantaten wird nachgesagt, sie ermöglichten den Aliens völlige Kontrolle über den Implantierten.

Der Inhalt eines Notplans für den Fall einer verfrühten Information der Öffentlichkeit oder einer versuchten Übernahme durch die Aliens wird wie folgt beschrieben:

Für diesen Fall ist vorgesehen, in den Medien verlautbaren zu lassen, daß eine terroristische Gruppe die Vereinigten Staaten mit einer Atomwaffe bedrohe und plane, diese Waffe in einer amerikanischen Großstadt zu zünden. In direkter Folge würde das Kriegsrecht ausgerufen, alle mit Implantaten versehenen Personen und unerwünschte Dissidenten zusammengetrieben und in Konzentrationslager gesteckt. Die Presse, Radio und Fernsehstationen würden verstaatlicht und zensiert. Jeder Versuch des Widerstands würde durch Verhaftungen oder Exekutionen im Keim erstickt.

....

Coopers Adresse und Telefonnummer (für Aktualität kann leider keine Haftung übernommen werden):

Milton William Cooper
1311 S. Highland #205
Fullerton, Calif. 92632
1-714-680-9537

Das Geheimnis der „DULCE Basis“

Weitere Berichte aus der Twilight Zone des Internet beinhalten Fragmente der Files von Jason Bishop III und Jim McCampbell (File UFO1790 und UFO1779 U.F.O. BBS - 408-847-7910). Kernthema ist eine der bereits erwähnten Basen, in der die „Grauen“ und amerikanische Wissenschaftler an gemeinsamen Projekten arbeiten sollen. Eine Bewertung des Materials ist erneut aufgrund unzureichender Daten nicht möglich. Auffällig ist jedoch, daß so ziemlich alle Ängste, die die Phantasie der Science-Fiction-Autoren der letzten 100 Jahre beflügelten, plötzlich Gestalt anzunehmen scheinen.

Bei den einzelnen Schilderungen soll es sich um Material von Leuten handeln, die von sich selbst behaupten die unterirdische Dulce-Basis zu kennen, in den dortigen Labors gearbeitet zu haben, noch dort tätig zu sein, dorthin entführt worden zu sein bzw. auf Berichten von Menschen basieren, die bei der Konstruktion und Erbauung der Basis geholfen haben. Weitere Informationsquellen seien Geheimdienstleute (NSA, CIA, FBI etc.) und UFO/INNER EARTH-Forscher gewesen.

Die Dulce-Basis, so heißt es dort, sei in Wahrheit ein genetisches Labor und mit den Labors in Los Alamos durch ein „U-Bahn-Shuttle“ verbunden. Teile der dort absolvierten Forschungsarbeit seien mit der allgemeinen Auswirkung von Strahlung auf biologische Einheiten (Mutationen und menschliche Genetik) verbunden. Diese Forschung schließe auch andere „intelligente Spezies“ (fremdartige biologische Lebensformen, Entitäten) mit ein.

Es wird eine Passage in der überarbeiteten Auflage des Berichts „Auswirkungen atomarer Strahlung“ vom September 1950, der im Auftrag des Verteidigungsministeriums der Vereinigten Staaten, der U.S. Atomenergiekommission und Leitung der Los Alamos Scientific Laboratory erstellt wurde, als Beweis dafür zitiert, wie eine „vollständige unterirdische Bauweise derartiger Basen“ praktisch durchführbar sei.

In dem Bericht stehe, es gäbe keine grundlegenden Schwierigkeiten, die verschiedensten wichtigen unterirdischen Einrichtungen zu konstruieren und zu unterhalten. Derartige Einrichtungen könnten beispielsweise in einer passenden, bereits existierenden Mine geschaffen werden oder an eine andere Stelle plaziert werden, die mit Aufwand kalkulierbarer Mittel für diesen Zweck eigens ausgeschachtet werden würde.

Der Autor spannt einen weiten Bogen zur Sagenwelt um die Traditionen bestimmter Geheimgesellschaften. So habe vor Jahrhunderten ein Volk die Erdoberfläche verlassen und sei den ersten Pakt mit einer „fremden Nation“ (die versteckt unter der Erde lebe) eingegangen. Dieser Tradition folgend habe die U.S. Regierung sich im Jahre 1933 damit einverstanden erklärt, Tiere und Menschen gegen Hochtechnologie einzutauschen und den (ungestörten) Betrieb unterirdischer Basen im westlichen Teil der USA zu gewährleisten. Im Jahre 1940 begannen die fremden Lebensformen den Fokus ihrer Operationen von Mittel- und Südamerika in die USA zu verschieben.

Die Effekte der Kontinentaldrift seien von zentraler Bedeutung für diese „Entitäten“. Zum Teil habe das mit Magnetismus des Substratgesteins und hochenergetischen Stadien (Plasma) [siehe BEYOND THE FOUR DIMENSIONS (Reconciling Physics, Parapsychology and UFOs von Karl Brunstein) und NUCLEAR EVOLUTION (Discovery of the Rainbow Body) von Christopher Hills.] zu tun. Dieses Gebiet weise eine sehr hohe Konzentration von atmosphärischer Elektrizität, unterirdischen Wasseradern und Höhlensystemen, ionisierten Feldern u.ä. auf.

Die erwähnten Lebensformen betrachteten sich selbst als eigentliche „Ureinwohner“ unseres Planeten. Es handle sich um eine sehr alte Rasse - von einer humanoiden Reptilspezies abstammend, die sich mit Angehörigen des Homo sapiens vermischt habe. Diese seien wenig Vertrauen erweckende Söldner, die ihrerseits im Auftrag einer wirklichen extraterrestrischen Kultur (den DRACO) handelten, während sich die Draco gerade vorbereiteten, zur Erde (ihrem alten „Außenposten“) zurückzukehren, um diese als Stützpunkt zu reaktivieren.

All diese fremdartigen Kulturen seien untereinander zutiefst uneins über die Frage, wer die wahre Kontrolle über diesen Planeten auszuüben hätte. Alle Seiten setzten eine Art mentaler Kontrolle dazu ein, die Menschheit unter Kontrolle zu halten.

Genannt werden zudem - und wieder sind wir beim Thema Magie - geheime Initiationsriten verschiedener mystischer und okkulter Geheimgruppen, die in Verbindung mit Zivilisationen im Erdinnern und den Außerirdischen genannt werden.Der DULCE-Komplex ist vermutlich ein gemeinsamer Stützpunkt der US-Regierung und der Alien; der Erste der in direkter Zusammenarbeit mit den Alien erbaut wurde (andere befänden sich in Colorado, North Virginia, AZ).

Dr. Paul Frederick Bennewitz aus Albuquerque, Physiker und Leiter eines bei der Kirtland Air Force Base gelegenen Technikunternehmens, berichtet im Rahmen seiner Studie über das Dulce-Gebiet, daß „nach dort 1947, wie sich Bewohner der fraglichen Gebiets erinnern, rege Aktivitäten entfalteten. Eine Straße wurde gebaut, und Lastzüge fuhren während eines längeren Zeitraums dort ein und aus. Später wurde diese Straße blockiert und zerstört. Die Lastfahrzeuge waren mit Schildern der „Smith“ Corp. aus Paragosa Springs, Colorado gekennzeichnet. Eine derartige Firma hat nach den Aufzeichnungen niemals existiert.“ Der Autor vermute, daß die Aktivitäten um den Bau - zumindest einer der ersten Basen - als Projekt zur Bauholzgewinnung deklariert worden sei, mit der Feinheit, daß niemand jemals wirklich den Transport von Baustämmen beobachtet habe. Bennewitz wurde übrigens während seiner Nachforschungen von geheimdienstlicher Seite mit abstrusesten Schlußfolgerungen überschüttet, möglicherweise ein Indiz, daß er an ein gefährliches Geheimnis geraten sein könnte - ein Geheimnis, daß so brisant war, daß versucht wurde, ihn auszuschalten. Die DULCE-Einrichtung baut sich nach den Schilderungen auf einem zentralen Mittelpunkt, dem Sicherheitsabschnitt auf. Je tiefer man in die Basis vordringen will, um so höher sind die Sicherheitsvorkehrungen. Insgesamt handelt sich um einen Komplex mit mehreren Ebenen mit über 100 geheimen Eingängen in und um Dulce. Viele in der Nähe der Archuleta Mesa, andere im Süden nahe Dulce Lake und weiter östlich in der Gegend von Lindrith. Tiefere Sektionen des Komplexes schaffen eine Verbindung zu natürlichen Höhlensystemen.

Eine Person, die auf der Basis arbeitete und eine relativ hohe sog. „ULTRA 7"-Sicherheitseinstufung besessen haben soll, berichtet von möglicherweise mehr als sieben Ebenen der Basis, wobei die Quartiere und „Wirkungsstätten" der Aliens auf den Ebenen 5, 6 und 7 beheimatet sein sollen.

Neben Forschungen an Methoden zur voll recyclingfähigen Energiegewinnung liegt das Hauptmerkmal der dortigen Aktivität auf genetischen Forschungen, die unter dem Deckmantel der bereits erwähnten „BLACK BUDGET" Geheimhaltung mit Billionen von Dollars finanziert werden.

Vorrangiges Interesse habe man zunächst an der Entwicklung „biologischer Wegwerf-Ware" gehabt, um die gefährlichen atomaren (Plutonium) Raketen- und Untertassen-Experimente durchführen zu können.

Als Produkt dieser Forschungsarbeit wurden kleine humanoide Lebensformen mittels eines Verfahrens geklont, das in den Bio-Genetischen Forschungslabors in Los Alamos perfektioniert worden war. Die so entstandene „Sklaven-Rasse" scheint mit den „Grauen" identisch zu sein. Die US-Regierung fuhr im weiteren Verlauf - natürlich unter strengster Geheimhaltung - fort, die Weibchen unserer eigenen Gattung zu befruchten, so gezüchtete Föten (nach drei Monaten) zu entfernen und deren Wachstum anschließend im Labor künstlich zu beschleunigen. Unmittelbar danach wurde eine Art biogenetische Programmierung (DNA-Manipulation) durchgeführt und Implantate eingepflanzt, die es ermöglichten, diese Wesen per Radiowellen zu kontrollieren. Derartige „Fernsteuerungen" wurden auch Menschen eingepflanzt. Diese dienen als telepathische „Kanäle" und „telemetrische Gehirnmanipulations-Einheiten".

Die notwendige Technologie hierzu lieferte angeblich die ARPA (Advanced Research Project Agency), die wir bereits aus der Geschichte des Internet kennen. Ähnliche Projekte würden auf der Sandia Basis von der „Jason-Gruppe" betrieben.

Zwei verwandte Prozeduren wurden mit RHIC (Radiohypnotische Interzelebrare Kontrolle) und EDOM (Elektronische Zerstörung des Gedächtnisses) bezeichnet. Bei dieser Methode wird angeblich ein „Gehirnempfänger" durch die Nase in den Kopf des Probanden eingepflanzt. Derartige Geräte finden in der ehemaligen Sowjetunion, aber auch den Vereinigten Staaten und Schweden Anwendung. Der schwedische Premierminister Palme soll es der Schwedischen Nationalpolizei per Erlaß ermöglicht haben, derartige Gehirnempfänger - natürlich im Rahmen verdeckter Aktionen - für Ihre Arbeit einzusetzen.

Die Dulce-Forscher entwickelten zudem ELF- und EM Strahler, die das Nervensystem angreifen und Übelkeit, Müdigkeit, Reizbarkeit oder sogar den Tod auslösen können. Forschungsarbeiten bezüglich biodynamischer Zusammenhänge innerhalb von Organismen („Biologisches Plasma") führten zur Entwicklung einer Strahlung, die „genetische Strukturen" verändern und sogar heilen könne.

Nach dem Dokument versucht das Pentagon, die CIA, NSA, das FBI, NSC u.a., aus dem UFO-Glauben der amerikanischen Öffentlichkeit Kapital zu schlagen. Die geheime Regierung mache sich bereit, in naher Zukunft eine Kontaktlandung der Aliens zu lancieren. Auf diese Weise erhoffe man sich eine zweckmäßigere Steuerung der Alien-bezogenen Propaganda. In diesem Zusammenhang werde von einem interstellaren Konflikt die Rede sein. Der lang ersehnte Kontakt werde in Wirklichkeit Produkt einer „Fälschung" sein.

Wie der amerikanische Energieminister John Herrington mitteilte, unterhielten das Lawrence Berkeley Laboratory und die in New Mexico befindlichen Los Alamos National Laboratories seit kurzem fortgeschrittene Forschungszentren als Teil eines Projekts zur Dechiffrierung der menschlichen Genetik. In Wahrheit seien diese Forschungsarbeiten schon seit mehreren Jahren im Gange. So beherberge die Ebene 6 der Dulce-Laboratorien, im Volksmund „Nightmare Hall" also „Alptraum-Halle" genannt, jene genetischen Laboratorien. Dort Beschäftigte berichteten von bizarren Experimenten, die den Schilderungen der Kurzgeschichten Lovecrafts verblüffend ähneln, so z. B. von Wesen halb Oktopus, halb Mensch, Reptilmenschen usw.

Noch schlimmer sähe es in Ebene 7 aus, wo Reihe über Reihe mit Tausenden von menschlichen bzw. nur bedingt als menschlich zu bezeichnenden Mischwesen in verschiedenen Entwicklungsstadien im Kälteschlaf gehalten würden. Versuche an Menschen wären auch Ursache für die Auseinandersetzungen gewesen, die 1978 begannen und Ende 1979 in den sogenannten DULCE-Kriegen eskalierten. Im Verlauf dieser mit Waffengewalt ausgetragenen Auseinandersetzungen wären eine unbekannte Anzahl von Wissenschaftlern und Militärangehörigen getötet worden, woraufhin die Basis vorübergehend geschlossen - kurze Zeit später aber reaktiviert worden wäre.

Die dort zur Bewachung und zu nachrichtendienstlichen Zwecken eingesetzte DELTA-Gruppe sei an Abzeichen mit einem schwarzen Dreieck auf rotem Grund erkennbar. Die Bedeutung des Symbols DELTA, bekanntlicherweise der vierte Buchstabe des griechischen Alphabets, scheint ungeklärt. Bekannt ist lediglich, daß die Form eines gleichschenkligen Dreiecks in der Symbolik vieler terrestrischer Zivilisationen eine nicht unerhebliche Rolle spielt.

Ein Aspekt der Drei ist seine Rolle als erste geometrische Figur... Pythagoras deutet das Dreieck als „Anfang der Entstehung" im kosmischen Sinne, da sich aus ihm geometrische Formen bilden lassen: Vierecke und Sechssterne. Daher wurde das Dreieck zum Amulett: für magische Zwecke werden dreieckige Scheiben oder Papiere gerne verwendet... In Ägypten hängt man Kindern und Pferden gegen den bösen Blick dreieckige Amulette um.[31]

Jede Basis habe zusätzlich ihr eigenes Symbol, wobei das Symbol der Dulce-Basis ein Dreieck mit dem griechischen Buchstaben „Tau" in seiner Mitte sei, wobei die Spitze des Dreiecks nach unten gerichtet wäre. Das Zeichen der Trilateralen (Dreieck mit 3 kreuzenden Linien) das Sie auf dem Umschlag dieses Buches finden, taucht in verschiedenen Berichten auf - oft als eine Art Hoheitszeichen auf den Fahrzeugen der „Fremden". Weitere, ähnlich fremdartige und gleichzeitig vertraut anmutende Symbole markierten Landeflächen und Einrichtungen.

Tau, der letzte Buchstabe des phönizischen und althebräischen Alphabets, besitzt die Gestalt eines Kreuzes und galt bereits bei diesen Völkern als Schutzzeichen mit übernatürlicher Macht.[32]

Standardwaffe auf dem Dulce-Gelände sei eine Art „Strahlenpistole“, die sowohl für den Einsatz gegen Menschen als auch gegen Außerirdische geeignet sei. Ab Ebene 2 werde das Gewicht jedes Eintretenden festgestellt und aufgrund des Meßergebnisses dann mit einer speziellen Uniform ausgestattet. „Besucher“ bekämen eine strahlend weiße Uniform. Vor allen geheimen Bereichen seien Sensoren angebracht, die die auf diesen Uniformen angebrachten ID-Cards mit den aufgenommenen Daten vergleichen würden. Selbst geringe Abweichungen der Daten führten unabwendbar zur automatischen Alarmierung der Sicherheitskräfte. Aus und in die gesicherten Bereiche dürfe unter keinen Umständen etwas gebracht oder entfernt werden.

Während der Konstruktion der Einrichtung assistierten die „Fremden“ mit Materialien und Design. Viele Dinge die von den Arbeitern verwendet wurden, seien Bestandteil einer fremden Technologie gewesen, die den Arbeitern, die sie verwendeten, oftmals gänzlich unverständlich gewesen wären. Trotz dieser Tatsache funktionierten die verschiedenen Geräte - wie z.B. die verwendeten Aufzüge, die ohne Kabel arbeiten, sondern durch ein Magnetsystem in den Wänden bewegt werden - reibungslos.

In der Umgebung der Dulce-Basis verzeichne man eine hohe Anzahl dokumentierter Viehverstümmelungen. Die Regierung und die Aliens benutzten diese Tiere für Umwelttests, Psychologische Kriegsführung (?) usw. Zudem benötigten die „Fremden“ eine große Menge Blut für Genetik, Nahrung und verschiedene andere Zwecke.

Ein merkwürdiges Summen brachte einige Bewohner der Stadt Taos in New Mexico, USA beinahe zum Verzweifeln. Ein ununterbrochener, niederfrequenter Ton, dessen Herkunft sich nicht lokalisieren ließ, aber möglicherweise auf unterirdische Aktivitäten der nicht allzu fernen Laboratorien von Los Alamos zurückzuführen sein könnte.[33]

In benachbarten Regionen zu New Mexico wurden bereits Jahre früher ähnliche mysteriöse Geräusche vernommen. Der amerikanische Forscher Thomas R. Adams, der grundlegende Untersuchungen zum Phänomen der Tierverstümmelungen sowie zum Erscheinen unmarkierter Hubschrauber („Black Helicopters“) durchgeführt hat, suchte zusammen mit seinen Kollegen Gary Massey und Stan Ferguson im Jahr 1970 das von zahlreichen unerklärlichen Zwischenfällen heimgesuchte San Luis Valley an der Grenze der US-Bundesstaaten Colorado und New Mexico auf.

Dort, am Fuße des Blanca Peak, hatte wenige Jahre zuvor die erste gut dokumentierte Verstümmelung stattgefunden, und Adams ging es bei seinen damaligen Recherchen ursprünglich um nichts anderes als die *cattle mutilations*, also jene Tierverstümmelungen, die übrigens noch immer gehäuft in diesem Gebiet auftreten. Doch wurde er während seines Aufenthaltes in Colorado Zeuge eines weiteren seltsamen Phänomens.

Wie später in Taos, so war auch hier ein Geräusch zu hören, das sich nicht lokalisieren ließ und offenbar aus den Tiefen der Erde stammte. „Während unseres ersten Abstechers in das San-Luis-Tal 1970“, so erinnert sich Adams, „erzählte man meinen Kollegen und mir von mysteriösen, motorartigen Geräuschen, die von einem Teil des Blanca-Massivs auszugehen schienen - diejenige Gebirgsgruppe, die Mount Blanc selbst sowie eine Zahl anderer hoher Gipfel umfaßt, die sich östlich von Alamosa befinden... Von den Bergen, von denen die Geräusche ausgehen, ist auch die Todesstelle von Snippy, dem (verstümmelten) Pferd zu sehen. Mindestens seit jener Zeit wurde auch über die Geräusche berichtet... Während der Zeit, in der die Geräusche gehört worden sind (in den späten sechziger bis Mitte der siebziger Jahre), wurden auch UFOs und paranormale Phänomene aus dem Tal bekannt, außerdem Verstümmelungen an Weidetieren... Als wir 1970 am Westhang des Sangre de Cristos kampierten, nordwestlich des Mount Blanca...hörten wie die Geräusche. An zwei oder drei aufeinanderfolgenden Nächten ‘starteten die Maschinen’ nach Mitternacht und ‘liefen’ dann bis kurz vor Beginn der normalen Dämmerung. Es war nicht laut genug, um während einer normalen Unterhaltung hörbar zu sein, klang aber eindeutig wie irgendein Motor, mit der Anwandlung eines dynamoartigen Heulens. Und andere Zeugen haben bemerkt, daß das Geräusch lauter zu werden scheint, wenn man mit einem Ohr direkt auf dem Boden lauscht.“

Man kann sich ganz leicht vorstellen, daß der Ton seinen Ursprung unter der Erde hat. Aber ob das wirklich so ist oder nicht, bleibt rein spekulativ. Im Zusammenhang mit diesem ungewöhnlichen Geräusch konnten Adams und seine beiden Kollegen auch sphärische UFOs beobachten. So beschreibt Stan Ferguson die Vorgänge mit folgenden Worten: „Wir kampierten in der Nähe eines alten Pionierfriedhofs, dem Uracca-Friedhof. Schon manch einer hatte von runden Lichtkugeln berichtet, die über dem Friedhof schwebten, der ziemlich abseits gelegen ist... Es gibt dort eine Straße, die Sand Dunes Road, die parallel zu unserer Lagerstelle verläuft. Eine Nachts sahen wir, wie ein rundes Licht am Himmel erschien, gerade so, als ob jemand einen Lichtschalter angeknipst hätte. Aus dem ersten Licht ging ein zweites hervor, dann ein drittes und ein viertes. Auch ein bläulich-weißes Licht tauchte auf, kleiner als die anderen, und schwirrte um die übrigen Lichter herum. Die Sichtung dauerte ungefähr fünfzehn Minuten an. Als wir das Licht zunächst über der Sand Dunes Road orteten, stieg Gary Massey in den Wagen und fuhr den Berghang hinunter, um näherzukommen. Bis er die Straße unten erreicht hatte, waren die Lichter bereits wieder zu einem einzigen Licht verschmolzen und verschwanden dann. Diese Sichtung ereignete sich zur selben Zeit, zu der wir auch die ‘Motorengeräusche’ hörten.“

Tom Adams selbst hörte das Brummen zuletzt im Jahr 1976, als er noch einmal alleine in das mysteriöse Gebiet fuhr: „Wie immer ließ sich nie genau abschätzen, von wo die Geräusche stammten - lediglich war klar, daß sie von irgendwo entlang der Bergkette herrührten.“

Aus diesen Zeugenaussagen geht hervor, daß Effekte wie das Taos-Summen offenbar real existieren. Dafür sprechen auch die unheimlichen Aufzeichnungen der

Der amerikanische Autor Howard Philipps Lovecraft (1890-1917)

Whitley Strieber: amerikanischer Bestsellerautor und das wohl bekannteste Opfer von UFO-Entführungen.

Einer der Besucher Whitley Strieber's (Quelle: www.strieber.com)

Grafik der Internet-Homepage von Whitley Strieber (www.strieber.com)

The Hatchery (Die Brutkästen) von Bobby Suryathep © 1996
mit freundlicher Genehmigung des Künstlers
(103163, 425@ compuserve.com)

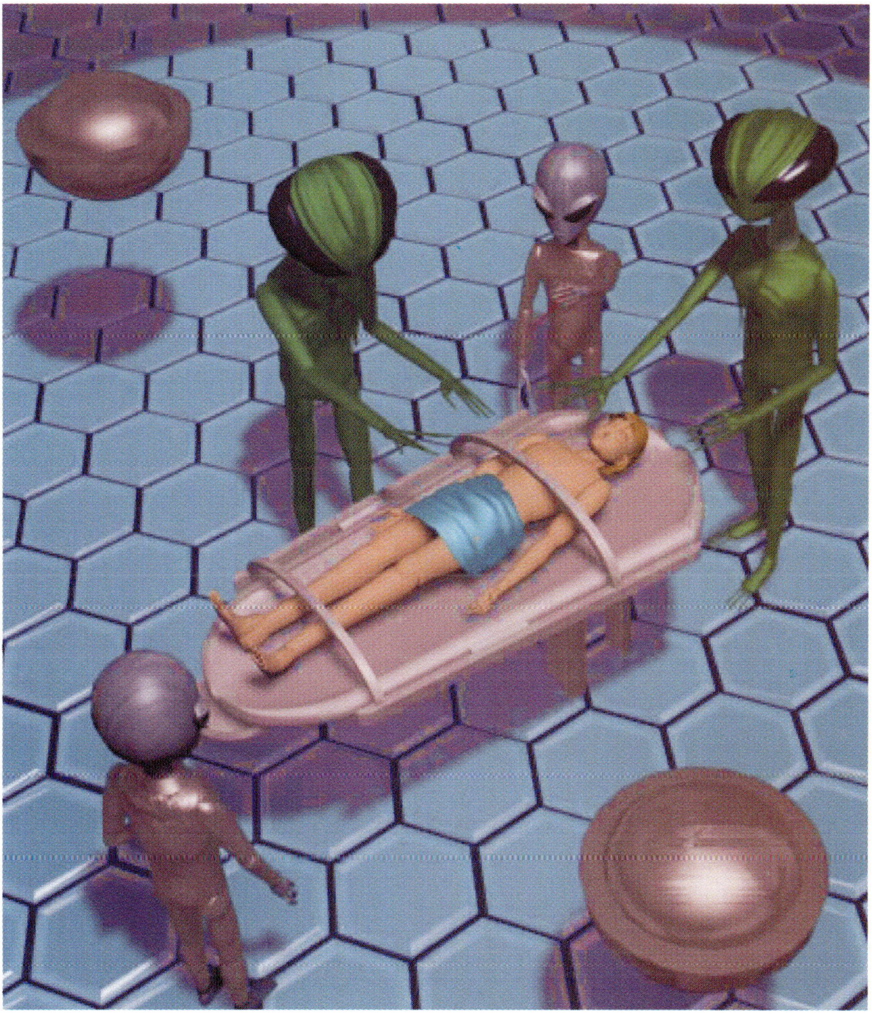

Examine (die Untersuchung) - eine Grafik
des Künstlers Bobby Suryathep (c) 1996

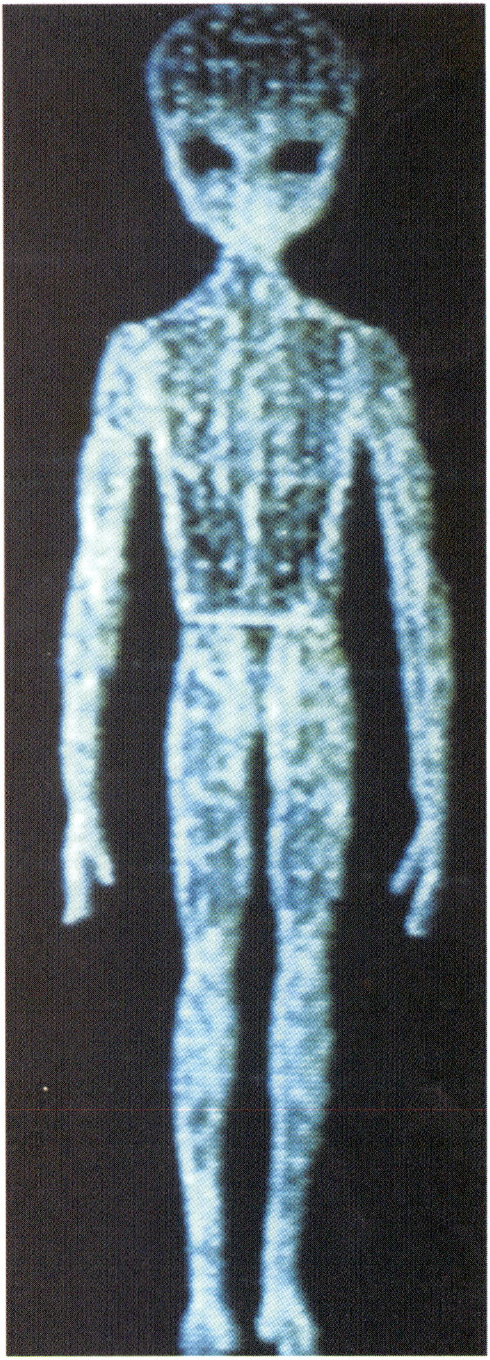

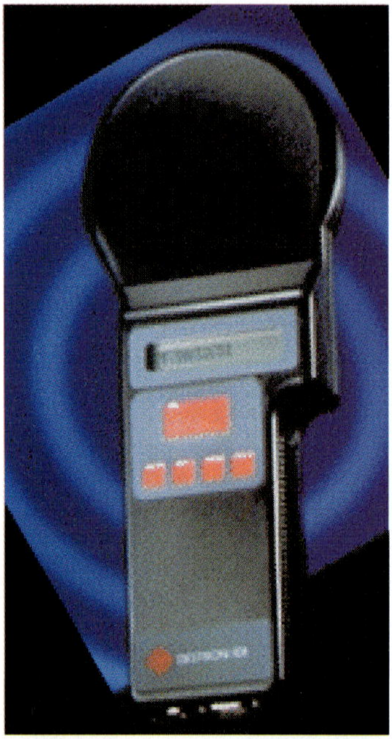

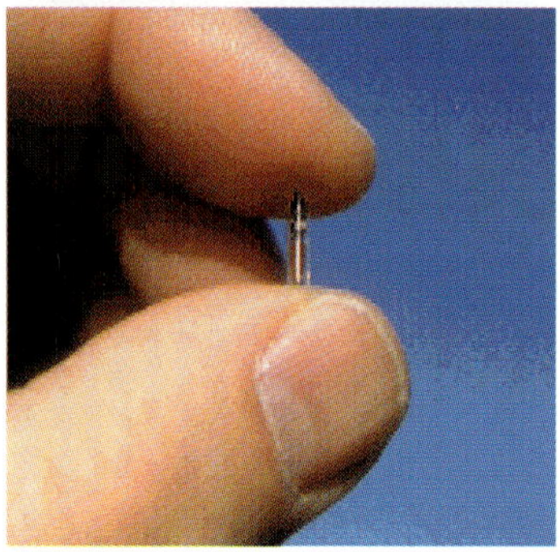

Oben: Das zum TX1400L kompatible tragbare Lesegerät Modell HS5900L

Darunter: Das ungefähr reiskorngroße Implantat TX1400L der Firma Destron-Fearing (Quelle für beide Bilder: Electronic ID Inc. Fort Worth, Texas)

Rechts: Aufnahme eines “Grauen”. Herkunft und Authentizität ungeklärt (Quelle: CompuServe UFO-Forum 1996)

Werke des Entführungsopfers Steve Neill: Der "Besuch"
Unten: Konstruktionszeichnung des implantierbaren Transponders TX1400L (Quelle: Electronic ID Inc. Fort Worth, Texas)

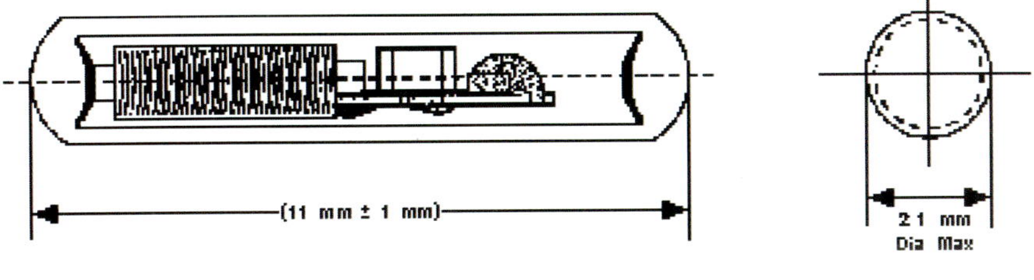

Werke des Entführungsopfers Steve Neill
Oben: Puppe eines "großen Grauen".
Unten: Evolution
Rechte Seite (oben): Die Transformation
Alle Bilder mit freundlicher Genehmigung des Künstlers © Steve Neill 1997
(www.anw.com/dreamlandsfx)

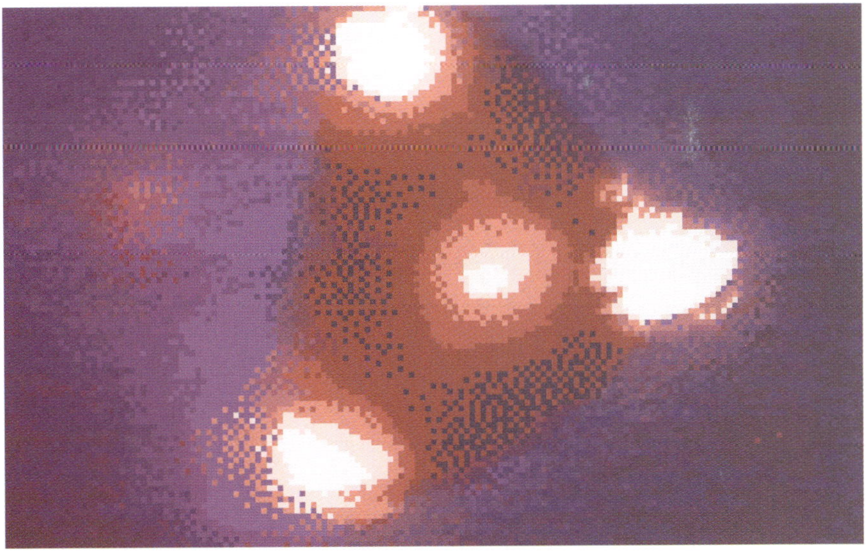

Berühmte UFO-Sichtungen: Foto eines in Belgien gesichteten Flugkörpers (Quelle: ftp.rutgers.edu)

Auf dieser Doppelseite: Berühmte UFO-Sichtungen

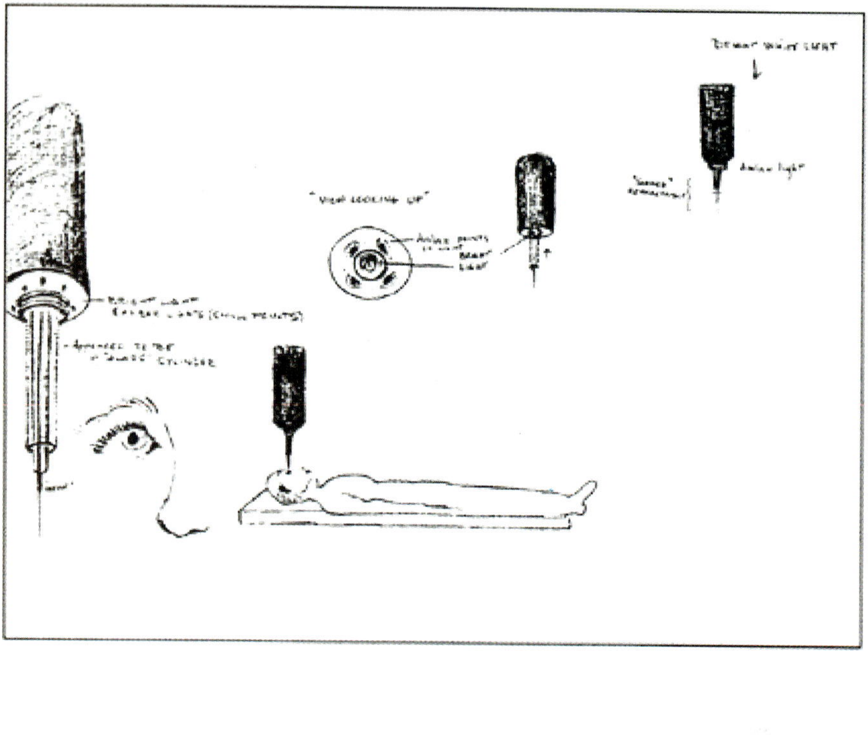

Linke Seite (oben):
Szenario des “Cash Landrum-Falles”

Linke Seite (unten):
Rekonstruktion einer “Augenoperation” durch die Fremden nach Schilderungen eines Entführungsopfers.

Rechte Seite (oben):
Landung eines fremden Objekts in einem französischen Feld.

Rechte Seite (unten):
Der amerikanische Streifenpolizist Herb Schirmer an Bord eines UFOs.

Auf dieser Seite: Bilder des Tacit Blue Technology Demonstration Programm der U.S. Air Force (Quelle: Federation of American Scientists)

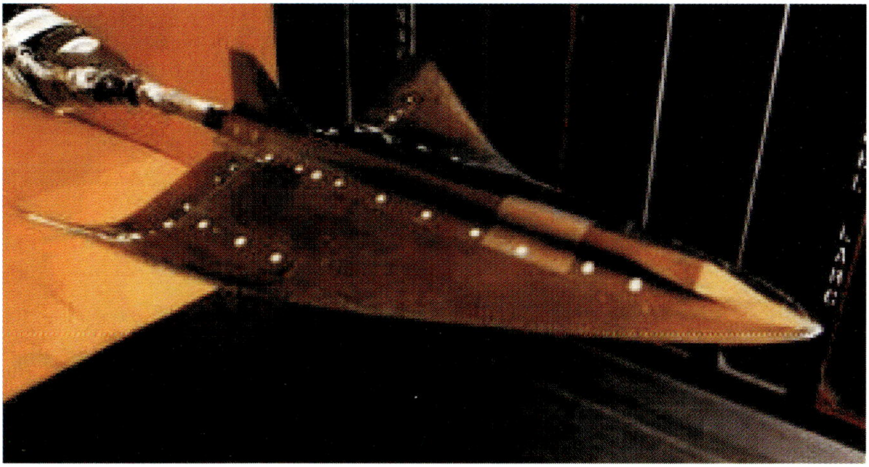

Oben: Studie des System Technology Program (HySTP) der NASA
(Quelle: NASA)

Unten: Implantate, die aus UFO-Entführungsopfern entfernt worden
sein sollen.

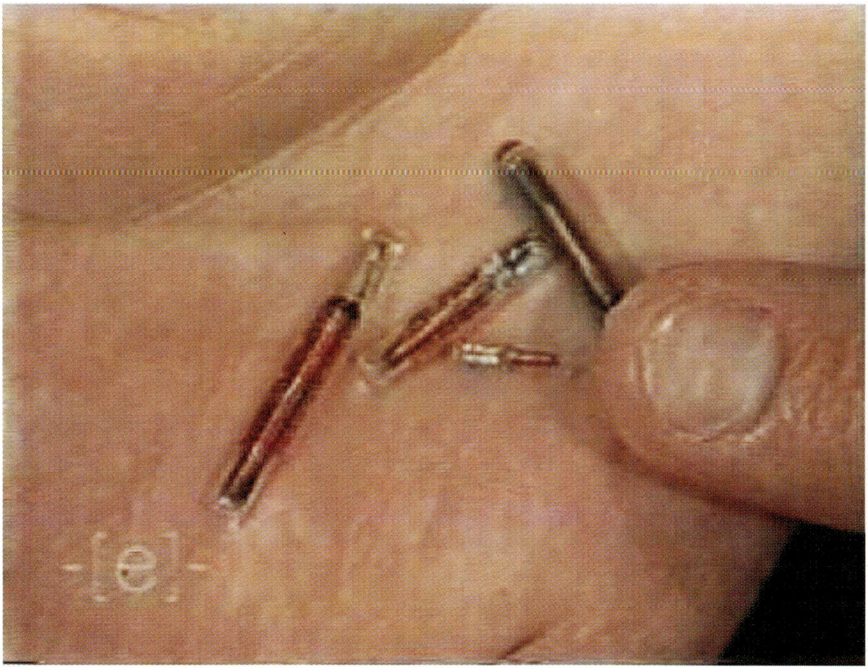

Das Tracking and Data Relay System der NASA
Oben: Das TDRS im geostationären Orbit (Quelle: NASA)
Unten: Das White Sans Ground Terminal auch unter seinem indianischen Namen “Cacique - der Weise” bekannt. (Quelle: NASA)

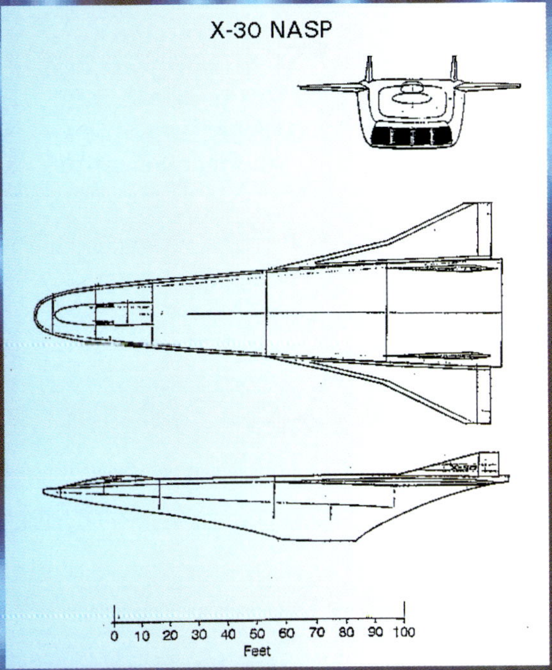

Amerikanische Geheimprojekte und "Mystery Aircraft" (Quelle: Federation of American Scientists)

Links: X-30 National Aerospace Plane (NASP)

Unten: Aurora / Senior Citizen

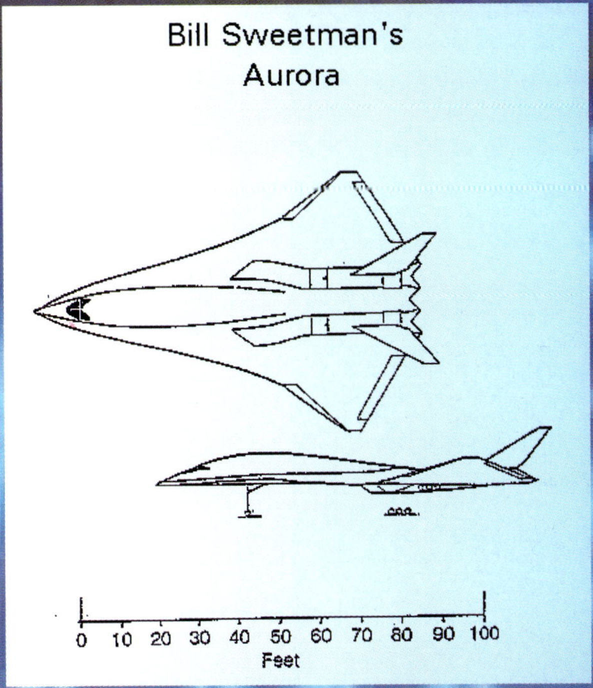

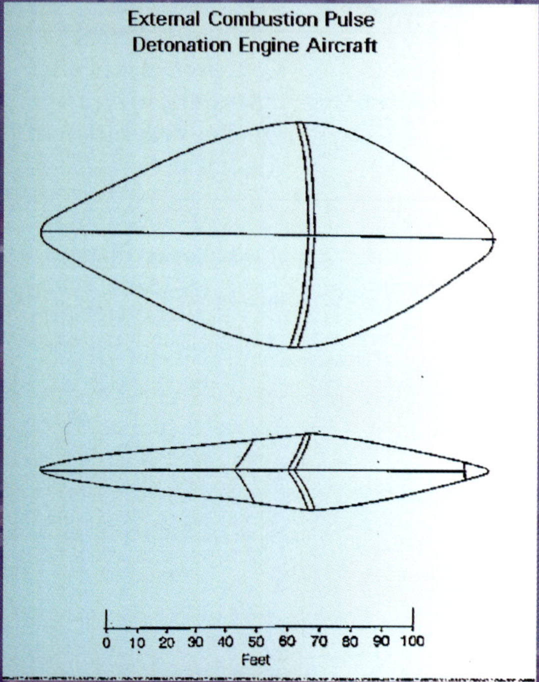

Amerikanische Geheimprojekte und "Mystery Aircraft" (Quelle: Federation of American Scientists)

Links: Exotic Propulsion Aircraft

Unten: TR-3A

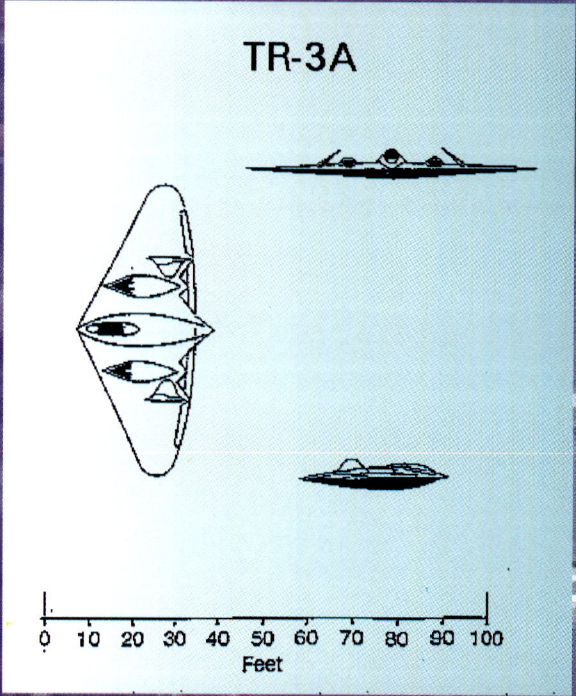

vitäten, unerklärliche Geräusche, UFO-Erscheinungen oder gar Entführungen. Vieles kann einen Hinweis für weitere Untersuchungen geben.

Gelegentlich existieren aber auch durchaus handfeste Anhaltspunkte. So finden sich im kalifornischen Antelope Valley einige geheime, utopisch anmutende Anlagen, die zum Teil eindeutig in unterirdische Komplexe führen. Dort liegt die berühmte Tejon Ranch von Northrop, eine Struktur, die von manchen auch als Anthill, („Ameisenhügel") bezeichnet wird - wegen ihrer Ähnlichkeit mit unterirdischen Ameisenkolonien. In diesem Gelände besitzt Northrop Untergrundanlagen.

Unweit hiervon hat auch Lockheed eine unheimlich wirkende Konstruktion errichtet, die Helendale Facility mit ihrem ungewöhnlichen, regelrecht utopischen Untergrundeingang. Auch in dieser Region gab es UFO-Sichtungen. Der Amerikaner Bill Hamilton berichtet von einem jungen Paar, Ray und Nancy, das 1988 eine interessante Beobachtung über der Northrop-Anlage gemacht haben will. Wie Hamilton berichtet, war Ray ein Inspizient des B-2-Projektes von Northrop, so daß er durchaus etwas von Geheimflugzeugen und fortgeschrittener Technologie verstand, wohl genug, um ohnehin kritisch beobachten und zwischen militärischer und unidentifizierbarer Technologie unterscheiden zu können. Allerdings waren die Konsequenzen dieses Zwischenfalls weitreichender als die einer gewöhnlichen UFO-Sichtung, sofern sich das Ereignis so wie geschildert zugetragen hat.

Eines Nachts, etwa gegen ein Uhr, als Ray gerade seine Schicht beendet hatte, sah er zusammen mit Nancy eine helle Lichtsphäre, die mehrere Lichtblitze in ihre Richtung aussandte. Nun, das war auch das letzte, woran sich Ray erinnern konnte. Über den anschließenden Zeitraum von zweieinhalb Stunden fehlte den beiden zunächst jede Erinnerung. Ursprünglich schätzte Ray die Beobachtungszeit der Sphäre auf etwa eine Stunde, doch war das nächste, woran er sich definitiv erinnerte, der Sonnenaufgang. Natürlich fragte er sich, was in der Zwischenzeit geschehen war. Während hypnotischer Regressionen begann Ray dann von einem Entführungserlebnis zu berichten. Er schien sich nun daran zu erinnern, in eine Untergrundbasis gebracht worden zu sein, in der er sowohl die berühmten kleinen grauhäutigen Wesen, kurz die „Grauen" oder EBEs, zu Gesicht bekam als auch Sicherheitskräfte der Air Force, so sagt er. Auch Nancy wurde entführt und von den EBEs medizinischen Untersuchungen unterzogen.

Am 26. Oktober 1988 wurden dann riesige dreiecksförmige Flugkörper über dem Gelände gesehen; ein Zeuge berichtet, er habe beobachtet, wie eine fliegende Untertasse von einem Silo auf dem Areal aufgestiegen sei. Wie weit natürlich dieses Objekt oder die Dreiecke als echte UFOs zu bezeichnen sind und ob es sich bei ihnen um außerirdische Fluggeräte gehandelt hat, ist eine andere Frage. Sollte aber der Entführungsbericht von Nancy und Ray zutreffen - eine leider typische Einschränkung der Diskussion - , dann wäre es durchaus denkbar, daß es sich um außerirdische Objekte handelte, denn dann wäre wohl auch davon auszugehen, daß es sich bei Anthill um eine Basis handelt, die von EBEs und irdischem Militär kontrolliert wird. Sollte der Bericht nicht der Wahrheit entsprechen, wäre damit diese Möglichkeit im Grunde freilich immer noch nicht ausgeschlossen.

Die “Bentwaters-Sichtung” vom 13./14. August 1956

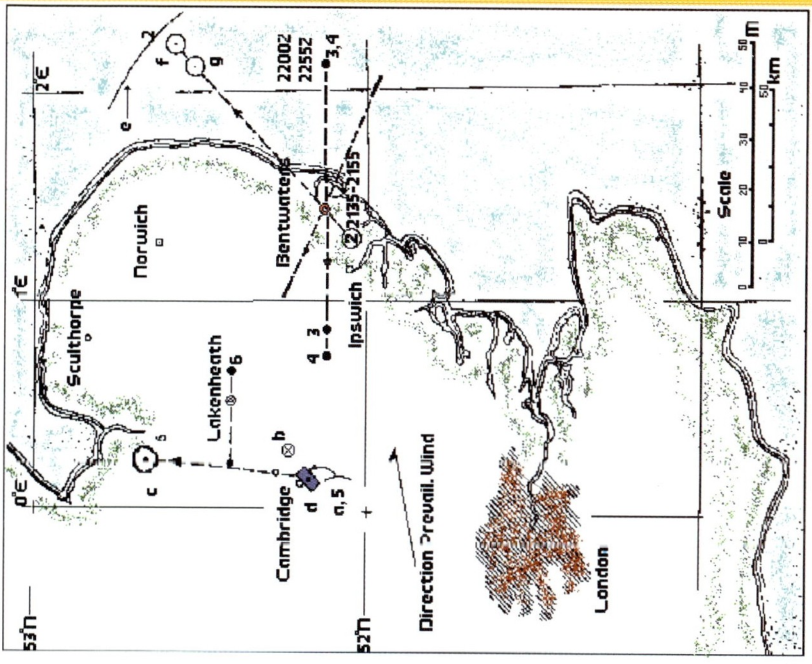

UFO Encounter II
Subcommittee of the American Institute for Aeronautics and Astronautics

Bentwaters - Lakenheath Sightings Map

August 13-14, 1956

Taken from:
Astronautics and Aeronautics, September 1971

Lakenheath UFO first pickup here ca. 0010 Z (a)

Approx. Intercept Point (b)

First Motion to here (time unknown) (c)

Waterbeach RAF Station (d)

Approx. Range Bentwaters GCA Radar (e)

Stationary 3-5 min (f)
10-15 min (g)

UFO Encounter I
Subcommittee of the
American Institute
for Aeronautics and
Astronautics

Map of the
July 17, 1957
episode

Taken from:
Astronautics and
Aeronautics,
July 1971

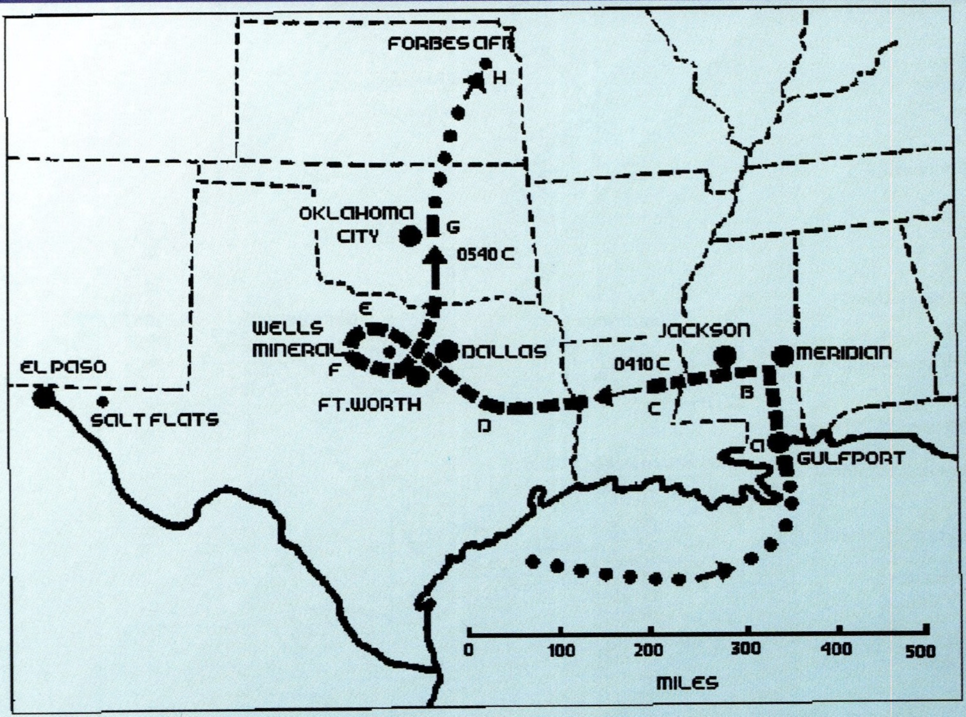

KEY:

■■■ Path of RB-47H during period of contact with UFO

●●● Other portions of RB-47H flight

A - first ECM contact over Gulfport area
B - RB-47H turns to west near Meridian
C - first visual sighting by cockpit crew
D - RB-47H turns northwestward to pursue
E - area near which aircraft overshoots UFO
F - object appears to rapidly drop 5000 ft.
G - last ECM contact, 1.5 hr after first visual contact
H - RB-47H lands at home base

Flugroute eines UFOs (aus Astronautics and Aeronoutics 1971)

Feuerwächter im Yakima-Indianerreservat (US-Bundesstaat Washington), über die der amerikanische UFO-Forscher Greg Long berichtet. Diese Beobachtungen stammen ebenfalls bereits aus den siebziger Jahren. Nur einige beispielhafte Auszüge aus den Logbüchern der Feuerpatrouille:

- *28. Mai 1979, 1.30 morgens:* Hörte seltsame Geräusche. Ich ging auf den Aussichtssteg hinaus und lauschte. Es klang, als ob große Wassertropfen auf Papier auftreffen oder zwei Stöcke gegeneinander geschlagen werden. Wirklich gespenstisch. Ich habe sogar am Himmel nach etwas Ausschau gehalten.
- *11.Oktober 1979, 18.30 Uhr*: Ich war draußen auf der Nordseite des Steges. Habe einen lauten summenden Ton gehört...klingt unheimlich
- *22. Oktober 1979*: Irgend etwas, das ein hochfrequentes Heulen aussandte, zog direkt über die Plattform weg. Was auch immer es war, es war sehr nah. Kein Flugzeug.

In seinem Buch *Das Alien-Imperium - UFO-Geheimnisse der USA* erwähnt Andreas von Rétyi noch eine ganze Reihe weiterer Zwischenfälle und Beobachtungen im Zusammenhang mit unerklärlichen (Untergrund-) Geräuschen, die möglicherweise auf unterhalb der Erdoberfläche angelegte Basen zurückzuführen sein könnten. Natürlich müßten auch andere Spuren zu finden sein. In einigen Fällen könnte die Wärmeabstrahlung der Basen auf Satelliten-Infrarotaufnahmen zu erkennen sein. Zudem sollten auch in der Nähe solcher Basen immer wieder Regierungs- oder Militärfahrzeuge zu sehen sein, außer wohl bei sehr ausgedehnten Systemen, deren Eingänge kilometerweit von der Basis entfernt liegen könnten. Im übrigen ist es natürlich auch nicht leicht, jeden Personenwagen zu überwachen, der in einem unauffälligen Gelände herumfährt.

Abgesehen von Berichten von Personen, die behaupten, in unterirdische UFO-Basen entführt worden zu sein oder dort gearbeitet und Raumschiffe beziehungsweise fremde Wesen gesehen zu haben (zum Beispiel Nightmare Hall und der Archuleta Mesa bei Dulce), abgesehen von offenbar offiziellen Aussagen und Dokumenten über unterirdische Verwahrungsstätten von EBE-Leichnamen, abgesehen von all dem, gibt es Informationen, die sich wohl etwas leichter überprüfen lassen und uns eventuell die Möglichkeit geben, uns dem Geheimnis der „Unterwelt" ein wenig zu nähern. So sollen auf der Archuleta Mesa ungewöhnliche Strukturen gefunden worden sein, bei denen es sich im Prinzip um Eingänge oder Versorgungsschächte handeln könnte. Hier sind Recherchen vor Ort erforderlich. In verdächtigen Gebieten sollte man der Binsenweisheit folgen und die Augen weit offen halten, um nichts zu versäumen, was vielleicht einen Hinweis auf verdeckte Aktivitäten geben könnte, auch wenn es sich dabei sicherlich nicht gleich um den Schlüssel in ein unterirdisches Reich handeln dürfte, frei nach der Formel „Sesam öffne dich!".

Vielleicht aber findet man merkwürdige Rodungen im Gelände oder unnatürlich wirkende Veränderungen im Gestein (wobei einem die Geologie natürlich auch einen Streich spielen kann), vielleicht gibt es Zeugenberichte über militärische Akti-

Viele Berichte über Flugscheiben im militärischen Sperrbezirk beziehen sich auf die supergeheimen (Untergrund-) Basen in der Wüste von Nevada, doch mögen Teilprogramme auf anderen geheimen Geländen durchgeführt werden. Vielleicht gar wurden die relevantesten Systeme und Projekte auf andere Basen verlegt, weg von den Geländen in Nevada, die mittlerweile eine doch recht hohe Publizität erlangt haben.

Zu bedenken sind auch folgende Zusammenhänge: Zum einen scheint zum Beispiel auch die berühmt-berüchtigte Groom-Lake-Basis, auch als Det 3 (Detachment 3) bekannt, ein Ableger des eigentlichen Zentrums auf der kalifornischen Edward Air Force Base zu sein (genauer gesagt, des DET-AFFTC, des Air Force Flight Test Centers), zum anderen gibt es ohnehin eine Häufung von Berichten über ungewöhnliche Flugkörper gerade auf der Verbindungslinie zwischen dem Antelope Valley, der „benachbarten" Edwards AFB und - weiter im Nordosten - der Nevada Test Site mit Papoose und Groom Lake.

Es gibt natürlich zahlreiche Untergrundbasen, die zu beschreiben den vorgesehenen Rahmen bei weitem sprengen würden - obwohl im Verhältnis nur recht wenig Informationen über diese Hochsicherheitsanlagen verfügbar und einsehbar sind. Wenigstens einige möchte ich aber doch erwähnen. So soll es Untergrundanlagen auf dem Areal der gewaltigen Kirtland Air Force Base (New Mexico), auf dem Manzano-District geben, wo es zu wiederholten UFO-Sichtungen und -zwischenfällen gekommen ist. Die dortigen Untergrundanlagen befinden sich auf einem strengstens abgezirkelten Komplex, der eine Fläche von über tausend Hektar abdeckt. Er ist von vier hohen Sicherheitszäunen umgeben, der dritte davon trägt Berichten zufolge eine tödliche elektrische Ladung, der vierte ist zudem noch mit messerscharfen Drähten gesichert. In den letzten Jahren wurde das Gelände rund um die Uhr von bewaffneten Spezialtrupps bewacht, ähnlich der Perimeter von Dreamland.

Seit 1989 wurden weitere Untergrundinstallationen auf dem Gelände errichtet (Fertigstellung - vorläufig? - 1992). Angeblich, das heißt, bestätigten Berichten eines Angehörigen der Wachmannschaft zufolge, sollen Sicherheitschecks für Personal neben den üblichen Magnetstreifenlesern auch elektronische Kontrollen der Fingerabdrücke sowie der Netzhaut eines jeden umfassen, der die Anlage betritt.

Weitere mysteriöse Anlagen befinden sich auf dem China Lake Naval Weapons Center (wiederum ungefähr auf der Verbindungslinie Antelope Valley - Groom), dem U.S. Army Warrenton Training Center, Nordvirginia („Station A" und „Station B"), Raven Rock („Site R") an der Grenze der Bundesstaaten Pennsylvania/Maryland, oder auch einer geheimen Einrichtung der Navy bei Sugar Grove, West Virginia, um nur ein paar weitere Beispiele wenigstens anzusprechen.

Auch die FEMA (Federal Emergency Management Agency), also die Bundesbehörde, die für den Katastrophenschutz zuständig ist, unterhält rund ein halbes Hundert Untergrundeinrichtungen in den Vereinigten Staaten. Offiziell handelt es sich bei der FEMA um eine zivile Behörde. Allerdings steht fest, daß sie eng mit dem Pentagon kooperiert. Was ist schon zivil? Denken wir in diesem Zusammenhang auch an die NASA, die zivile Raumfahrtagentur. Natürlich mag man dort grundsätzlich an Offenheit interessiert sein und sie auch weitgehend „leben" wollen. Doch in Anbetracht gerade auch finanzieller Verflechtungen ist das nicht so einfach, und zahlreiche Tatsachen demonstrieren die Eingebundenheit der NASA in Behörden und Programme, deren Ziele nicht unbedingt als zivil zu definieren sind. Nicht zuletzt stammen wesentliche Gelder des Shuttle-Programms aus Quellen der Geheimdienste.

So ist die erst im September 1992 deklassifizierte, ehemals supergeheime Behörde NRO, das National Reconnaissance Office, intensiv mit Projekten der Satellitenaufklärung befaßt. Seine Mitarbeiter konstituieren sich aus CIA-Personal, Militärdiensten und „zivilem" Personal des Verteidigungsministeriums. So war auch der gegenwärtige Direktor des NRO, Keith R. Hall (seit 27. Februar 1996) zeitweilig direkt für die CIA tätig. Einig UFO-Forscher gehen davon aus, daß das NRO tief in die UFO-Geheimhaltung der US-Regierung involviert ist und auch mehr über die mysteriösen Tierverstümmelungen weiß und vielleicht sogar direkt daran beteiligt ist. Dies alles muß allerdings noch bewiesen werden.

Bevor wir uns nun aber in die weiteren Verstrickungen diverser US-Behörden und -geheimdienste in UFO-Angelegenheiten vertiefen, sollten wir noch auf eine andere interessante Frage im Zusammenhang mit den Untergrundanlagen und -tunnels eingehen: nämlich die nach den Methoden, solche Höhlen in den „Leib der Erde" zu graben. Die Antworten darauf sind in der Tat verblüffend.

Bereits seit Jahrhunderten spielt das Anbohren und Aussprengen des Gesteins eine wesentliche Rolle bei der Erzeugung von Untergrundkavernen. In den Bohrungen werden Sprengladungen installiert und gezündet, das Gestein zertrümmert und abgetragen. In neuerer Zeit wurden allerdings höchst ausgefeilte Methoden entwickelt. Verschiedene Konzerne, allen voran die amerikanische Robbins Company, haben im Lauf der Jahre gigantische Tunnelbohrmaschinen („TBMs") entwickelt, die sich wie mechanische Dinosaurier ausnehmen. Die teils über dreißig Meter langen Geräte sind mit enormen Zahnrädern, Baggern und Schaufeln ausgerüstet, die - angetrieben von Hochleistungsmotoren - Tunnels mit über zehn Meter Durchmesser in die Erde graben können.

Neben diesen noch als konventionelle Technologien zu bezeichnenden Systemen gibt es schon seit langem Pläne weit futuristischerer Maschinen. Voraussichtlich sind einige dieser Pläne mittlerweile in die Tat umgesetzt worden. Bereits in einem Bericht aus dem Jahr 1974 sprach die einflußreiche Bechtel-Corporation von so exotischen Tunnelbohrkonzepten wie Plasma-Bohrern, dem Einsatz von Mikrowellen, Ultraschall oder „Strahlenwaffen" und dem „Verlangen nach Tunnelkonstruktion und Untergrundaushöhlung zu Zwecken nationaler Verteidigung". In einem anderen Beitrag aus den siebziger Jahren ist die Rede von einem Tunnelbohrer, der mit gepulsten Elektronen arbeiten soll. Das Prinzip beruht darauf, einen hochenergetischen Elektronenstrahl auf das Gestein zu richten. Ein Großteil des Materials würde pulverisiert und könnte als Staub aus dem Tunnel abgesaugt werden.

Interessanterweise hat mit Wirkung vom 1. Januar 1996 die mysteriöse Bechtel Corporation offiziell die Rolle als Hauptkontraktor für die Nevada Test Site übernommen und damit den ebenso mysteriösen EG&G Konzern abgelöst. Dementsprechend werden wohl auch die Aufgaben, die EG&G bisher auf Dreamland zu erfüllen hatte, an Bechtel übergehen. Bechtel aber steckt wortwörtlich tief in allen möglichen Geheimprojekten und der Konstruktion von Untergrundanlagen.

Nicht unerwähnt bleiben soll auch eine ausführliche geologische Studie der Defense Nuclear Agency, die 1975 veröffentlicht wurde und in der die für extrem tiefe Untergrundbasen (bis nahezu zwei Kilometer Tiefe) geeignetsten Regionen der USA erkundet und aufgelistet werden. Der Report, mit dem Titel „A Geology Compendium of the Continental United States - with Application to Deep-Based Systems" (übersetzt etwa: „Ein Geologiekompendium der kontinentalen Vereinigten Staaten mit Anwendung auf tief angelegte Systeme") nennt auch Gebiete nördlich und westlich von Taos.

Ein anderes Konzept (des Los Alamos National Laboratory - LANL) sieht eine Maschine vor, in der ein kompakter Kernreaktor ultraheißes, flüssiges Lithium über einen internen Kreislauf an das Gestein heranführt und aufschmilzt, um anschließend das abgekühlte Lithium wieder für eine Weiterverwendung aufzuheizen. Dieses Projekt könnte eine Reihe wesentlicher Vorteile für sich verbuchen, denn das Schmelzgestein würde sofort als glasartige Masse an die Wände des künftigen Tunnels gedrückt und als Versiegelungs- bzw. Stützmaterial verwendet werden können. Auf diese Weise würde kein Abraum anfallen. Dieser Umstand wiederum führt dazu, daß solche Untergrundanlagen sich noch viel schwieriger ausfindig machen ließen, da keine auffälligen Schutthalden und -transporte entstehen würden.

Wie der amerikanische „Untergrundforscher" Dr. Richard Sauder bemerkt, tauchen in der UFO-Literatur gelegentlich Berichte von Personen auf, die behaupten, in unterirdischen UFO-Geheimbasen merkwürdige Tunnel gesehen zu haben, deren Wände eine glatte, glasartige Struktur hatten. Könnten diese Berichte mehr sein als das Ergebnis freier Erfindungsgabe?

Der Verfasser von „ET's & UFOs - THEY NEED US, WE DON'T NEED THEM", Virgil „Posty" Armstrong, berichtet von einer Begebenheit, in der Freunde Armstrongs in einem Lokal Dulces Zeuge einer offenen und lautstark ausgetragenen Unterredung Einheimischer über die Entführung von Einwohnern der Stadt wurden. Danach wurden die Außerirdischen ganz und gar unfreiwilliger menschlicher „Versuchskaninchen" aus der Einwohnerschaft Dulces habhaft und pflanzten ihnen zu Testzwecken Implantate in Köpfe und Körper ein. Die Einwohner seien verständlicherweise verängstigt und zornig, sähen aber nicht den geringsten Hoffnungsschimmer, da die ETs mit Wissen und Einverständnis der Regierung handelten.

Vor kurzem wurden Teilnehmer einer „Felduntersuchung" auf einem Gebiet nahe der Archuleta Mesa mit zwei kleinen schwebenden „Sphären" (Schutzmechanismen? - Anm. d. Verf.) konfrontiert und sahen sich gezwungen, das Gebiet fluchtartig zu verlassen, da sofort negative körperliche Symptome spürbar wurden.

In den fünfziger Jahren hätten die Grauen damit begonnen, eine größere Anzahl Menschen für experimentelle Zwecke zu entführen. In den Sechzigern schnellte die Rate derartiger Entführungen hoch, während die Grauen angeblich begannen, sorgloser mit dem Problem umzugehen. In den Siebzigern wurden demnach die wahren Motive der Grauen unzweifelhaft, aber eine Gruppierung innerhalb der amerikanischen Regierung baute immer noch auf strikte Geheimhaltung.

In den Achtzigern hätte die Regierung erkannt, daß es keine wirksamen Methoden der Verteidigung gegen die Grauen gab. Im Anschluß seien Programme initiiert worden, um die Öffentlichkeit auf den Kontakt mit einer nicht-menschlichen Rasse vorzubereiten.

Bemerkenswert sind in diesem Zusammenhang die Anmerkungen von Ernst Meckelburg aus dem DEGUFORUM September 1996 mit dem Titel „Dreamland-Mega-Experimente mit dem menschlichen Bewußtsein„:

In jüngster Zeit mehren sich in den USA Gerüchte, nach denen die Amerikaner auf dem legendären geheimen Testgelände „Area 51", etwa 130 km nördlich von Las Vegas, weniger mit der Auswertung und dem Nachbau angeblich abgestürzter UFOs, sondern vor allem mit der Entwicklung von Technologien zur gezielten Kontrolle und Beeinflussung des menschlichen Bewußtseins befaßt sind. Den Betreibern des von UFO-Freaks zärtlich als Dreamland titulierten Sperrgebietes - ein Akronym für „Data Repository Establishment and Management"- Land (etwa: Datenspeicher-Einrichtungs- und Management-Land) - dürfte es nur recht sein, mit dem UFO-Szenarium in Verbindung gebracht zu werden, gilt es doch, die wahre Identität der hier durchgeführten supergeheimen Projekte zu schützen, allzu neugierige Journalisten und unbefugte Abgeordnete fernzuhalten. Und der Trick mit den „außerirdischen Technologien" scheint tatsächlich zu funktionieren.

Die Mehrzahl der amerikanischen Staatsbürger dürfte der Theorie von einer „Alien"-Connection ohnehin skeptisch gegenüberstehen, und UFO-Freaks scheinen mit den vagen Berichten von gelegentlich dort außerhalb der Absperrungen weilenden „Zaungästen" bestens bedient zu sein. Realistische Beobachter sehen in den Dreamland-Experimenten hingegen eine Entwicklung, die alle Spekulationen über sog. Abduktionen (UFO-Entführungen), Kooperation mit Außerirdischen auf US-Territorium und die Obduktion von ET-Leichen verblassen läßt, die derart sensibel ist, daß man ihre Überwachung dem effizientesten und geheimsten aller US-Nachrichtendienste, dem National Reconnaissance Office (NRO) (Nationales Aufklärungsbüro) übertragen hat - ein Geheimdienst, der mit 800 Satelliten selbst das Potential der gefürchteten CIA in den Schatten stellt.

Experten wollen wissen, daß sich mit dem von dem NRO betriebenen Satelliten unter anderem Personen mit Microchip-Implantaten bzw. mitgeführten „Gesundheitsschecks" (ähnlich unseren Krankenkassen-Scheckkarten) - wo immer sie sich auch aufhalten sollten - orten (und möglicherweise sogar manipulieren) lassen.

Die dieser Ortungstechnik zugrundeliegenden Erkenntnisse verdankt das NRO den Wissenschaftlern der ebenfalls in der Area 51 stationierten Forschergruppe Biological Laboratories, die entsprechende Experimente mit Erfolg an Weidevieh durchgeführt haben will. Die Grundlagen für diese Experimente reichen einige Jahre zurück, und sie gehen weit über das hinaus, was eine elektronisch gestützte Ortung zu bieten hat.

Anfang der neunziger Jahre haben Wissenschaftler festgestellt, daß das menschliche Gehirn und manche Tiergehirne natürliche Magnetpartikel (Magnetit) aufweisen, die auf Radiowellen ansprechen. Jeder von uns hat seine eigene Hirnfrequenz (engl. Human Brain Frequency, HBF), die einem Fingerabdruck gleichkommt, da keine zwei Personen die gleiche HBF besitzen, obwohl diese nur einen verhältnismäßig kleinen Frequenzbereich zwischen 840 und 890 MHz aufweist. Interessant ist in diesem Zusammenhang die Tatsache, daß sog. „Zellular"-Telefone oder „Handys" in genau diesem Frequenzbereich arbeiten, so daß sich auch hieraus Beeinflussungsmöglichkeiten des Bewußtseins ableiten lassen. Denn: Bei der Hypnose gibt es bestimmte Techniken, die darauf abzielen, daß auf die Blutgefäße in Ohrnähe Druck ausgeübt wird, was die Blutzirkulation zum Gehirn beeinträchtigt und Halluzinationen und sogar Schockzustände zur Folge haben kann. Diesen Druck könnte man telefonisch oder funktechnisch durch gezieltes Aussenden lauter oder schriller Töne erzeugen und somit den Empfänger für hypnotische Botschaften aufnahmebereit machen. Inzwischen gilt es als erwiesen, daß die CIA zwischen 1957 und 1961 an Zivilisten Experimente zur Beeinflussung des Bewußtseins (Gehirnwäsche) durchgeführt hat. Der amerikanische Autor Martin Cannon will wissen, daß solche Experimente immer noch durchgeführt werden, allerdings in verfeinerter Form. In seinem neuesten Buch *The Controllers* äußerte er den Verdacht, daß es sich bei UFO-Abduktionen um klammheimlich durchgeführte Gedächtnismanipulationen seitens der CIA und anderer amerikanischer Dienste handele, die ausschließlich mit einem solchen Bewußtseins-Engineering befaßt seien und die auf raffinierte Weise von ihrem verwerflichen Tun abzulenken versuchen.

Norio Hayakawa - früher Regionaldirektor des Civilian Intelligence Network, ein prominenter Dreamland-Ermittler - resümiert: Scheibenförmige Flugobjekte, Experimente mit Microchip-Implantaten, Hypnotechniken zur Gehirnwellen-Manipulation, zum Auslösen von Verwirrung, Angst und falschen Erinnerungen, scheinbaren Zeitlücken, temporärer Paralyse, schwerer Migräne und irreversiblen Erinnerungsverzerrungen ... kommt uns das alles nicht sehr vertraut vor? Es ist genau das Szenarium, über das die Mehrzahl der Entführten nach ihren angeblichen Entführungen berichten. Aber sie erinnern sich nicht daran, von Mitarbeitern der Geheimdienste für deren Experimente mißbraucht worden zu sein. Statt dessen erscheinen in ihrer Erinnerung seltsame Gesichter von Wesen mit rätselhaften Motiven - von „Aliens". Sind es wirklich die „Fremden" oder haben wir es hier nicht doch mehr mit einem Mega-Experiment, einem echten Täuschungsmanöver der „Dreamland"-Tüftler zu tun?"

Alles, was von Cannon und Hayakawa zur Lüftung des „Area 51"-Rätsels vorgebracht wurde, klingt realistisch, irgendwie plausibel. Gerade die Amerikaner haben aufgrund der jüngsten Anschläge und auch der inneren Bedrohung sowie der Gefahren, die nach wie vor von einem destabilisierten Rußland ausgehen, Veranlassung, die Bewußtseinsforschung, die Entwicklung von Einrichtungen zur Kontrolle und evtl. Beeinflussung großer Bevölkerungsgruppen voranzutreiben.

Dies könnte auch die Ursache für die fast hysterische Betriebsamkeit der Abschirmdienste rund um „Area 51" sein. Die zahllosen UFO-Stories, die sich um diesen Ort in Nevadas Wüstenregion ranken, dürften den Absichten des NRO voll entsprechen, erspart es ihm doch weitaus peinlichere Erklärungen für die eigentlichen Vorgänge innerhalb ihres Schutzgebietes.

Sollten sich die hier geäußerten Vermutungen bestätigen, würde „Dreamland" seinen Namen völlig zu Recht tragen.

Auch Vallee hat verschiedene Theorien entwickelt, die in eine ähnliche Richtung deuten. So könnte das Militär mit Technologien der psychologischen Kriegsführung experimentieren, wie es die Deutschen während des ersten Weltkriegs taten, als sie Bilder der Jungfrau Maria in Rauchbänke projizierten, um die Franzosen dazu zu treiben, lieber einen Rosenkranz zu beten als Deutsche zu töten.

Unter Nixon soll eine Einsatzgruppe im Weißen Haus einen Plan für die Invasion Kubas entworfen haben, in dem ein mit Laserprojektoren bestücktes U-Boot eine nicht unwesentliche Rolle spielen sollte: Es sollte ein Bild Jesu in den Himmel über der Insel projizieren, die gläubige katholische Bevölkerung Havannas in Erwartung seiner Wiederkehr paralysieren und es damit Kommandotrupps ermöglichen sollte, in der Zwischenzeit strategisch wichtige Ziele einzunehmen Während des Vietnamkriegs erfand eine amerikanische Militäreinheit, die sich „4th Psyop Group" nennt, einen Projektor namens Mitralux. Er ermöglicht es, mit Hilfe von fünfundachtzig Millimeter großen Dias und einer 1000-Watt-Birne Bilder auf Gebäude, Berge und Wolkenbänke zu projizieren. Vallee zieht auch in Betracht, daß vorgetäuschte UFO-Berichte als Deckmantel von Tests neuartiger militärischer „Stealth"-Technologie benutzt werden. „In einigen Fällen, die ich untersucht habe," so Vallee in einem Interview, „verbirgt das Täuschungsmanöver ein Gedankenkontroll-Experiment. Jeder, der sich der heutigen Technologie bewußt ist, sollte wissen, daß wir wesentlich mehr besitzen, als Stealth-Fighter, die in der Gegend herumfliegen. Wir haben Möglichkeiten, theoretisch oder praktisch, alle möglichen Dinge herzustellen. So wird kräftig an nicht-tödlichen Plattformen geforscht, diese Plattformen wurden bereits irgendwo getestet und müssen von Zeit zu Zeit als etwas anderes getarnt werden.

Es gibt Forschungen bezüglich RPVs, Remotely Piloted Vehicles (ferngesteuerte Fahrzeuge - Anm. d. Verf.), von denen einige untertassenförmig sein könnten...

Wir leben in einer Welt, in der der Glaube der Massen eine strategische Waffe darstellt. Wir haben Wasserstoffbomben, aber wir können sie nicht benutzen. Wir haben Neutronenwaffen, aber können sie nicht benutzen. Aber wenn wir einen Weg finden würden, die Glaubenssysteme vieler Menschen zu beeinflussen, hätten wir eine Waffe mit großer strategischer Wirkung. Die großen Probleme der Welt sind die Probleme des Fundamentalismus und der Religion - ob es nun der Islam ist oder andere Religionsformen. Der Glaube an die Ankunft außerirdischer Wesen könnte durch technische Methoden, die bereits existieren, einer großen Anzahl von Menschen 'eingeimpft' werden...

Unsere Götter kamen schon immer vom Himmel. Wie würde wohl Gott heutzutage vom Himmel steigen? Möglicherweise in einer Art Raumschiff. Er könnte es sich wohl nicht mehr 'leisten', einfach so aus den Wolken zu steigen, das würde wohl nicht mehr funktionieren... Es gibt hochentwickelte Geräte, die in der psychologischen Kriegsführung eingesetzt werden, um Hologramme zu zeichnen mit dem Ziel, Visionen zu erzeugen, die Menschen beeinflussen könnten. Vielleicht würde dies mit Ihnen oder mir heute nicht funktionieren, wenn wir nach draußen gehen und etwas am Himmel sehen, es würde uns nicht sonderlich destabilisieren. Aber wenn wir unter Streß stehen würden, z.B. wenn Sie über einen Monat lang auf einer kleinen Insel kämpften und plötzlich etwas derartiges passierte...

Wie ich bereits ausgeführt habe, könnte die UFO-Gemeinschaft für soziologische Experimente benutzt worden sein. Stellen Sie sich vor, die Regierung würde in einem fremden Land eine Nuklearwaffe verlieren. Irgendwie müssen sie dann dort hin und das Ding bergen. Natürlich können sie den Leuten nicht einfach erzählen, was sie vorhaben, also müssen sie in der Lage sein, schnell eine passende Geschichte zur Hand zu haben.

Wie wäre es mit der Geschichte, es handele sich dabei um eine fliegende Untertasse von der Venus? Das sähe man wohl als derart lächerlich an, daß keiner der Wissenschaftler dort hingehen würde, um die Angaben zu überprüfen. Vielleicht tauchen ein paar Journalisten auf, aber denen können Sie erzählen, was Sie wollen, und ihnen vielleicht noch ein paar Fotografien von was auch immer zuspielen. Alles, was Sie tun müssen, ist, jedermann zwei oder drei Tage lang zu verwirren, genug Zeit, um die Ausrüstung in Sicherheit zu bringen und abzuhauen. Ich glaube, es gibt Fälle, wo genau das passiert ist. So entstehen die großen UFO-Stories, die sich die Leute am Lagerfeuer erzählen..."

Jim Oberg, Spezialist des russischen Weltraumfahrtprogramms deutete Vallee gegenüber an, daß einige der Sichtungen aus der Sowjetunion, die er publiziert habe - seltsame gelbliche Halbmonde, die über den russischen Himmel wanderten und dort von vielen Menschen gesehen wurden - Raketentests waren, die im Zusammenhang mit den SALT-Verträgen illegal ausgeführt wurden; offensichtlich konnten sie die Erscheinungen am Himmel nicht verbergen, also lancierte die Regierung die Geschichte, daß es sich um eine fliegende Untertasse handelte und so kam das Ganze auch in die Zeitungen.

Einmal mehr wurde die UFO-Forschungsgemeinschaft als nützliches Labor zur Beobachtung der Effekte von Propaganda und Desinformation mißbraucht. Hier bietet sich ein Feld für bestimmte Leute, sich als „Informanten" zu maskieren und alle Arten von unüberprüfbaren Gerüchten „aufzudecken". Sie treffen auf eine empfängliche Zuhörerschaft, weil dort eine „unabhängige" Nachfrage nach originellen, kühnen und nonkonformistischen Ideen herrscht. Bedeutet dies, daß wir einem Mann glauben müssen, der behauptet, beim NATO-Nachrichtendienst gearbeitet und ein Dokument über die vier verschiedenen humanoiden Rassen, die auf dem Mond leben sollen, gesehen zu haben? Ich glaube kaum!

Die „Krill"-Papiere und Die Grauen

Ende der achtziger Jahre kamen die sogenannten „Krill-Papiere" in Umlauf. Ursprung und Herkunft dieser Niederschriften liegen auch hier bislang, wie so oft, völlig im Dunkeln. Auf die Dateien mit den genannten Informationen wurde Bill Cooper nach eigenen Angaben durch den Sysop (System Operator) des Paranet RHO, einer Art UFO-Mailbox, aufmerksam gemacht.

Nach ebenfalls unbewiesenen Angaben wurden sie durch einen der „Grauen" namens O.H. Krill (auch KRLL, KRYL, CRIL, CRL oder CRLL) selbst - während seiner selbstgewählten „Gefangenschaft" als „Garant" der Menschheit für die Einlösung der außerirdischen Zugeständnisse - als „Situationsbericht der Beschaffung fortgeschrittener Technologien und Zusammenarbeit mit außerirdischen Kulturen" verfaßt (Yellow Book). O.H. stehe in diesem Zusammenhang für „Original Hostage" also sinngemäß Original-Geisel.

KRLL, der einige Jahre nach Antritt seiner „Geiselnahme" schwer erkrankt und fast gestorben sein soll, konnte von einem nicht näher bezeichneten Mediziner wiederhergestellt werden, der auf diese Weise - mehr oder weniger unfreiwillig - ein Experte in Exobiologie und außerirdischer Medizin wurde. **Als Basis der Krill-Papiere gelten (erneut) folgende Aussagen:**

- Außerirdische Raumfahrzeuge sind auf der Erde abgestürzt oder notgelandet
- Außerirdische Raumfahrzeuge sind sowohl ultradimensionalen als auch diesseitigen Ursprungs
- Frühere Bemühungen der US-Regierung, sich außerirdischer Technologie zu bemächtigen, waren erfolgreich
- Während eines bestimmten Zeitraums befanden sich lebende Außerirdische in der Gewalt der US-Regierung.
- Es wurden Autopsien an Leichen Außerirdischer durchgeführt
- U.S. Nachrichtendienste sind an der Verheimlichung der Situation vor der Öffentlichkeit aktiv beteiligt
- im genannten Zusammenhang wurden und werden Menschen entführt, verstümmelt und ermordet
- eine fremdartige Präsenz auf unserem Planeten kontrolliert bereits verschiedene wichtige Elemente unserer Gesellschaft
- außerirdische Streitkräfte unterhalten Basen auf der Erde und dem Mond
- die US-Regierung arbeitete während eines bestimmten Zeitraums direkt mit den fremden Streitkräften zusammen, um sich Kenntnisse über Technologien der Bereiche Gravitationsantrieb, Strahlenwaffen und Gedankenkontrolle anzueignen
- Millionen Rinder wurden während des zum Erwerb biologischen Materials notwendigen Prozesses von den Fremden und terrestrischen Verbündeten getötet
- sowohl die US-Regierung als auch die Aliens sind für die Verstümmelungen - wenn auch aufgrund unterschiedlicher Motivation - verantwortlich zu machen

- wir leben in einer mehrdimensionalen Welt, deren Grenzen sich mit den anderer Welten „überlappen“, und werden von Entitäten dieser Dimensionen besucht. Viele dieser Entitäten zeigen feindseliges Verhalten
- die Grundlagen unserer genetischen Entwicklung und der Entstehung aller wichtigen Weltreligionen basieren auf der Intervention nicht-irdischer und unbekannter irdischer Kräfte
- das amerikanische Raumfahrtprogramm ist Teil einer verdeckten Verschleierungsoperation
- Menschen wurden absichtlich getötet, um u.a. die Geheimhaltung der o.g. Zusammenarbeit zu gewährleisten. CIA und NSA sind so tief in derartige Aktivitäten verstrickt, daß eine Enthüllung der Fakten zu einem Kollaps der notwendigen Basis zum Betrieb entsprechender Einrichtungen und deren Machtstrukturen führen könnte
- unsere Zivilisation ist nur eine von vielen, die im Laufe der letzten Millionen Jahre existier(t)en
- von den 40 oder mehr verschiedenen außerirdischen Rassen, die gegenwärtig unseren Planeten be- oder besser heimsuchen, werden als wichtigste Spezies folgende Rassen genannt:

Die Grauen

- **Typus 1:** ca. 1,30 m groß, großer Kopf, große „Schlitzaugen“, „verehren“ Technologie und kümmern sich eigentlich nicht wirklich um uns. Hierbei soll es sich um den Typus handeln, den Strieber in *Communion* beschreibt.
- **Typus 2:** allgemeines Erscheinungsbild erinnert stark an Typus 1, mit unterschiedlicher Anordnung der Finger und abweichender Physiognomie. Im Allgemeinen als wesentlich „kultivierter“ als Typus 1 zu bezeichnen. Typus 2 besitzt eine Art Gemeinschaftsgefühl und verhält sich passiver. Unbekannt ist, ob die Nahrungsaufnahme wie bei Typus 1 ebenfalls durch die Haut vorgenommen wird und dabei vergleichbare Substanzen benötigt werden.
- **Typus 3:** gleicher Basistypus wie 1 und 2. Dünnere Lippen. Verhält sich unterwürfig gegenüber Typus 1 und 2.

Andere Entitäten, die ebenfalls als „Besucher“ unseres Planeten genannt werden:

- **Die „Blonden“**, „Schweden“ oder „Nordics“ auch „Aryans“: humanoide, teilen mit nordeuropäischen Bevölkerungsgruppen vergleichbares Erscheinungsbild. Blonde Haare, blaue Augen. Halten sich streng an einen (unausgesprochenen) „Nichteinmischungspakt“ und stellen damit keine wirkliche Hilfe für uns dar. Ein Eingreifen der „Nordics“ sei nur denkbar, wenn die Aktivitäten der „Grauen“ auf unserem Planeten eine Gefahr für andere Bereiche des Universums darstellen würde.
- **Interdimensionale Entitäten:** mit einer Vielzahl von Erscheinungsformen. Grundsätzlich friedfertiger Natur.

- **Kleine Humanoide (Zwerge):** 50 cm bis 80 cm groß, blauhäutig, regelmäßig in einem Gebiet nahe Chihuahua (Mexico) gesichtet (auch in den Berichten Striebers erwähnt - Anm. d. Verf.)
- **sehr große Rasse:** 2,30-2,60 m groß, ansonsten uns sehr ähnlich. Stehen auf ungeklärte Weise mit den „Nordics" in Verbindung
- **Klone der „Nordics":** ebenfalls uns sehr ähnlich, allerdings ist ein „Grauschimmer" der Haut dieser Klone zu nennen. Kindliche Mentalität. Eine Art „Drohnen", die für unbestimmte Zwecke von den Grauen geschaffen wurden
- **Men-In-Black (M.I.B.):** olivfarbene Haut, orientalisches Erscheinungsbild. Stark lichtempfindliche Augen. Vertikale Pupillen. Im manchen Fällen auch sehr blaß. Gewöhnlich trägt dieser Typus die unverwechselbare schwarze Kleidung, fährt schwarze Fahrzeuge und trägt Sonnenbrillen. Beim Auftreten als Gruppe tragen alle dieselbe Art Kleidung. Oft wirken M.I.B.s desorientiert. Psychologische Fangfragen oder eine Unterbrechung des ihnen von unbekannter Stelle vorgegebenen Handlungsablaufs rufen starke Unsicherheit und irrationale Verhaltensweisen hervor. Die M.I.B.s schüchtern bevorzugt UFO-Zeugen ein und geben sich hierzu in vielen Fällen als Regierungsbeamte aus. Ein Äquivalent zur CIA also, mit unbestimmter Herkunft und Zielsetzung.

Gerüchten zufolge könnte eine Quelle der Krill-Papiere John Lear, Flugkapitän einer großen US-Fluglinie und Sprößling von William P. Lear, dem Konstrukteur des weltbekannten Lear-Jets sein. Lear, der nach eigenen Angaben bereits über 160 verschiedene Typen von Luftfahrzeugen in über 50 verschiedenen Ländern geflogen hat, ist Inhaber von 17 Geschwindigkeitsweltrekorden und der einzige Pilot, der jemals alle Fluglinien-Zertifikate der amerikanischen Bundesluftfahrtbehörde inne hatte. Zudem hat er in der Vergangenheit verschiedene Missionen für die CIA und andere amerikanische Bundesbehörden geflogen. Lear - der einigermaßen „gewagte" UFO-Hypothesen unterstützt - wurde auf das Phänomen anläßlich eines Gesprächs mit Air-Force-Personal aufmerksam, welches Zeuge der, in UFO-Kreisen viel diskutierten angeblichen UFO-Landung auf der Bentwaters Air Force Base nahe der englischen Hauptstadt geworden war.

Hier einige der Thesen Lears:

- Die „furchtbare Wahrheit" wird von der U.S. Regierung seit über 40 Jahren vor der Weltöffentlichkeit geheimgehalten. Unglücklicherweise ist diese Wahrheit viel furchtbarer, als es diese Regierung selbst wahrhaben will.
- So habe Deutschland „bereits 1939" (siehe Text von Milton William Cooper, der in Bezug auf diese Zeitangabe um einige Jahre abweicht - Anm. d. Verf.) eine fliegende Untertasse geborgen. General James H. Doolittle flog 1946 nach Schweden, um eine in Spitzbergen abgestürzte Scheibe zu inspizieren.
- Die bereits angesprochene „Wahrheit" war ursprünglich nur wenigen Personen bekannt: so existierten tatsächlich „häßliche" kleine Kreaturen mit dem Aussehen einer „Gottesanbeterin", die möglicherweise einen Entwicklungsvorsprung von Milliarden Jahren vor uns haben. Einige Mitglieder der o.g. Gruppe began-

gen Selbstmord, der prominenteste unter ihnen war vermutlich General James V. Forrestal, der aus dem 16. Stockwerk eines Hospitals zu Tode stürzte und dessen medizinische Unterlagen bis zum heutigen Tage unter Verschluß gehalten werden. In Folge der Ereignisse habe die U.S. Regierung strikte Geheimhaltung des Themas befohlen.

- Am 30. April 1964 fand die erste Kommunikation zwischen den Aliens und der U.S. Regierung auf einem eigens präparierten Teilstück der Holloman Air Force Base in New Mexico statt. Drei „Untertassen" landeten, und ihre Insassen hielten ein Treffen mit Offizieren des Nachrichtendienstes ab.
- Während der Jahre 1969-1971 traf MJ-12, die berühmt-berüchtigte Institution der U.S. Regierung, mehrere Abkommen mit den Aliens. Der Begriff EBE (Extraterrestrial Biological Entity, also außerirdische biologische Entität) wurde von Detley Bronk, Gründungsmitglied von MJ-12 und sechster Präsident der John-Hopkins-Universität geprägt. Teil der Abkommen war der bereits behandelte Technologietransfer gegen Nichteinmischung bei Entführungen und Viehverstümmelungen.
- Merkmale dieser Entführungen seien unter anderem:
  f) Das Einführen einer kugelförmigen Einrichtung im Durchmesser von 3 mm durch die Nasenhöhle in das Gehirn des Entführten. Diese Sonde dient zur biologischen Überwachung, Lokalisierung und Steuerung des Entführten.

Implementation einer posthypnotischen Suggestion (ähnlich der, aus verschiedenen Spionagethrillern bekannten „schlafender Agenten" - Anm. des Verfassers), eine bestimmte Aktivität während einer vorgegebenen Zeitspanne auszuführen, vermutlicher Aktivierungszeitraum: die nächsten 2 bis 5 Jahre.
Umfunktionieren bestimmter Personen als lebende „Ersatzteillager" zur Gewinnung biologischen Materials und entsprechender Substanzen.
Ausschalten von Individuen, die eine Bedrohung der Kontinuität außerirdischer Aktivitäten darstellen könnten.
Ausführen genetischer Experimente.
Extrakorporale Insemination menschlicher Frauen und frühzeitiger Abbruch der auf diese Weise herbeigeführten Schwangerschaften zum Ziel der Erzeugung von Hybrid-Kreuzungen.

- Die EBE leiden, Berichten zufolge, an einer genetischen Störung ihres Verdauungssystems, welches verkümmert und nur bedingt funktionstüchtig ist. Es gibt Spekulationen, daß die EBEs vielleicht der Strahlung einer Art Nuklearkrieg ausgesetzt waren oder die Störung Teileffekt einer regressiv verlaufenden evolutionären Entwicklung sein könnte. Zur Selbsterhaltung seien SIE gezwungen, ein Enzym oder hormonelles Sekret zu verwenden, das aus von Menschen oder Kühen entnommenen Gewebeteilen gewonnen werde
  (als Bemerkung wird hier angeführt, daß Kühe und Menschen genetisch vergleichbar seien und im Falle eines nationalen Notstands Kuhblut als Blutersatzstoff benutzt werden könnte - meine skeptische Rückfrage beim zustän-

digen Gesundheitsamt ergab folgende humorvolle Aussage: „Vielleicht (Originalton fränkisch) bei menschlichen 'Rindviechern' ...", es gäbe zwar bereits seit dem ersten Weltkrieg Blutersatzstoffe, die aber völlig synthetisch hergestellt werden könnten, also die Gefahr von BSE ebenfalls ausschließen würden. Da ich es ganz genau wissen wollte, wandte ich mich an den Leiter des Instituts für Mikrobiologie, Biochemie und Genetik der Friedrich-Alexander-Universität Erlangen-Nürnberg, Hr. Prof. Dr. G.H. Fey. Dieser teilte mir mit, daß das Ausmaß der Ähnlichkeit von Genen verschiedener Spezies davon abhänge, wie man „Ähnlichkeit" definiere. Die Histon-Gene des Menschen und des Rindes seien zwar zu 95% und die Globin-Gene ca. 50 - 60% identisch. Auch die Struktur des Rinder-Hämoglobins gleiche der des Menschen in der Tat sehr, und seine Funktion sei äquivalent. Trotz der großen Ähnlichkeit würde es aber bei einer Transfusion zu einer immunologischen Abwehrreaktion kommen, da daß Rinder-Hämoglobin vom menschlichen Immunsystem als „fremd" erkannt würde und sich nach einiger Zeit gegen diese fremden, sogenannten „allo-antigenen" Determinanten Antikörper bilden würden. Die angesprochene Vorgehensweise würde also nur im Notfall und nur kurzfristig Abhilfe schaffen, aber keine dauerhafte Lösung des Problems bieten. Zu Transplantationszwecken könne man heutzutage auch rekombinantes, gentechnisch hergestelltes humanes Hämoglobin einsetzen, aber selbst dabei gäbe es noch immunologische Abwehrreaktionen. Zur Auffrischung des Hämoglobinspiegels eines Patienten könne man zudem rekombinantes Erythropoietin verabreichen, ein blutbildendes Hormon, welches zur Neusynthese von Erythrozyten und Hämoglobin führe. - Anm. d. Verf.)

Dieses Sekret würde im weiteren Verlauf mit Wasserstoffperoxyd vermischt und als Lösung durch die Haut der EBEs aufgenommen und in deren Körper absorbiert, Exkrete des Verdauungsvorganges würden dann ebenfalls über die Haut ausgeschieden (Ursache für den von Entführten auf Fahrzeugen der Fremden wahrgenommene rätselhafte intensive Geruch nach Zimt und Käse? - Anm. d. Verf.).

Eine der ersten verzeichneten Verstümmelungen an Menschen betraf Sgt. Jonathan P. Louette, der 1956 auf dem White Sands Raketentestgelände stationiert war. Die Leiche Sgt. Louettes wurde drei Tage, nachdem ein Air Force Major auf der Suche nach Raketentrümmern Zeuge seiner Entführung durch ein „untertassenförmiges" Objekt geworden war, aufgefunden. Ähnlich wie bei den dokumentierten Viehverstümmelungen waren die Genitalien Louettes und seine Augen ohne Zellverletzung chirurgisch präzise entfernt worden. Kein Tropfen Blut war im Körper des Entführten zurückgeblieben. Indizien deuten darauf hin, daß derartige Eingriffe in den meisten Fällen vorgenommen wurden, während das Opfer, ob Mensch oder Tier, noch am Leben war.

Lear sieht zusammenfassend das Szenario eines Invasionsplanes der Außerirdischen, vor allem zum Ziele der Erhaltung der hier befindlichen Ressourcen und Annehmlichkeiten nicht in Massenlandungen von mit Strahlenwaffen bewehrten Aliens. Vielmehr würde eine derart fortgeschrittene Zivilisation ihren Plan bereits ausgeführt haben, bevor die Tragweite des Geschehens selbst von einer Handvoll bestens informierter, vielleicht sogar unfreiwilliger Kollaborateure bemerkt würde.

Ich möchte Ihnen auch den Rat nicht vorenthalten, den Lear allen Fans einer „Unheimliche Begegnung der dritten Art“ gibt: „Das nächste Mal, wenn Sie einer fliegenden Untertasse, bestückt mit allen Attributen einer fortgeschrittenen Technologie und einer Auswahl Lichter reinster Farben gewahr werden - LAUFEN SIE, WAS SIE KÖNNEN!“

Die Enthüllungen des „Nordic“

Ein weiterer Teil der Krill-Papiere beinhaltet die Niederschrift eines Kontakts des UFO-Forschers George Andrews zu einem „Nordic„, der über eine nicht näher bezeichnete Kalifornierin zustande gekommen sein soll. Leider wird aus dem Begleittext nicht klar, ob es sich dabei um ein persönliches Gespräch mit dem Fremden oder eine Channeling-Botschaft handelte.

Hier die Botschaft des „Nordic“, die ich wiederum weitgehend unkommentiert lassen möchte: „Eine Kultur, die im Begriff ist, einen Planeten zu erobern, wird kaum mit einer Unzahl von Schiffen am Himmel erscheinen und dabei die Gefahr eingehen, beschossen zu werden. Diese Art der Kriegsführung bleibt weniger weit entwickelten Lebewesen vorbehalten. Sinnvoller erscheint es, dafür zu sorgen, daß die eigene Präsenz in Frage gestellt wird, und auf diese Weise intensivste Verwirrung und Kontroversen unter der Bevölkerung des Zielplaneten zu stiften.“

„Die ‘Grauen’ sind heimtückische kleine Teufel. Sie haben mit uns dasselbe gemacht, was sie auch Euch antun wollen. Ihr befindet Euch nicht dicht vor dem Beginn einer Invasion, Ihr erlebt das Endstadium dieser Invasion.“

„Wie würdet Ihr bei einer Invasion vorgehen? (Im Dokument wird auf die Schilderung des vollständigen Operationsplans der „Grauen“ verwiesen, aber leider nicht im Detail aufgeführt - Anm. d. Verf.) Man würde zunächst die geheimsten und mächtigsten Einrichtungen einer Gesellschaft unterwandern. Im Falle der Vereinigten Staaten also z.B. die CIA. Dann würde man einige Schlüsselpositionen übernehmen und ebenso beim KGB vorgehen.“

„Als nächstes gilt es, einen möglichst großen Dissens zwischen großen Teilen der Bevölkerung zu schaffen - also einige Gruppen, die behaupten UFOs gesehen zu haben, und andere, die das strikt bezweifeln. Die zwei größten Nationen werden in einen andauernden idiotischen philosophischen Zwist gestürzt, die zu Beispiel die Sowjetunion und die Vereinigten Staaten in konstante territoriale Streitigkeiten um irgendeinen Flecken Land (Iran oder Afghanistan) oder in die Klärung der Frage, welcher der beiden zuerst einen Teil seiner atomaren Waffen abzubauen habe, verwickelt. Dann kann man sich ruhig zurücklehnen und sich ins Fäustchen lachen - sofern man überhaupt die Fähigkeit zu lachen entwickelt hat.“

„Dann präsentiert man sich einer Gruppe, die in der Lage ist, Schutz zu bieten (der CIA oder MJ-12) und wiegt sie in dem Glauben, sie hätten ein Stückchen geheimere Geheimnisse und ein umfassenderes Wissen über etwas gewonnen als alle anderen auf dem Planeten. Im Gegenzug verpflicht man diese Leute zur strikten Geheimhaltung, und lockt sie auf diese Weise, im Vertrauen auf deren Gier und Dummheit, in die Falle. Natürlich gilt auch dies wieder für beide genannten Parteien.“

„Als nächsten Zug zeigt man sich einem großen Teil der Bevölkerung, um dieselben Teile der Regierungen in Zugzwang zu setzen, diese Fakten geheimzuhalten und zu verhindern, daß weitere Informationen über UFOs bekannt werden. Idealerweise bringt Ihr bestimmte Kräfte so weit, UFO-Kontaktierte eliminieren zu wollen, sollten diese Willens und in der Lage sein zu enthüllen, daß die CIA im selben Spiel mitmische wie der Kontaktierte selbst. Dies ist ein sicherer Weg, den größten Teil der Bevölkerung dazu zu bringen, der eigenen Regierung mit tiefstem Mißtrauen gegenüberzustehen"

„Günstig in diesem Zusammenhang ist es, den reicheren Bevölkerungsteil gegen die „Habenichtse" aufzuwiegeln. Auf diese Weise ist die Saat einer permanenten Unzufriedenheit gesät."

„Möglicherweise initiiert man einige Landungen zu einem vorher genau festgelegten Zeitpunkt. Natürlich muß im Vorfeld sichergestellt werden, daß man bereits völlige Kontrolle über den Planeten ausübt. Der Weg ist nun frei, unbehelligt Kreuzungen zwischen der ansässigen Rasse und Eurer eigenen herstellen zu können, Generation für Generation."

„Einige „Leckerbissen" sollte man natürlich einer Regierung schon anbieten - z.B. ein „Star War"-System. So lockt und ärgert man die Sowjetunion mit einem Lasersystem, das viel weiter entwickelt ist, als es deren eigenen Wissenschaftler sich nur erträumen können."

„In ein oder zwei Jahrhunderten haben sich die 'Grauen' physisch mit Eurer Rasse vermischt, und die so entstandenen Hybridwesen aus beiden Rassen können sich auf Eurem Planeten frei bewegen. Das vereinfacht die Angelegenheit wesentlich und verhindert eine Massenpanik."

„Jeder, der Erfahrungen mit ihnen (den „Grauen") gesammelt hat, wird der Regierung suspekt sein. Zudem wird eine Phase der gesellschaftlichen Umwälzung von der nächsten abgelöst werden."

„Der innere Kreis der CIA wird vollständig von den 'Grauen' kontrolliert. Die CIA sieht in der Zusammenarbeit mit den 'Grauen' eine Chance, sich einen riesigen wissenschaftlichen Vorsprung zu sichern."

„Grund für das unterschiedliche Erscheinungsbild der beobachteten UFOs ist das Interesse vieler Kulturen an der Beobachtung der weiteren Entwicklung auf der Erde. Wissenschaftler der verschiedensten Kulturen sind zu diesem Grund auf den Schauplatz erschienen."

„Die 'Grauen' haben nicht nur die Kontrolle über die Geheimdienste übernommen, sie kontrollieren auch die Kreise, die diese Dienste gerne als „UFO-gläubige Randgruppen" bezeichnen."

Soweit die Auskünfte des „Nordic". Es folgt folgender Kommentar der Quelle dieser Informationen:

„Das ultimative Böse verbirgt sich hinter einer Maske psychologischer Selbstzufriedenheit, welche dazu führt, eher einer Gruppenphilosophie anzuhängen, als den eigenen Erfahrungshorizont ausdehnen zu wollen. Sobald man der Zugehörigkeit zu einer „auserwählten Gemeinschaft" gewahr wird, ist der erste Schritt zum Untergang bereits getan. Dies ist die Saat der Zerstörung jeder Gemeinschaft und Kultur und macht diese verwundbar. An dieser Gefahr könnten auch die 'Grauen' scheitern. Sie weigern sich, ihre Fehler zu erkennen - an der Schwäche, auf die die 'Grauen' bauen, zeigt sich deren eigene Schwäche. Der Versuch, einen 'Grauen', den kultischen

Typus der 'Sternensaat' oder einen CIA-Angehörigen 'bekehren' zu wollen, muß von Anfang an zum Scheitern verurteilt sein. Die begonnene Entwicklung ist nicht mehr aufzuhalten...aber es ist der unabhängige Geist, welcher bewirkt, daß ein Einzelner aufsteht und seine Unzufriedenheit über etwas artikuliert, das offensichtlich unwahr und falsch ist, und welcher den Dorn in der Seite der 'Grauen' und der anderer Kräfte darstellt, die mit den 'Grauen' alliiert sind."

Die Entstehung eines Mythos am Beispiel „Philadelphia Experiment"

Natürlich sollen auch kritische Stimmen in diesem Buch zu Worte kommen. Theorien, die den bereits geschilderten stark ähneln, entwickeln oft eine Art „Eigenleben", d.h., ab einer gewissen Stufe ist nicht einmal mehr die Quelle der Daten, die der Theorie zu Grunde liegen, feststellbar. Das Fehlen glaubhafter Zeugenaussagen wird oft durch Einsatz eines „Verschwörungsszenarios" verschleiert. Die Geheimhaltung, die die U.S. Regierung - aus welchen Gründen auch immer - dem Thema verordnet hat, bildet den idealen Nährboden für Gerüchte aller Art. Seltsam mutet allerdings an, daß auch keinerlei Anstrengungen unternommen werden, besonders den üblen - mit entsprechenden Recherchen und Mitteln eines gezielten Einsatzes der einer Regierung zur Verfügung stehenden Einrichtungen, „leicht" zu widerlegenden - „Horror-Stories" Paroli zu bieten und somit die Öffentlichkeit vor einer gezielten Desinformationskampagne und deren Folgen zu schützen.

Dr. J.F. Vallee hat am Beispiel des „Philadelphia Experiments" versucht, glaubhaft darzulegen, wie sich ein ursprünglich möglicherweise völlig belangloses Geschehen zu einem „Phänomen" entwickeln kann, das geeignet ist, fortan Stoff für viele Abhandlungen zu bieten. Dr. Vallee hat mir freundlicherweise gestattet, seine Abhandlung in vollem Umfang in dieses Buch übernehmen zu dürfen.

Beim sogenannten „Philadelphia-Experiment" handelte es sich um das angeblich paranormale Verschwinden eines Zerstörers der US-Marine aus der Werft des Marinestützpunktes von Philadelphia im Spätsommer 1943, mit darauffolgenden Hinweisen, daß es zu offiziellen Kontakten mit außerirdischen Mächten gekommen sei. Behauptungen eines angeblichen Zeugen dieses Vorfalls, der ein von Albert Einstein überwachter, geheimer Test der US-Marine gewesen sein soll, sind mehrmals als Betrug entlarvt worden. Vallee hat einen Mann interviewt, der damals auf einem Schwesterschiff des fraglichen Zerstörers diente, in der Nacht des angeblichen Verschwindens an Ort und Stelle war und für die Vorgänge des angeblichen Verschwindens eine einleuchtende Erklärung zu bieten hat.

Doch die Besonderheiten dieses Falles haben sich als hartnäckiger Bestandteil der UFO-Literatur erwiesen und werden nun für eine neue Generation von Lesern in neuer Fassung aufbereitet. Anhand dieses Vorfalls, ein Musterbeispiel erfolgreicher Irreführung, werden von Vallee dreizehn Parameter aufgezeigt, die für die verblüffende Langlebigkeit des angeblichen Phänomens während der letzten fünfzig Jahre verantwortlich waren. Der Artikel Vallees vergleicht Besonderheiten dieser Machenschaften mit anderen fragwürdigen Episoden in UFO-Überlieferungen; ergänzend macht er Vorschläge für geeignete Maßnahmen, derartige Machenschaften frühzeitig zu erkennen, ihnen entgegenzutreten und als Fälschungen zu entlarven.

In seinem neuen autobiografischen Buch *Forbidden Science* („Verbotene Wissenschaft"), summiert Vallee, der sich selbst scherzhaft als „Häretiker unter Häretikern" bezeichnet, seine Sicht der Herkunft von UFOs auf - Theorien, die er während seiner jahrzehntelangen Forschungsarbeit entwickelt hat: „Das UFO-Phänomen ist existent. Es hat uns während unserer ganzen Geschichte begleitet. Es ist physischer Natur und bleibt im Zusammenhang mit den Möglichkeiten unserer zeitgenössischen Wissenschaft ungeklärt. Es stellt eine Ebene des Bewußtseins dar, die wir bisher noch nicht erkannt haben und die es ermöglicht, unabhängig von Zeit und Raum Dimensionen, so wie wir sie verstehen, zu manipulieren...

Das Phänomen beeinflußt unser eigenes Bewußtsein auf eine Weise, die wir nicht annähernd begreifen können... Ich wäre enttäuscht, sollten sich UFOs tatsächlich als nichts anderes als „bloße" Raumfahrzeuge entpuppen."

So viel zu mit Anti-Schwerkraft betriebenen Sternenschiffen vom „großen Bruder" aus dem All. Vallee meint, daß UFOs möglicherweise „Fenster" zu - von intelligenten, oft boshaften, jedoch immer rätselhaften Wesen manipulierten - anderen Dimensionen sein könnten, die wir erst noch verstehen lernen müssen.

Kein anderer Erforscher des UFO-Phänomens hat mehr zur Arbeit an dem zugegebenermaßen kontroversen Feld beigetragen. Aber Vallee ringt vielen ein hohes Maß an Respekt ab, das seine Kollegen ein bißchen neidisch werden lassen muß. Sogar Philip Klass, der Luftfahrtelektronikexperte und UFO-Wegerklärer-Papst nennt Vallee „ein hervorragendes Mitglied der Pro-UFO Gemeinschaft." „Vallee," fügt er hinzu „ist einer der intelligenteren Physiker, die an UFOs glauben..."

Vallee begab sich in den frühen 60er Jahren im Rahmen eines „Astronom-wird-Informatiker-Projekts" aus seiner Heimat Frankreich nach Amerika. Vallee leistete Pionierarbeit in Bezug auf den Einsatz von Computern bei der Analyse und Kategorisierung des UFO-Phänomens, und sein 1965 erschienenes Buch *Anatomie eines Phänomens* wird noch heute als eines der gelehrtesten Bücher zu UFOs, die jemals veröffentlicht wurden, angesehen. An der Northwestern University assistierte Vallee Prof. J. Allen Hynek, dem akademischen Berater des berüchtigten Luftwaffenprojekts Bluebook, welches von den meisten UFO-Forschern entweder als halbherziger Versuch der Regierung, den „UFO-Fimmel" der 50er und 60er Jahre einzudämmen, oder als voll in die Hose gegangener Versuch eines UFO-Coverups angesehen wird. Während seiner Arbeit mit Hynek stellten Vallee und seine Frau Janine die allererste Computerdatenbank von UFO-Sichtungen zusammen.

1969 veröffentlichte Vallee ein anderes Aufsehen erregendes Buch, *Passport to Magonia*, in dem er einen Grundstock folkloristischer Mythen aufstellte, die auf bemerkenswerte Weise Ähnlichkeiten moderner UFO-Begegnungen zu keltischen Sagen von Entführungen ins Feenland bis zu Passagen der Bibel und mittelalterlichen Chroniken von „Besuchern" aufdeckten. Auf Carl G. Jungs These aufbauend, daß UFOs ein soziologisches Phänomen seien, zwar reale, stoffliche Erscheinungen, aber mehr im Sinne synchronistischer Projektionen des kollektiven Unterbewußtseins, verließ Vallee die Reihen derer, die sich immer noch an die Theorie der aus dem Weltall stammenden Außerirdischen klammerten. Seine folkloristische Annäherung an das Problem beeinflußte eine Anzahl späterer Forscher und Schriftsteller wie den Bestseller-Autor Whitley Strieber, den Harvard-„Entführungsopfer-

Psychologen" John Mack und den Journalisten Keith Thompson (Autor von *Angels and Aliens*), die seine Ideen über mehrdimensionale Formen des Bewußtseins aufnahmen.

Auffallend bei der Erforschung paranormaler Phänomene sei der oft damit einhergehende, schädliche Einfluß bewußter Irreführungen. Dabei gehe es nicht um fehlende Authentizität einzelner Berichte, wie sie in jedem Forschungsbereich vorkommen, sondern darum, daß diese Berichte mit Feuereifer sofort - ohne anstrengende Verifizierung - zum Gegenstand von Betrachtungen - selbst anerkannter Forscher - gemacht würden. Offene Kritik an derartigem Verhalten, allerdings oft unsachlicher Natur, bleibe nicht aus, werde jedoch in den meisten Fällen, ob zurecht oder unrecht, als ein Angriff auf die Integrität oder Intelligenz der Befürworter des jeweils diskutierten Falles fehlgedeutet. Im weiteren Verlauf reagierten die kritisierten Personen dann defensiv - mit einer Verhärtung ihrer Position nämlich. Wer die vorliegenden „Beweise" dann weiterhin in Frage stelle, werde dann zumeist als Skeptiker oder professioneller „Debunker" abgestempelt und berechtigte Einwände mit Angriffen persönlicher Natur beantwortet. Medien, besonders in Amerika, trügen dazu bei, dieser Art von Berichten den Anschein von Seriösität zu verleihen, so daß aufgebauschte Darstellungen im Endeffekt zum einzigen „Wissen" über paranormale Phänomene würden, welches in der Öffentlichkeit diskutiert werde.

Im deutschsprachigen Raum dienen, im krassen Gegensatz hierzu, derartige Berichte nur zur „Volksbelustigung", vor allem in der sogenannten „Saure-Gurken"-Zeit; selbst Aussagen direkter Augenzeugen werden von Anfang an der Lächerlichkeit preisgegeben.

Noch bemerkenswerter aber sei es, daß gezielte Irreführungen eine Art Eigenleben entfalten. In der Öffentlichkeit schenke man ihnen in bestimmten Kreisen auch dann noch Glauben, wenn man selbst aufgrund überwältigender Daten sämtlicher Fachleute übereinstimmend zu der Überzeugung gelangen müßte, daß die ursprünglichen Argumente jeder Grundlage entbehren. Für die Arbeit der Forscher sei dies ein erhebliches Erschwernis, nicht nur, weil die Unzuverlässigkeit der Berichterstattung stark auf den Forschungsbereich abfärbe, sondern auch, weil viel Aufwand vonnöten sei, Außenseitern den wahren Sachverhalt zu vermitteln und falsche Darstellungen zu korrigieren.

Aus soziologischer Sicht seien Irreführungen allerdings von beträchtlichem Interesse. Sie ermöglichten tiefe Einblicke in die vorgefaßten Meinungen von Anhängern und Skeptikern gleichermaßen. Sie erhellten Beweggründe der Urheber von Machenschaften und die Aufnahmebereitschaft der Zielgruppe. Wenn Irreführungen erfolgreich sein sollen, müßten sie glaubwürdig und relevant sein. Diejenigen, die trotz klarer Gegenbeweise Bestand hätten und trotz eindeutiger Entlarvung der Urheber und ihrer Methoden aufrecht erhalten werden, würden besondere Merkmale aufweisen. Oft würden tief im Innern der Einzelnen verwurzelte Bilder in die Köpfe der Allgemeinheit projiziert und erzeugten nicht zuletzt dadurch auch in den gebildeten Schichten entsprechende Resonanz. Fernsehsendungen über solche Theorien erzielten dann in den USA hohe Einschaltquoten zu den besten Sendezeiten.

Auf subtile Weise würden wir dadurch alle davon berührt, ob wir das zugeben wollen oder nicht. Zu den Opfern gehörten Menschen mit höherer Bildung, oft sogar mit wissenschaftlicher Ausbildung genauso wie die sogenannte breite Masse. Norman Mailer brachte es auf die Formel:

Wenn das Lügen eine Kunst ist, dann ist die raffinierte Lüge hohe Kunst.

(Mailer, 1991)

In der heutigen Ufologie wimmele es von erwiesenen oder mutmaßlichen Irreführungen. Die dramatischen Schilderungen von UMMO in Spanien seien typisch für die Art von Berichten, die einfach überwältigend seien, mit Implikationen, die so tiefgründig erschienen, daß Anhänger durch keinerlei vernünftige Argumente davon abzuhalten wären, an sie zu glauben. Eindeutigen Beweisen, daß Betrug im Spiel sei, werde erfolgreich entgegengehalten, daß eine wahrhaft überlegene fremde Zivilisation gefälschte Fotos oder falsche Vorhersagen selbst in Umlauf gebracht haben könnte, um die Glaubensfestigkeit ihrer irdischen Gefolgschaft zu testen. Dieses Argument finde sich tatsächlich in einigen UMMO-Dokumenten, angeblich von den fremden Wesen selbst vorgebracht. [34]

Soziologen haben seit längerem festgestellt, daß eine Entlarvung in solchen Fällen sogar bewirken kann, den Kern eines Glaubenssystems zu stärken, auch wenn sie aller Vernunft Hohn spricht. In der Regel wird nur die äußere Anhängerschicht „abgesprengt". [35]

Im Mittelpunkt des Vallee-Artikels steht ein seiner Meinung nach besonders widerstandsfähiges Lügengespinst, das sämtliche wichtigen Merkmale einer erfolgreichen Irreführung aufweist und uns in die Lage versetzen soll, alle Details analysieren zu können. Im Zuge dieser Untersuchung ist Vallee bestrebt, eventuelle Parallelen zu anderen UFO-Berichten bzw. zu Gerüchten mit ähnlichen Merkmalen aufzuzeigen.

Vallee bemerkt, daß, wird in geselligem Beisammensein das UFO-Phänomen beiläufig ins Gespräch gebracht, man meist von anderen zu hören bekommt, welche „tatsächlichen Vorkommnisse" im Fernsehen erörtert wurden, zum Beispiel in der amerikanischen Sendung ‚Sightings' oder in 'Unsolved Mysteries'.

Der angebliche UFO-Absturz bei Roswell, die MJ-12-Dokumente würden dabei genauso Erwähnung finden wie diverse sensationelle Berichte über Entführungen. Dann, gewissermaßen als Krönung des Ganzen, kommt vielleicht die Frage: „Übrigens, gab es nicht mal, in der vierziger Jahren, einen geheimen Test der US-Marine, bei dem ein ganzer Zerstörer völlig verschwand?"

Ein anderer mag ergänzend mitteilen, daß Einstein dabei seine Hand im Spiel gehabt haben soll und viele seriöse Forscher dieses Ereignis für den Schlüssel zur Erklärung von UFOs hielten. So werde man einmal mehr mit der „haarsträubenden" Geschichte des „Philadelphia-Experiments" konfrontiert.

Diese Geschichte, die gerade ihren 50. Geburtstag feiert, sei, so Vallee, ein gutes Beispiel für gezielte Irreführung, deren Hintergründe mittlerweile völlig aufgedeckt seien. Dies sei der sich über viele Jahre erstreckenden unermüdlichen Nachforschung solcher Menschen zu verdanken, die zwar anfänglich von der Geschichte fasziniert waren, dann jedoch auf immer seltsamere Behauptungen mit zunehmender Skepsis reagiert hätten.

Während der 50 Jahre, die seitdem vergangen sind, habe die Geschichte enormen Einfluß auf die Meinungsbildung der Öffentlichkeit gehabt: Ein Buch des Bestsellerautors Charles Berlitz und des altgedienten UFO-Forschers William L. Moore ist zum Standardwerk geworden [36]

Gewidmet ist das Buch „Jenen Wegbereitern der Wissenschaft, deren Suche nach neuen Erkenntnissen sie zu den entferntesten Sternen und zu den innersten Welten führt". Ein Spielfilm des Regisseurs Stewart Raffill kam 1984 in die Kinos, mit Michael Pare in der Rolle des verschwundenen Matrosen. Der dramatische Inhalt der Handlung wurde noch gesteigert durch die Wirkung auf mehrere UFO-Forscher, darunter auch Morris K. Jessup.

Zusätzliche Glaubwürdigkeit erhielt die Geschichte durch das offenkundige anfängliche Interesse des „Office of Naval Research" (Büro für Marineforschung) und durch den Schleier der Geheimhaltung.

Die Geheimhaltung von offizieller Seite, oft nur das Resultat bürokratischer Verfahrensweisen, wurde von Anhängern der Thesen von Berlitz, Moore und anderen gern als Beweis dafür bewertet, daß etwas vertuscht werden soll, was wiederum die ins Kraut schießenden Spekulationen berechtigt erscheinen lasse. Vertieft wurde das Mysterium auch durch die rätselhafte Persönlichkeit des Mannes, der sich als Hauptzeuge ausgab, mit direktem Zugang zu außerirdischen Intelligenzen: Carl M. Allen alias Carlos Allende.

Vallee will nicht noch einmal den Betrug aufdecken, sondern ihn in seine wesentlichen Bestandteile zerlegen, durch die es über einen so langen Zeitraum gelang, den Betrug am Leben zu erhalten und die Gemüter so vieler Menschen zu bewegen. Er wolle versuchen, den allerletzten „Nagel" in den „Sarg" der Angelegenheit einzuschlagen, indem er dem geneigten Leser die bisher unveröffentlichten Aussagen jenes Mannes zur Kenntnis gebe, der im Juli und August 1943 an Ort und Stelle gewesen sein soll und mit dem Verfasser Kontakt aufnahm, um die Sache endlich - wenn auch einigermaßen spät - richtigzustellen.

Er wolle zudem aufzeigen, wie das „Philadelphia-Experiment", von zeitgenössischen Ufologen bereits als „Schnee von gestern" abgehakt, in aller Stille seine Wiederauferstehung feiere, und zwar in Form des „Montauk-Projekts".

Abschließend wolle er untersuchen, welche Lehren sich aus der Tatsache ziehen ließen, daß sich dieser krasse Betrug ein halbes Jahrhundert lang am Leben erhalten konnte. Vallee habe 13 Merkmale ausgearbeitet, die diese Geschichte glaubhaft erscheinen ließen. Er drückt die Hoffnung aus, daß die aus dieser Studie abzuleitenden Warnsignale auf das Strickmuster durchtriebener Machenschaften und anderer Phantasiegeschichten aufmerksam machen könnten, die heute die mit paranormalen Fragen beschäftigten Forscher in ihren Bann schlagen.

Folgende Merkmale beschreibt Vallee (wobei sich die Ansichten Vallees nicht unbedingt in jedem Fall mit der Auffassung des Verfassers decken):

Merkmal 1 - Präzise und doch erstaunliche „Tatsachen":

Vage Geschichten über Ereignisse, die lediglich seltsam oder außergewöhnlich waren, sind verständlicherweise nicht von langanhaltendem Interesse. Folklore-Experten, Spezialisten für psychologische Kriegsführung und Geheimagenten wissen, daß derartige Geschichten oft konkrete Hinweise auf wichtige Tatsachen enthalten, wissen dann aber auch, wonach zu suchen ist. Die allgemeine Bevölkerung weiß das nicht. Soll eine bewußte Irreführung also mythologische Ausmaße annehmen, wie im Falle des „Philadelphia-Experiments", muß der behauptete, unfaßbare „Tatbestand" wahrhaftig umwerfend und außerdem räumlich sowie zeitlich klar definiert sein.

In dieser Hinsicht war die Situation eindeutig: Der Hauptzeuge berichtete, ein großes Schiff, der Zerstörer DE-173, die „USS Eldridge„, habe das scheinbar Unmögliche vollbracht und sei Ende Juli oder Anfang August 1943 aus dem Marinestützpunkt von Philadelphia verschwunden. Ein geheimes Experiment sei durchgeführt worden mit dem „Ergebnis, daß ein auf See befindliches Schiff, Typ Zerstörer, mitsamt seiner Besatzung völlig unsichtbar wurde" [37]

In einem mir (Vallee - Anm. d. Verf.) 1967 übersandten Brief schrieb der angebliche Hauptzeuge: 'Ich war Zuschauer, ich sah es, ich beobachtete das Entstehen, das Anwachsen, die Aktion und die Reaktion des Vehikels, das dem Superfeld ausgesetzt war.'[38] Matrosen sollen durch das Feld in Mitleidenschaft gezogen worden sein, so daß einige wahnsinnig wurden, andere mysteriöse Krankheiten entwickelten. Zwei der Matrosen verschwanden sogar aus einer örtlichen Bar unter Begleitumständen, die die Serviererinnen zutiefst erschreckten und verwirrten. Das Schiff wurde nicht nur unsichtbar, es wurde außerdem räumlich nach Norfolk versetzt und fand sich dann in unmöglich kurzer Zeit wieder in Philadelphia ein. Während der Zeitspanne der Unsichtbarkeit, so behaupten manche Ufologen, gelang es dem US-Militär, fremde Wesen zu kontaktieren, und es sei zu einer Art Zusammenarbeit gekommen (Berlitz und Moore 1979, Seite 159).

Merkmal 2 - Interessante Zeugen:

Die ersten Informationen über den verblüffenden „Test der Marine" in Philadelphia waren in einer Reihe von Briefen enthalten, die dem Schriftsteller Morris K. Jessup von einem Mann namens Carl M. Allen zugesandt wurden. Dieser Mr. Allen, der auch als Carlos Miguel Allende unterschrieb, verschickte seine Schreiben aus Gainesville, Texas, als seine Adresse aber gab er RD Nr. 1, Box 223, New Kensington, Pennsylvania, an. Er behauptete, über das fragliche Experiment aus erster Hand informiert worden zu sein. Von Jessup darüber in Kenntnis gesetzt, sollen Ermittler der US-Marine die angegebene Adresse aufgesucht haben, dort jedoch nur ein leerstehendes Farmgebäude vorgefunden haben.

Wenn es keine Aufsehen erregenden Hauptzeugen gibt, können Berichte über paranormale Ereignisse noch so sensationell sein, in der Öffentlichkeit und in den Medien werden sie kaum Beachtung finden. Aus diesem Grund werden zuverlässige UFO-Beobachtungen von der Presse oft nicht berücksichtigt. Der Hauptzeuge des bedeutsamen Vorfalls in Trans-en-Provence[39] ist ein stiller, pensionierter Arbeiter, der Publizität meidet und Französisch mit einem derart starken italienischen Akzent spricht, daß er nur schwer zu verstehen ist. Er ist gastfreundlich und stellt sich seriösen Forschern (UFO-Anhängern ebenso wie Skeptikern) nach wie vor zur Verfügung, weigert sich jedoch, an Fernsehsendungen teilzunehmen. Presseinterviews lehnt er meist ab.

Derartiger Stoff gibt für die Medien nicht viel her. Ganz anders sieht es aus, wenn ein Georg Adamski sich als Kontaktler hervortut oder der Schweizer Abenteurer Billy Meier mit einer außergewöhnlichen Karriere als Gelegenheitsdieb, Rennfahrer und Söldner aufwartet.

Hier zeigt sich der wesentliche Unterschied. Zeugen müssen eine interessante, schillernde Persönlichkeit besitzen, sie müssen uns neugierig darauf machen, mehr über sie zu erfahren. Entsprechend wirkungsvoll sind Andeutungen, daß ein Zeuge sich abgesetzt hat, vielleicht, weil er um sein Leben fürchtet oder wichtige Geheimnisse hütet. Der Reiz des Erzählstoffs wird dadurch beträchtlich erhöht.

Carlos Allende hielt sich die meiste Zeit seines Lebens verborgen. Er korrespondierte zwar mit mehreren auf dem Gebiet tätigen Personen, sein genauer Aufenthaltsort konnte jedoch nie ermittelt werden. Im Jahr 1967 schrieb er mir (Vallee - Anm. d. Verf.) aus Dallas, Texas, als Absender gab er jedoch eine Adresse in Minneapolis an. Andere Briefe wurden in Mexiko aufgegeben. Allende blieb bis zum Sommer 1969 eine schwer faßbare Persönlichkeit, doch dann erschien er in Tucson im Büro der „Aerial Phenomena Research Organisation" (APRO, Organisation zur Erforschung von Luftphänomenen) und gestand, daß alles eine gezielte Irreführung gewesen sei. Später widerrief er sein Geständnis. Bill Moore vertiefte die geheimnisumwitterte Angelegenheit, indem er einen großen Teil seines gemeinsam mit Berlitz verfaßten Buches dem mysteriösen Allende widmete.

„Es ist noch immer so gut wie unmöglich, etwas Substantielles über ihn mit auch nur annähernder Gewißheit zu sagen" schrieb er und deutete an, daß der Mann vielleicht unter die Zigeuner gegangen sei. Steiger und Whritenour[40] gingen einen Schritt weiter und fragten unverblümt: Waren Carlos Allende und jene, mit denen er korrespondierte, Abgesandte einer außerirdischen Macht, die sich vor Jahrhunderten auf der Erde niederließen und hier schon vor langer Zeit eine fortgeschrittene Untergrundkultur etablierten (Steiger und Whritenour, op.cit.)?.

Das ganze Geheimnis wurde schließlich mit ausgesprochen irdischen Mitteln gelüftet. Im Juli 1979 entdeckte der Regisseur Robert A. Goerman, der zufällig aus New Kensington, Pennsylvania, stammte, daß einer seiner Nachbarn, der 70 Jahre alte Harold Allen, der Vater von Carl war. Allende, am 31. Mai 1925 in Springdale, Pennsylvania, geboren, hatte keinerlei Zigeunerblut. Er hatte drei Brüder, Frank, Donald und Randolph, sowie eine Schwester, Sarah.

Goermans Nachforschungen werfen kein gutes Licht auf das Leben von Carl Allen. Obwohl er ein herausragender Schüler war, hat er seinen Verstand nie richtig genutzt und bei keiner Arbeit Ausdauer gezeigt, nur - so seine Brüder - wenn es darum ging, andere „hereinzulegen". Goermans Bilanz: Carl Meredeth Allen wurde aus eigenem Antrieb zum Außenseiter. Er hat nichts vorzuweisen außer seiner famosen Geschichte von einem verschwindenden Schiff und dem „legendären Buch“, von dem er sagt, daß er daran als Co-Autor beteiligt gewesen sei. Was das leerstehende Farmgebäude mit der Adresse RD Nr. 1, Box 223, New Kensington, betrifft: Es war nicht leer, und die Familie Allen besitzt das Grundstück noch heute. Die „Ermittler“, die angeblich dort waren, haben vielleicht eine eigene kleine Lüge in die Welt gesetzt.

Etwa im Jahr 1983 zeigte sich Carlos Allende in Denver, wo ihn die mit mir befreundete Wissenschaftsautorin Linda Strand interviewte und fotografierte (Vallée 1991). Sie beschreibt ihn als einen merkwürdigen Typen, der aus der Luft gegriffenes Zeug von sich gab, einige Randnotizen in ihr Exemplar des Buchs von Berlitz-Moore kritzelte und sich dann aus dem Staub machte. Eine Erklärung für das, was er seinerzeit gesehen haben wollte, bot er nicht an.

Merkmal 3 - Angeblich nachprüfbare Beweise:

Der Anschein nachprüfbarer Beweise ist unabdingbar, wenn eine gezielte Irreführung glaubhaft wirken soll. Ich sage „Anschein“, weil - merkwürdigerweise - das tatsächliche Vorhandensein von stofflichem Beweismaterial bei UFO-Anhängern nicht immer zur Erhärtung eines Berichts beiträgt, vielleicht, weil es den Reiz des Geheimnisvollen mindert. Niemand hat bisher Überreste des angeblich gewaltigen UFO-Absturzes bei Roswell vorweisen können, dennoch ist dies der am intensivsten untersuchte Einzelfall in der Geschichte der UFO-Forschung. Er wird heute am häufigsten im Fernsehen erwähnt, während andere Fälle, bei denen physikalische Beweise für Laboranalysen zur Verfügung stehen, bei den Medien und bei UFO-Gruppen nur flüchtiges Interesse wecken.

Ähnlich ist es mit Robert Lazar, der noch immer keine Proben von „Element 115“ vorgelegt hat, von dem er behauptet, es sei von zentraler Bedeutung für das Antriebssystem der erbeuteten fliegenden Untertassen, die - so Lazar - in einer geheim gehaltenen Halle des US - Luftwaffenstützpunktes Nellis untergebracht seien. Das Ausbleiben dieses Beweismaterials hat jedoch das Interesse in UFO-Kreisen eher gesteigert, während andere, größeren Erfolg versprechende Nachforschungen unterblieben.

Nicht anders sieht es bei der Erforschung von Entführungen aus. Von angeblich abgebrochenen Schwangerschaften ist zwar viel die Rede, doch obwohl es dafür bis heute keinerlei physiologische Beweise gibt, werden diese angeblichen Vorfälle vom Gros der Ufologen nicht in Zweifel gezogen.

Eine heute gängige Erklärung besagt, das Fehlen jeglicher physiologischer Spuren beweise einmal mehr die absolute technologische Überlegenheit der fremden Wesen. Im Fall von Carlos Allende sind es seine Briefe, die immer wieder verführerisch vorgaukeln, daß Beweismaterial in Form von Eintragungen im Logbuch, Geheimberichten und Zeugenaussagen vorhanden sei. Doch in der Praxis entzogen sich diese angeblichen Beweise dann immer wieder dem Zugriff unabhängiger Rechercheure.

Merkmal 4 - Dramatische Wendungen:

Die drei bereits erwähnten Merkmale - eine präzise, ungewöhnliche Behauptung, ein interessanter Zeuge und die Verlockung nachprüfbarer Beweise - genügen für das Grundgerüst einer erfundenen Geschichte, aber wenn die Phantasie einer breiten Öffentlichkeit angeregt werden soll, sind weitere Zutaten vonnöten. Ohne sie bliebe die Geschichte eine von vielen, die in der Boulevardpresse und der Fachliteratur kurz auftauchen und wieder verschwinden. Das Publikum will aber wissen: „Und was geschah dann?“

In dieser Hinsicht ist die Philadelphia-Geschichte exemplarisch, denn sie bietet tragische Verwicklungen, merkwürdige Wendungen des Geschehens und Hinweise auf Einmischung von offizieller Seite. Es begann damit, daß Morris Jessup involviert wurde, ein Verkäufer von Autoersatzteilen, der an der Universität von Michigan Astronomie studierte, sein Studium vor der Promotion jedoch abbrach. Jessup, ein engagierter und ehrlicher Rechercheur, veröffentlichte 1955 ein Buch mit dem Titel „The case for the UFO - (etwa: Argumente für die Existenz von UFOs). Am 13. Januar 1956 erhielt er von Carlos Allende den ersten von über 50 Briefen mit Kritik an Jessup basierend auf dessen Spekulationen über die einheitliche Feldtheorie.

In den Briefen wurden Einsteins physikalische Thesen als Grundlage für das Experiment der US-Marine interpretiert, einen Zerstörer unsichtbar zu machen. Jessup war beunruhigt, konnte aber keine konkreten Einzelheiten in Erfahrung bringen, so daß er die Angelegenheit schließlich auf sich beruhen ließ. Der einzige „Beweis“, mit dem Allende aufwarten konnte, war eine Liste der Namen einiger Personen, die mit ihm an Bord des Liberty-Schiffs der Matson-Reederei, der „SS Andrew Furnseth“, gewesen seien. An genaue Daten könne er sich nicht erinnern.

Im Fruhjahr 1957 aber wurde Jessup offiziell vom „Office of Naval Research“ (ONR Büro für Marineforschung) in Washington D.C. kontaktiert. Dort hatte man ein Exemplar seines Buches in die Hände bekommen, das per Post aus Seminole, Texas, versandt worden war und offenbar von drei verschiedenen Personen mit vielen Anmerkungen versehen worden war.

Verwendet wurden dabei unterschiedliche Farbstifte. Aus den Anmerkungen schien hervorzugehen, daß diese Personen über UFOs, einschließlich ihrer Herkunft und ihres geheimnisvollen Antriebs, völlig im Bilde waren.

Major Darrell Ritter unterbreitete das mit Anmerkungen versehene Buch Captain Sidney Sherby und Commander George Hoover. Letzterer war der für Sonderprojekte zuständige Offizier. Diese Personen hatten daraufhin Jessup angerufen, der sein Erstaunen über die wissenschaftlich anmutenden Formulierungen der Anmerkungen im Buch zum Ausdruck brachte. Sie erinnerten ihn an die Briefe von Allende.

Er informierte die US-Marine über seine Korrespondenz mit dem Zeugen, der sich stets im Hintergrund hielt. Auf Anregung von Hoover und Sherby machte eine Vertragsfirma des Militärs, Varo Manufacturing in Garland, Texas, private Abdrukke des Jessup-Buches inklusive der Anmerkungen. Angeblich wurden 127 Exemplare gedruckt, die rasch als Sammlerobjekte vergriffen waren.

In den 60er und 70er Jahren spielte diese „Varo-Edition“ für UFO-Enthusiasten dieselbe Rolle, wie heute die MJ-12-Dokumente und die Dulce-Papiere: Sie enthalten angeblich die entscheidenden Erkenntnisse über fliegende Untertassen und das von der Regierung geheim gehaltene Wissen zu diesem Thema. Die Allende-Offenbarungen beschäftigten Jessup bis zur Besessenheit.

Vermischt mit den Auswirkungen eines Autounfalls und Eheproblemen trieben die dubiosen Anmerkungen, von der ONR offenbar sehr ernst genommen, den seelisch angespannten Rechercheur immer tiefer in den inneren Aufruhr. Am 20. April 1959 beging Jessup (angeblich - Anm. d. Verf.) Selbstmord. Der Beweis, daß alle Anmerkungen der vermeintlichen drei Personen von Carl Allen selbst stammen, gelang erst 1980, als Goerman die Ergebnisse seiner Interviews mit der Allen-Familie veröffentlichte.

Merkmal 5 - Glaubwürdigkeit durch „High-Tech“:

Um den technisch interessierten Teil der Öffentlichkeit an sich zu binden, muß eine UFO-Fabel mit einer Aura hochgestochener Wissenschaftlichkeit ausgestattet sein. Dementsprechend wird vom „Bereich 51“ des US-Luftwaffenstützpunktes Nellis behauptet, dort seien Anti-Schwerkraft-Aggregate gelagert, die eindeutig jegliche irdische Technologie überträfen und ein Trans-Uran-Element verwendeten, welches in der wissenschaftlichen Fachliteratur bisher keine Erwähnung fand.

Die fremde Zivilisation auf UMMO verfügt angeblich über ein noch weitaus erstaunlicheres Wissen. Für die Ummiten und ihr überlegenes Zahlensystem auf Basis der 12, seien sich selbst reparierende Raumschiffe ebenso selbstverständlich, wie „Universen, die mit ihren eigenen Abbildern im Spiegel der Zeit in Wechselbeziehung treten“ (Petit, 1991).

In einem bemerkenswerten Brief mit 15 eng bekritzelten Seiten schilderte mir Allende ähnliche Auffassungen von Begriffen der modernen Physik: Eines Tages werde sich die Magnetodynamik derart umfassend weiterentwickelt haben, daß notgedrungen die Erkenntnis um sich greift, hier nicht nur - wie heute - eine in der Entstehung begriffene Disziplin vor sich zu haben, sondern eine tatsächliche, totale Wissenschaft... wir werden dann, in ferner Zukunft, Dr. Einstein und seine „Kraftfeldphysik“ eingeholt haben. Das Versuchsobjekt, wiederholter Aktivierung des Apparates ausgesetzt, der ein großes Kraftfeld sowie damit einhergehendes UV-Licht ausstrahlte, (...) reagierte äußerst aufschlußreich: Es kehrte an seinen Ursprungsort zurück. Dabei bildete es ein super-dichtes Kraftfeld um sich herum (eine Hülle) und durchquerte -zeitlos- eine Entfernung von fast 225 Meilen.

Eine der von Allende vorgebrachten Mutmaßungen lief darauf hinaus, daß auch das Universum eines Tages wieder schrumpfen und an seinen Ursprungsort zurückkehren werde, so wie die DE 173 vor seinen Augen. Nachdem Einstein die Varo-Ausgabe von Jessups Buch und die Offenbarungen in Allendes Briefen gelesen habe, habe seine Gesundheit Schaden genommen, so daß er kurz darauf starb.

Andere Autoren haben durchblicken lassen, daß es an Bord der „Eldridge" kompliziertc Geräte gegeben habe. In einem unlängst erschienenen Buch heißt es, mehrere große Generatoren seien im Laderaum gewesen und ein im vorderen Teil des Schiffes gelegener Geschützturm sei abmontiert worden. An Deck habe es vier Sendeanlagen gegeben, außerdem einen speziellen Sender und eine Antenne (Steiger und Bielek, op.cit.)

Merkmal 6 - Inanspruchnahme namhafter Wissenschaftler:

Die Inanspruchnahme von Wissenschaftlern mit hohem Bekanntheitsgrad oder von Persönlichkeiten wie Albert Einstein ist ein herausragendes Merkmal gezielter Irreführung in der Ufologie. Die angeblichen Beziehungen zwischen Robert Lazar und Dr. Edward Teller auf dem Luftwaffenstützpunkt Nellis, zum Beispiel, werden immer wieder lautstark ins Feld geführt, obwohl Dr. Teller abstreitet, je mehr als nur beiläufige Kontakte mit dem Betreffenden gehabt zu haben. Die Verbreiter der UMMO-Geschichte haben Kapital aus der Beteiligung von Dr. Jean-Pierre Petit geschlagen, einem französischen Astrophysiker, der zu einem standfesten Anhänger dieser Story geworden ist (Petit,1991).

Die Verbreiter der Geschichte vom Philadelphia-Experiment begnügten sich nicht damit, die Namen von Albert Einstein und John von Neumann für ihre Zwecke zu vereinnahmen. Das Buch von Berlitz-Moore bezieht zudem Dr. Townsend T. Brown mit ein, von dem es heißt, er sei der akademische Zögling eines „Dr. Biefield", der wiederum mit ihm Anti-Schwerkraft-Experimente durchgeführt habe. Der mit mir korrespondierende Robert Mauser hat jedoch darauf hingewiesen, daß in der amerikanischen Ausgabe von „Who's Who in Science" nur zwei „Biefields" vorkommen. Einer von ihnen erhielt 1930 sein Abschlußdiplom in Chemie von der Denison Universität, der andere 1948 in physikalischer Chemie, ebenfalls von der Denison Universität. Dr. Brown studierte dort 1924-25, konnte also kein „Zögling" des einen oder des anderen sein (Mauser, 1987).

Die Liste der angeblich am Philadelphia-Experiment beteiligten großen Wissenschaftler ist noch länger. John von Neumann nimmt in Bill Moores Darstellung einen herausragenden Platz ein. Später meldete sich ein Al Bielek mit Aufsehen erregenden Behauptungen: Er sei einer der Matrosen bei dem von Allende beschriebenen Experiment gewesen. Die maßgeblichen wissenschaftlichen Prinzipien seien von Nicola Tesla, John Mutchinson, Rektor an der Universität von Chicago, und einem Österreicher, Dr. Emil Kurtenhauer, erarbeitet worden. Bielek hatte, nach eigenem Bekunden bei Vorträgen und Interviews, lange Zeit keine bewußte Erinnerung daran, da er einer Gehirnwäsche unterzogen worden sei, um seine Beteiligung an dem Geheimprojekt aus seinem Gedächtnis zu löschen. Erst nachdem er 1988 den Spielfilm darüber gesehen habe, sei seine Erinnerung allmählich zurückgekehrt.

Merkmal 7 - Offizielle Geheimhaltung:

Das Aufdecken von Vorkommnissen, die uns die Obrigkeit vorenthalten will - seien es Eltern, Filmstars, das Militär, große Unternehmen oder Regierungen - ist zweifelsohne immer ein Nervenkitzel. Der Enthüllungsjournalismus, der in den siebziger Jahren, nach der Offenlegung des Watergate-Skandals, engagierte Reporter zu heroischen Figuren hochstilisierte, ist zum Vorbild für die eifrigen Rechercheure des UFO-Phänomens geworden, eines Bereichs, in dem Lügen der militärischen Obrigkeit besonders auffällig sind. Eingaben, gemäß dem Gesetz zur Informationsfreiheit geduldig vorangetrieben, haben tatsächlich in vielen Fällen Interessantes zu Tage gefördert.

Wer die Öffentlichkeit gekonnt irreführen will, kann sich diesen Sachverhalt zunutze machen, indem er amtliche Stellen in seine Machenschaften mit einbezieht. Die Urheber der UMMO-Fabel brachten sogar die CIA-Station in Madrid ins Spiel. In einem Schreiben an den Geheimdienst behaupteten sie, den Ermittlern des Dienstes beibringen zu können, woran man fremde Wesen, die unter uns auf der Erde weilen, erkennen könne. Dadurch ließen sie ihre eigene Tätigkeit sowohl bedeutungsvoll als auch gefährlich erscheinen und versorgten gleichzeitig ihre Anhänger mit nahezu unwiderstehlichem Nervenkitzel.

Einer meiner Korrespondenten, der einst für die US-Marine (Naval Sea Systems Command) in der Forschungsabteilung für Sprengstoffe arbeitete, hatte Einblick in eine als geheim eingestufte Akte mit Schreiben der US-Marine an Albert Einstein über dessen Tätigkeit für sie während des Zweiten Weltkrieges. Als der Abteilungsleiter den Inhalt der Akte von der Geheimhaltung befreien wollte, um einen Artikel für die betriebsinterne Zeitschrift zu verfassen, wurde sein Antrag abgelehnt. Solche Vorkommnisse leisten denjenigen Vorschub, die ihre Fabeln mit der Feststellung untermauern, die Regierung wisse „mehr als sie uns sagt" (was in der Tat zutrifft) und sie kennen auch die Antwort auf die UFO-Frage (was daraus nicht gefolgert werden darf).

In einer Abfolge von Ereignissen, bei denen einige der Geheimhaltung unterliegen, können „Leerstellen" unter Hinweis darauf, daß die Regierung der Öffentlichkeit Informationen vorenthalte, beliebig ausgefüllt werden. Auf diese Weise erhält jede an den Haaren herbeigezogene Geschichte ein Maß an Glaubwürdigkeit. Durch die Einschaltung des ONR in die Jessup-Geschichte wurde der Anschein erweckt, die Behauptungen von Allende seien auch von Amts wegen auf Interesse gestoßen. Das bereitete den Boden für Mutmaßungen über tiefer liegende, dunkle Beweggründe bei militärischen Ermittlungen auf höchster Ebene.

Merkmal 8 - Bedeutung für die breite Öffentlichkeit:

Viele nachgewiesene Aktivitäten im paranormalen Bereich sind derartig komplex und vielschichtig, daß Berichte über derartige Vorkommnisse beim allgemeinen Publikum keinen Widerhall finden können. Dem interessierten Laien ist es kaum möglich, an derartigen Forschungsarbeiten teilzuhaben. Um beispielsweise die PK-Experimente an der Princeton-Universität auch nur annähernd zu verstehen, sind gründliche Kenntnisse von Statistik unabdingbar, von physikalischen Theorien ganz zu schweigen. Ähnlich sieht es bei Versuchen mit der Fernwahrnehmung aus. Dabei sind komplizierte Kontrollverfahren im Spiel, die nur selten in der Presse erwähnt werden, wenn von „paranormalen psychischen Leistungen" die Rede ist.

Ganz anders steht es um die Behauptung von Carlos Allende, er habe miterlebt, wie ein großes Schiff von der Bildfläche verschwand. So etwas kann eine breite Öffentlichkeit auf Anhieb nachvollziehen. Die von ihm geschilderte Situation konnte jedermann leicht visualisieren: Ein Zerstörer befand sich im Hafen von Philadelphia und war im nächsten Moment spurlos verschwunden. Matrosen wurden einem unglaublich starken „Kraftfeld" ausgesetzt. Einige erkrankten, andere wurden wahnsinnig.

Mit einer solchen Geschichte konnten die meisten etwas anfangen: Teenager ebenso wie Science-Fiction-Enthusiasten, Militärangehörige ebenso wie Durchschnittsbürger am Stammtisch. Wichtiger noch: Eine solche Geschichte ließ sich leicht verfilmen, sie war faszinierend, dramatisch und optisch reizvoll, ganz anders also als die meisten wissenschaftlichen Untersuchungen, die entweder langweilig und kompliziert sind oder zu abstrakt für die breite Öffentlichkeit.

Merkmal 9 - Erhärten durch glaubwürdige Forscher:

Viele tatkräftige UFO-Forscher nahmen sich nach Jessups Tod des Philadelphia-Themas an. Ivan T. Sanderson, ein bekannter Naturwissenschaftler, Autor und Erforscher des Paranormalen, hatte sich aufgrund seiner Freundschaft zu Jessup schon seit langem für den Fall interessiert. Seine Korrespondenz mit anderen Autoren trug dazu bei, daß die Story weiterlebte. Forscher wie Stanton Friedman und Gray Barker kommentierten den Fall. Letzterer mutmaßte sogar, man habe Morris Jessup ermordet und sein Tod sei als Selbstmord getarnt worden.

Der UFO-Autor Jerome Clark, heute Vizepräsident des Center for UFO-Studies (CUFOS), verfaßte einen Artikel für eine Sammlung mit dem Titel „The Allende Letters"- die Allende-Briefe.[41] Er meinte, „wir können nicht länger die sich aufdrängende Vermutung von der Hand weisen, daß UFO-Wesen sich regelmäßig in unserer Mitte aufhalten, oft in Formen, die für das menschliche Auge unsichtbar sind", und er erwähnte die Allende-Briefe als Untermauerung seiner These.

„Das besondere Interesse der US-Marine an den Briefen und das spätere Varo-Dokument", so stellte er fest, „sprechen für einen gewissen Wahrheitsgehalt seiner Darlegungen." Clark spekulierte, „die Erzeugung von Unsichtbarkeitsstrahlen ist für die irdische Wissenschaft in greifbare Nähe gerückt."

Noch im Juni 1993 organisierte ein Gruppe hochspezialisierter Parapsychologen aus der Gegend von San Francisco einen Vortrag von J. Randolph Winters, in dem das Philidelphia-Experiment herausragende Erwähnung fand. In einem Bericht ihres Mitteilungsblattes über den Vortrag hieß es, der Redner habe „Bereiche weit jenseits der üblichen Vorstellungswelten angesprochen: die Rolle reptilienartiger fremder Wesen, Zeitreisen und die Vertuschung des berühmten Philadelphia-Experiments durch die Regierung, eines Anti-Radar-Unsichtbarkeitsprojekts während des Zweiten Weltkriegs, in dessen Verlauf ein Kriegsschiff der USA von der Bildfläche verschwand, an einen anderen Ort versetzt wurde und dann wieder an den Ausgangsort zurückkehrte".[42]

Sogar Carlos Allende hätte Schwierigkeiten, die von ihm selbst fabrizierte Geschichte wiederzuerkennen, derart verworren ist mittlerweile die bunte Mischung aus reptilienartigen Eindringlingen und fehlerhaften Radartests geworden, die unverhofft zu Unsichtbarkeit und einer Ortsversetzung geführt haben sollen. Mit Sicherheit ist dies eines der spektakulärsten Beispiele für Fehlkalkulationen in der Geschichte der Physik.

Merkmal 10 - Resonanz in den Medien:

Die meisten der wichtigen technologischen Entwicklungen bleiben geheim und werden aufdringlichen Reportern vorenthalten. Computer-Unternehmen sprechen nur selten vorzeitig über die Eigenschaften ihrer künftigen Produkte. Sie warten fast immer bis zur eigentlichen Vermarktung und sei es nur, um den laufenden Verkauf ihrer etablierten Produkte nicht zu beeinträchtigen oder Erschwernisse bei Patentanträgen zu vermeiden.

Zentralbanken treffen strengste Vorkehrungen im Vorfeld von Zinsänderungen und die beachtlichen Summen, die viele Prominente an PR-Firmen zahlen, dienen eher dazu, ihren Namen und Angelegenheiten aus den Schlagzeilen herauszuhalten, als dazu, ihre Aktivitäten an die große Glocke zu hängen. Vertrauen und Beständigkeit sind im Geschäftsleben wichtiger als Publicity und Selbstbeweihräucherung. Erst wenn das Geschäft abgeschlossen ist, kommt es zumeist routinemäßig zur öffentlichen Bekanntgabe.

Anders sieht es bei den meisten UFO-Stories aus.

Die einschlägigen Forscher nehmen sich kaum genügend Zeit, um einige grundlegende Fakten zu sammeln, ehe sie eiligst vor die Kameras treten und ihre atemberaubende Botschaft verkünden. Ihre Informationen sind offenbar so gewichtig, daß die Welt unverzüglich unterrichtet werden muß. Merkwürdigerweise werden dabei meist jene Elemente der Story verschwiegen, die es anerkannten Wissenschaftlern ermöglichen würde, ihre Stichhaltigkeit zu überprüfen.

Unabhängige Forscher sehen sich mit sensationellen Behauptungen konfrontiert, ohne eigen Nachforschungen anstellen zu können. Dies war der Fall bei den Fotos von Billy Meier in der Schweiz (Negative standen nie zur Verfügung, obwohl angeblich Tausende von UFO-Aufnahmen gemacht wurden), und ebenso bei der nicht minder sensationellen Entführung von Linda Napolitano in New York.

Namhafte Ufologen hatten diese Entführungsstory als „Fall des Jahrhunderts" tituliert. Ein derartiger Umgang mit Informationen ist wie Gaukelei: Vor unseren Augen wird ein Vorgang präsentiert, den wir nicht hinterfragen können. Wir dürfen Zeugen nicht ins Kreuzverhör nehmen, können ihre Aussagen nicht überprüfen.

Der amerikanischen Öffentlichkeit wurden im Fernsehen sogar angebliche Geheimagenten vorgeführt, die - verborgen hinter einer Abschirmung - mit verfremdeter Stimme über schockierende Geheimnisse plauderten, über die Echtheit der MJ-12-Dokumente, z.B., oder über die Physiologie von Außerirdischen. Nur wenigen

Menschen kam offenbar der Gedanke (die meisten wollten sicherlich gar nicht erst darüber nachdenken), daß für die Geheimdienste die Identifizierung der Informanten, die angeblich bei ihnen beschäftigt waren, ein Kinderspiel gewesen wäre. Die auf der Hand liegende Schlußfolgerung, daß es sich auch hier wieder um eine bewußte Irreführung handelte, unterblieb.

Ähnliche Resonanz erhielt das Philadelphia-Experiment durch ein Buch und durch einen Spielfilm, lange bevor die Fakten geprüft werden konnten und zu einer Zeit, als Carlos Allende noch behauptete, eine vollständige Offenlegung seiner Erlebnisse würde ihn in höchste Gefahr bringen. Die Beweggründe der Medien, derartigen Schilderungen breiten Raum zu geben, haben mit der Verpflichtung, die Öffentlichkeit über wichtige wissenschaftliche Entwicklungen zu unterrichten, nur wenig zu tun. Es geht dabei lediglich um die Erhöhung von Einschaltquoten mittels ständig erneuerter Darbietungen schillernder, umstrittener Persönlichkeiten für ein kapriziöses Publikum.

Um eine Story an den Mann zu bringen, scheuen die Medien sich nicht, diese entsprechend den Erfordernissen eines dramatischen Drehbuchs oder einer eindrucksvollen Kameraeinstellung umzufrisieren. Wie mir einige meiner Leser mitteilten, begnügten sich manche publikumswirksame Sendungen nicht damit, die „Eldridge" unsichtbar zu machen, sondern ließen das Schiff physikalisch ganz und gar verschwinden.

Zwar hätte eine derartiges Verschwinden verhängnisvolle Folgen haben müssen, weil dann nämlich 1900 Tonnen Wasser in das so entstandene Nichts eingeströmt wären, was wiederum riesige Wellen im Marinehafen verursacht hätte, aber diese unausweichliche Konsequenz des „Experiments" wird nirgends erörtert.

Die Resonanz in den Medien bewirkt zweierlei: Zum einen wird die Story einer breiten Öffentlichkeit bekannt, zum andern wird sie zu einer dauerhaft zugänglichen Quelle. Wie Curtis-MacDougall feststellte, kommt eine gefälschte Story, „die in Buchform erscheint, in die Bibliotheken und bleibt dort unverändert, um Ahnungslose in ihren Bann zu schlagen, auch wenn noch so viele später erschienene Bücher die Fälschung entlarven" [43](MacDougall, 1958).

Das gleiche gilt für Videokasetten und Computerbriefe, die zunehmend für die Verbreitung nicht fundierter und unüberprüfbarer Gerüchte bevorzugt werden.

Merkmal 11 - Bedeutung für UFO-Gläubige:

Gläubige zu animieren, sich mit einem Thema zu beschäftigen, ist für den Erfolg einer bewußten Irreführung sehr wichtig, denn wir neigen eher dazu, einem Ereignis Glaubwürdigkeit zuzubilligen, wenn es sich mit unserem eigenen Aufwand an Zeit, Energie und Geld in Deckung bringen läßt.

„Wie kann ich mich einbringen?" ist eine von Möchtegern-Erforschern des Paranormalen oft gestellte Frage. Die auf der Hand liegende Antwort lautet, ein Wissenschaftsdiplom zu erwerben und bereit zu sein, sich mit langwierigen, vielleicht mühevollen Analysen abzugeben, Aufzeichnungen zu studieren und Statistiken zu erstellen.

Dies ist allerdings nicht die von den meisten UFO-Enthusiasten erhoffte Antwort. Sie wollen „Action“, den Nervenkitzel der Jagd nach schnellen, sensationellen Entdeckungen. Aus diesem Grund fuhren Hunderte von Neugierigen, in der Hoffnung dort seltsame Lichter am Himmel zu erspähen, an Orte wie Gulf Breeze oder den US-Luftwaffenstützpunkt Nellis. Doch nur sehr wenige Menschen leisteten die elementare Forschungsarbeit, die erforderlich ist, um die betreffenden Lichterscheinungen zu ergründen.

Das Interesse an UFO-Stories erlischt sehr bald, wenn keine Seelengemeinschaft von Interessierten zustande kommt. Eine erfolgreiche Irreführung muß besondere Aufgaben oder Missionen verheißen, in die eine Schar von Gläubigen geistige Energie, körperliche Aktivität und Freizeit investieren kann. In einigen Fällen von angeblichen Begegnungen mit Außerirdischen, so zum Beispiel im „Pleijaden-Fall“, gibt es sogar eine Kultbewegung, der man beitreten kann.

Auch ohne so weit zu gehen, kann ein guter Fälscher von UFO-Stories für Aufregung sorgen, indem er konkrete Materialien in Umlauf bringt (Fotos, Briefe, Dokumente mit offiziellem Anstrich, Tonbandaufzeichnungen, Bruchstücke von Gegenständen), die allesamt zur zeitaufwendigen und mühevollen Analysen herausfordern.

In dieser Hinsicht ist die UMMO-Fälschung ein Meisterwerk, denn sie enthält jedes der oben erwähnten Elemente, bizarre metallische Zylinder ebenso wie angebliche Landespuren sowie Fotos und Tausende von Blättern aus wissenschaftlich aussehenden Dokumenten. Viele Gläubige sind nach wie vor damit beschäftigt, diese überwältigende Fülle von „Beweismaterial“ zu analysieren. Unentwegt reisen sie zu Tagungen, interviewen einander und führen wechselseitige Untersuchungen durch, suchen die in den Dokumenten erwähnten Orte auf, um die Story zu erhärten.

Das Philadelphia-Experiment hat in dieser Hinsicht fast genauso viel vorzuweisen. Viele Unterlagen bieten sich zur Prüfung an, und viele schwer greifbare Zeugen sind dingfest zu machen. Wissenschaftlich klingende Feststellungen harren der Klärung, und die offiziellen Archive der amerikanischen Kriegs- und Handelsmarine müssen durchstöbert werden, um die von Carlos Allende erwähnten Schiffe ausfindig zu machen.

Von zusätzlichen Zeugen war die Rede, und wilde Spekulationen schossen ins Kraut. Hunderte von Rechercheuren gingen an die Arbeit, kontaktierten das Nationalarchiv und andere Behörden auf der Suche nach Namenslisten und weiteren Dokumenten, um damit das offizielle Schicksal der Eldridge zu rekonstruieren. Viele neue Informationen kamen dabei zu Tage.

Andere Rechercheure ergatterten Kopien der Varo-Edition, analysierten den Inhalt und tauschten Argumente aus über das Für und Wider eines extraterrestrischen Ursprungs der Autoren. Wieder andere versuchten, Carlos Allende einzufangen, ohne Erfolg. Nachforschungen über das Philadelphia-Experiment wurden zu einem veritablen Industriezweig Marke Eigenbau.

Merkmal 12 - Günstige sozioökonomische Rahmenbedingungen:

Als gejagtes Opfer von Machenschaften erlangte Carlos Allende ein Maß an Glaubwürdigkeit, das man ihm nicht zugebilligt hätte, wäre er - beispielsweise - ein Drogeriebesitzer in Toledo oder Manager eines Supermarkts in Tucson gewesen.

In den späten 50er und insbesondere in den 60er Jahren begann die amerikanische Öffentlichkeit zu erkennen, daß Matrosen und andere Militärangehörige zuweilen als ahnungslose Testpersonen benutzt worden waren.

Bei den breitgefächerten Experimenten ging es um Epidemiologie und die Erarbeitung bakteriologischer Modelle sowie um die bewußt in Kauf genommenen Auswirkungen radioaktiver Strahlung und die Möglichkeiten geistiger Fernsteuerung.

Der Vietnamkrieg, bei dem Entlaubungsmittel, Napalm und andere Chemikalien Verwendung fanden, warf ein Schlaglicht auf derartige Methoden. Als angebliches Opfer eines geheimen Experiments der US-Marine konnte Allende der Sympathie seiner Zuhörer gewiß sein. Jemand, der von sich behauptet, er sei mit knapper Not davongekommen, während andere zugrunde gingen, kann im Zweifelsfall darauf bauen, daß man eher ihm als seinen Kritikern Glauben schenkt.

Die Beteiligung von Morris Jessup verlieh der Situation zusätzliche Glaubwürdigkeit. Auch Jessup war, wie Allende, ein Mann fernab der Obrigkeit, als Forscher zwar nur von marginaler Bedeutung, aber offenkundig grundehrlich und zutiefst engagiert in einem schwierigen Forschungsgebiet.

Zu einer Zeit, als der großzügige Verteidigungsetat von einem wachsenden Teil der Bevölkerung in Zweifel gezogen wurde, erschien es angebracht, danach zu fragen, wie das Verteidigungsministerium das Geld der Steuerzahler ausgab.

Das Interesse am Philadelphia-Experiment erreichte seinen Höhepunkt, als die Regierung in den USA die „Great Society" anstrebte und Wohlfahrtsprogramme ins Gespräch brachte. Gleichzeitig wurde der schwarze (nichtöffentliche) Etat gewaltig aufgebläht, um damit die Entwicklung streng geheimer Überwachungssatelliten zu finanzieren. Die Vermutung, daß Gelder in großen Mengen in unbekannte Projekte flossen und Washington über deren Verwendungszweck falsche Angaben machte, war weit verbreitet.

Von dieser Vermutung aus war kein sehr großer Schritt zur Mutmaßung notwendig, Allende könnte mit seiner These von einer radikalen, geheimen Neuentwicklung in der Physik recht haben.

Heute herrschen ähnliche Bedingungen wie damals, denn riesige, nicht näher aufgelistete Summen fließen in die Entwicklung und geheime Tests neuartiger Waffensysteme, schwebender Plattformen für nicht-tödliche Waffen zum Beispiel oder schwer zu ortender Trägersysteme.

Offiziell spricht Washington unterdessen von der Notwendigkeit, das Haushaltsdefizit zu verringern, von Geldknappheit, Verbesserungen des sozialen Netzes und niedrigeren Verteidigungsausgaben. Diese Widersprüchlichkeit erzeugt ideale Rahmenbedingungen für das Gedeihen glaubwürdiger neuer Täuschungsaktionen nach dem Vorbild des Philadelphia-Experiments.

Merkmal 13 - Hinweise auf geheime Kontakte:

UFO-Stories mit der stärksten Anziehungskraft auf weite Bevölkerungskreise beschränken sich nicht auf die Dokumentation eines einzelnen Phänomens, und sei es noch so bemerkenswert. Sie deuten an, daß es größere Zusammenhänge geben müsse, und nennen als Anhaltspunkte hierfür z.B. mysteriöse Telefonanrufe, Besuche schwarz gekleideter Männer, das Auftauchen von nicht gekennzeichneten (schwarzen) Hubschraubern oder merkwürdige Autos, die mutmaßliche Zeugen zu verfolgen scheinen.

Auch von anonymen Briefen oder Päckchen ist in diesem Zusammenhang oft die Rede. Wir haben diese Methode bei der UMMO-Täuschungsaktion bereits kennengelernt. Manchmal findet der Rechercheur die Information in seinem Briefkasten, z.B. einen noch nicht entwickelten Film in einem unbeschrifteten Behälter. Letzterer soll Bill Moore und dessen Freund Jaime Shandera auf die Spur der Majestic-12-Gruppe gebracht haben. Auf ähnliche Weise gelangte auch das „Beweismaterial" über das Philadelphia-Experiment in Bill Moores Briefkasten. Endlich ist es möglich, von einem Durchbruch in der rätselhaften Angelegenheit zu sprechen, schrieb Moore in dem von ihm gemeinsam mit Berlitz verfaßten Buch und fügte hinzu, daß sich in einem sicheren Schließfach die Fotokopie eines Zeitungsausschnitts befände, die ihm anonym zugesandt worden war (Berlitz und Moore, 1979).

Der Ausschnitt - undatiert und ohne Nennung der betreffenden Zeitung - trägt die Überschrift: „Merkwürdige Begleitumstände einer Kneipenschlägerei". Wie es scheint, wurde 1943 von einer Hafenpatrouille der US-Marine die Polizei zu Hilfe gerufen, als in einer Kneipe in Philadelphia eine Schlägerei ausbrach. Die Beamten indes fanden die Kneipe ohne Gäste vor. Zwei sehr nervöse Kellnerinnen sagten darauf aus, die Hafenpatrouille sei zuerst eingetroffen und habe die Kneipe geräumt, zwei der an der Schlägerei beteiligte Matrosen hätten sich aber zuvor in Luft aufgelöst.

„Sie sind einfach verschwunden ...genau hier", berichtete eine der verängstigten Frauen „und ich habe weiß Gott nichts getrunken!"

Der in der Kneipe angerichtete Schaden belief sich auf etwa 600 Dollar. Hier wird ein größeres, nicht nachprüfbares, rätselhaftes Geschehen (ein Zerstörer wird unsichtbar) mit einem kleineren, merkwürdigen Zwischenfall in Verbindung gebracht, der zwar verifizierbar ist, dem Rechercheur jedoch anonym zugespielt wurde.

Der ahnungslose Leser gewinnt auf diese subtile Weise den Eindruck, daß an der gesamten Geschichte etwas dran sein muß. Aber warum will der Adressat des Zeitungsausschnittes anonym bleiben? Soll man glauben, daß jedes Bekanntwerden einer Verbindung mit dieser Episode für ihn so ungemein gefährlich ist, daß er um sein Leben bangen muß? Wenn ja, dann müssen alle Mitwisser unerkannt bleiben und können mutigen Rechercheuren nur helfen, indem sie ihnen Andeutungen und Beweisstücke zukommen lassen.

Glück war im Spiel, als es mir gelang, einen Matrosen ausfindig zu machen, der im Herbst 1943 in der Kneipe dabei war und mir die ganze Geschichte erzählte.

Was tatsächlich in Philadelphia geschah

In einer früheren Analyse der vorliegenden Informationen über das Philadelphia-Experiment kam der Autor zu dem vorläufigen Schluß, daß die Geschichte zum Teil auf Tatsachen beruht. Die US-Marine könnte im Herbst 1943 geheimgehaltene Tests mit damals hochmodernem Gerät durchgeführt haben (Vallée, 1991).

Diese Erprobungsphase könnte von Menschen wie Allende entweder falsch gedeutet oder vorsätzlich verbrämt worden sein, so wie heute die am US-Luftwaffenstützpunkt Nellis durchgeführten Tests mit neu entwickelten schwebenden Plattformen von UFO-Gläubigen fehlgedeutet werden. Außerdem, so seinerzeit meine Hypothese, galten die Experimente möglicherweise der Suche nach Methoden, das Aufspüren durch Radar zu vereiteln. Eine vor 13 Jahren veröffentlichte Raytheon-Werbung ließ in der Tat den Schluß zu, daß eine entsprechende Technologie nun der Allgemeinheit zugänglich war (Raytheon, 1980).

Mit dieser Hypothese ließen sich allerdings einige wesentliche Aspekte der Angelegenheit nicht erklären. Dazu gehörten insbesondere das Verschwinden des Zerstörers aus dem Hafen, die geheimnisvollen Apparaturen, die unter strenger Geheimhaltung an Bord gebracht wurden, und das angebliche Verschwinden von zwei Matrosen aus einer nahe gelegenen Kneipe. Ich rief meine Leser dazu auf, sich bei mir zu melden, falls sie zusätzliche Informationen hätten. So kam es zu einem Briefwechsel mit Mr. Edward Dudgeon und später zu einem persönlichen Treffen.

„Ich bin ein 67 Jahre alter ehemaliger leitender Angestellter und lebe jetzt im Ruhestand. In der Marine habe ich von 1942 bis 1945 gedient."

So begann Mr. Dudgeon seinen Brief an mich[44], in dem er darlegte, warum er mich kontaktiert hatte. Er bestätigte, daß meine Vermutung, es habe sich in Philadelphia um eine geheime technische Neuentwicklung gehandelt, korrekt sei, daß es sich jedoch nicht um einen Radartest gehandelt habe. Die Wahrheit, so erläuterte er mir geduldig, sei einfacher.

„Ich war auf einem Zerstörer, der zur gleichen Zeit wie die Eldrige DE 173 da war .... Ich kann alle merkwürdigen Vorkommnisse erklären, denn wir hatten die gleichen geheimen Geräte an Bord. Wir waren mit zwei weiteren DEs und der Eldridge zur Umschulung auf die neuen Geräte in Bermuda und dann auf der Rückfahrt nach Philadelphia."

Der Briefschreiber schlug ein Treffen vor und fügte hinzu: „Ich will nur, daß jemand erfährt, was ich weiß, ehe es zu spät ist."

Einige Wochen später traf ich Mr. Dudgeon. Er zeigte mir seinen Ausweis und seine von der US-Marine ausgestellten Entlassungspapiere. Während der darauffolgenden zwei Stunden erzählte er mir die Einzelheiten seiner Geschichte und beantwortete meine Fragen.

„Sie müssen wissen, daß im Jahr '43 die Deutschen unsere Schiffe versenkten, sobald sie aus den Häfen kamen und in den Atlantik vordrangen, der deshalb bei uns 'Friedhof' hieß. Ich war damals noch ein sehr junger Bursche. Ich fälschte meine Geburtsurkunde, um 1942 in die Marine aufgenommen zu werden. Ich war erst 16, wurde 17 im Dezember 1942."

„Könnten Sie die Details Ihres beruflichen Werdegangs schildern?", fragte ich.

„Ich hatte an der Staatsuniversität von Iowa Elektronik studiert. Nach der Grundausbildung schickte mich die Marine auf eine Elektronikschule. Ich erhielt meinen Abschluß als Electrician's Mate Third Class im Februar '43 und ging im Juni '43 an Bord."

„Können Sie den Namen des Schiffes nennen?"

„Ja, natürlich. Es war die DE 50, die USS Engstrom. Ihr Antrieb war Dieselelektrisch, im Gegensatz zur DE 173, der Eldridge, die war Dampf-elektrisch. Unser Schiff wurde ins Trockendock gebracht, um Schiffsschrauben mit hohem Drehmoment zu installieren."

„Warum diese besondere Ausrüstung?"

„Die neuen Schrauben machten andere Geräusche, so daß es für die U-Boote schwieriger war, uns zu hören. Außerdem wurde ein neues Sonargerät für Unterwasserortung eingebaut, und eine Apparatur, die wir „hedgehog" (Igel) nannten. Das Ding befand sich vor dem vorderen Geschütz am Bug und feuerte Breitseiten von je 24-30 Wasserbomben. Es konnte bis zu 180 Grad abdecken, in einer Entfernung von etwa einer Meile. Das war eine der geheimen Entwicklungen. Es stimmt nicht, daß - wie Sie in Ihrem Buch „Revelations„ schreiben - das Schiff für Radar unsichtbar gemacht wurde. Die Deutschen hatten damals kein Radar im Einsatz. Wir wollten unser Schiff für magnetische Torpedos unsichtbar machen, durch Reduzierung der magnetischen Induktion. Wir verfügten über die üblichen Radargeräte und außerdem „Mikro-Radar" niedriger Frequenz. Damit konnten wir U-Boote orten, sobald sie ihre Periskope ausfuhren oder für Frischluft auftauchten. Das funktionierte bei einer Entfernung von ein bis zwei Meilen Entfernung auch im Dunkeln oder im Nebel. Danach begannen für die Deutschen die hohen U-Boot-Verluste."

„Was hat das mit der Eldridge zu tun?", fragte ich Mr. Dudgeon.

„Die Eldrige und die Engstrom waren gleichzeitig im Hafen. Vier Schiffe wurden gleichzeitig ausgerüstet, die 48, die 49, die 50 und die Eldridge, im Juni und Juli 1943. Im Trockendock ließ die Marine bei allen Schiffen die magnetische Induktion verringern, auch bei Handelsschiffen, denn sonst hätten die Schiffe wie Magnetstäbe die Torpedos auf sich gezogen."

„Wie lief die Umschulung auf die neue Ausrüstung ab?"

„Alle vier Schiffe fuhren nach Bermuda, einer Zwischenstation für Konvois nach Nordafrika. Dort befanden sich auch mehrere andere Zerstörer. Wir wurden auf See beordert, um das Fahren im Konvoi zu üben. Außerdem hatten wir einen Stützpunkt in den Azoren. Die Zerstörer kamen sich auf halbem Wege entgegen und kehrten dann in ihre jeweiligen Stützpunkte zurück. Für die Ausbildung waren bis zu acht Wochen vorgesehen, aber wir waren schon nach fünf Wochen mit der Ausrüstung vertraut."

„Was genau war Ihre Aufgabe an Bord?"

„Mein Dienstgrad war Petty Officer, Electrician's Mate Third Class. Unsere Aufgabe war es, die Geschwindigkeit des Schiffes zu erhöhen bzw. zu verringern oder auf Rückwärtsfahrt zu schalten, je nach den Signalen von der Brücke. Nach acht Monaten wurde ich zum Electrician's Mate Second Class befördert. Später wurden wir in den Pazifik beordert. Ich habe auf dem Schiff anderthalb Jahre gedient, vom Juni 1943 bis zum November 1944. Dann wurde ich zur Sonderausbildung nach Camp Perry in Virginia abkommandiert."

„Was geschah mit der Eldridge?"

„Wir haben uns von ihr nach den gemeinsamen Ausbildungswochen getrennt. Die DE 48 und die Eldridge blieben im Atlantik, mit Stützpunkt in Bermuda, bis Anfang 1944, dann wurden auch sie zum Kriegsschauplatz im Pazifik beordert. Die DE 49, unser Schwesterschiff und die DE 50 durchfuhren Mitte September 1943 den Panamakanal und operierten danach im Pazifik. An der Eldridge war absolut nichts Ungewöhnliches. Als wir 1944 Landgang hatten, trafen wir uns mit ihren Besatzungsmitgliedern und feierten Parties zusammen. Nie war von irgendeinem außergewöhnlichen Vorgang die Rede. Allende hat das alles nur erfunden."

„Was ist mit den Leuchterscheinungn, die er beschrieben hat?"

„Das sind typische Erscheinungen bei elektrischen Gewitterentladungen, sehr spektakulär. Auf See kommt es des öfteren zu diesem sogenannten „St.-Elms-Feuer". Ich erinnere mich, daß während der Rückreise von Bermuda in einem Konvoi sämtliche Schiffe in ein Licht getaucht schienen, das wie grünes Feuer aussah. Als es zu regnen begann, verschwand das grüne Feuer."

„Wie wurden die geheimen Geräte installiert?"

„Nachdem die Marine die Schiffe in Dienst gestellt hatte und wir bereit waren auszulaufen, ließ das National Bureau of Standards einen auf Genauigkeit geprüften Kompaß in einer Kiste anliefern, die einem Überseekoffer glich. Wir sind mehrmals auf See in verschiedene Richtungen gefahren, um unseren Kompaß anhand des angelieferten Kompasses zu kalibrieren. Das ist die geheimnisvolle „Box", die in verschiedenen Berichten auftaucht."

„Wer war Allende? Sind Sie ihm begegnet?", fragte ich und zeigte Mr. Dudgeon verschiedene Briefe, die ich von Allende erhalten hatte.

„Ich bin ihm nie begegnet. Aus seinen Texten schließe ich, daß er nicht in der Kriegsmarine war. Aber er könnte durchaus zu jener Zeit in Philadelphia gewesen sein, vielleicht in der Handelsmarine. Möglicherweise war er an Bord des Handelsschiffes, das wir während eines Sturms in Richtung Philadelphia-Norfolk eskortierten."

„Was ist mit der Behauptung, daß Generatoren im Laderaum verstaut wurden?"

„Alle Zerstörer mit Diesel-elektrischem oder Dampf-elektrischem Antrieb hatten zwei Maschinen, mit denen die Backbord- und Steuerbord-Schrauben angetrieben wurden, und jede Maschine brauchte einen Generator".

„Wie lief die Prozedur der Reduzierung magnetischer Induktion durch die Marine ab?"

„Die Mannschaft wurde an Land geschickt und das Schiff mit gewaltigen Kabeln umwickelt, durch die dann Hochspannungsstrom geleitet wurde, um die magnetische Struktur des Schiffs durcheinanderzuwirbeln. Dafür wurden Vertragsarbeiter, gebraucht und natürlich lagen auch Handelsschiffe in der Nähe. Es könnte also durchaus vorgekommen sein, daß zivile Matrosen Äußerungen von Militärs der US-Marine zu hören bekamen, die so etwas sagten wie: „Jetzt machen die uns unsichtbar!“ Damit war natürlich die Unsichtbarkeit für magnetische Torpedos gemeint, ohne daß dies so konkret ausgesprochen wurde.“

„Wie erklärt sich der Ozongeruch?“

„Das ist nichts Außergewöhnliches. Bei der Reduzierung der magnetischen Induktion konnte man das dabei entstehende Ozon riechen, sehr deutlich sogar.“

„Welche Sicherheitsvorkehrungen wurden getroffen?“

„Unser Kapitän schärfte uns ein, über das Radar, das neue Sonargerät, den ‘hedgehog’ und die besonderen Schiffsschrauben Stillschweigen zu bewahren. Aber Sie wissen ja, wie das ist. Irgend etwas sickert immer durch. Ein weiteres geheimes Gerät, das wir an Bord hatten, war der ‘foxer’. Das Gerät wurde am Heck zu Wasser gelassen und in einer Entfernung von einer halben bis zu einer Meile hinter dem Zerstörer hergeschleppt. Es gab Geräusche wie von der Schraube eines Handelsschiffes von sich. Dies veranlaßte deutsche U-Boote, auf Geräusch reagierende Torpedos abzuschießen, womit die U-Boote ihre Position preisgaben und außerdem Munition vergeudeten.“

„Wie lange gab es damals diese geheimen Geräte schon?“

„Etwa sechs bis acht Monate, soweit ich weiß. Als wir ausliefen, hatte sich beim U-Boot-Krieg an der Ostküste das Blatt bereits zu unseren Gunsten gewendet.“

„All dies erklärt noch nicht, wie sich die Eldridge in Luft auflösen konnte oder was Anfang August 1943 in der Kneipe passierte.“

„Das ist der einfachste Teil der ganzen Geschichte“, antwortete Mr. Dudgeon. „Ich war an jenem Abend in der Kneipe. Wir hatten zwei oder drei Bier getrunken, und ich war einer der beiden Matrosen, von denen es heißt, sie seien auf mysteriöse Weise verschwunden. Der andere hieß Dave. Seinen Nachnamen habe ich vergessen, aber er war auf der DE 49.

Die Schlägerei begann, als einige der Matrosen mit den geheimen Geräten prahlten und ihnen gesagt wurde, sie sollten den Mund halten. Zwei von uns waren noch minderjährig. Ich habe Ihnen ja schon erzählt, daß ich für meine Rekrutierungspapiere gemogelt habe. Die Kellnerinnen bugsierten uns daher durch die Hintertür ins Freie, sobald die Schlägerei losging und sie leugneten später, uns je gesehen zu haben. Wir brachen um zwei Uhr nachts auf. Die Eldridge hatte den Hafen schon um 23 Uhr verlassen.

Wer in jener Nacht auf den Hafen blickte, konnte sehen, daß die Eldridge nicht mehr da war. In Norfolk wurde sie dann aber gesehen. Schon am nächsten Morgen war sie wieder im Hafen von Philadelphia, eine scheinbar unmögliche Sache. Wenn Sie die Landkarte betrachten, dann verstehen Sie, warum bei Handelsschiffen für eine derartige Reise zwei Tage vonnöten gewesen wären. Sie hätten Lotsen gebraucht, um den U-Boot-Netzen, den Minen usw. vor den Hafeneingängen am Atlantik auszuweichen. Die Kriegsmarine aber benutzte eine besondere Fahrrinne im Inland, und zwar den Chesapeake-Delaware-Kanal, der das alles umging. Wir brauchten für die Fahrt etwa sechs Stunden.“

„Warum mußten die Schiffe nach Norfolk?"

„In Norfolk nahmen wir die Explosivkörper an Bord. Die Docks, die Sie auf den Luftaufnahmen sehen, sind für Munitionsverladung ausgelegt. Die Marine hat hier rund um die Uhr Schiffe beladen. Einen Zerstörer konnte sie in vier Stunden oder weniger abfertigen. Ich weiß, daß die Eldridge dorthin gefahren ist, und daß sie keineswegs unsichtbar war, denn wir sind ihr in der Chesapeake-Bucht begegnet, als sie von Virginia kommend auf der Rückfahrt war."

„Mit anderen Worten, das Ganze lief folgendermaßen ab: Nach Verlassen des Trockendocks Fahrt durch den Kanal, Munitionsbeladung in Norfolk, zurück nach Philadelphia und von dort aus Auslaufen zur Kalibrierung der Kompaßeinrichtung und Durchführung von Radar- und Sonartests?"

„Genau. Die Eldridge ist nie verschwunden. Alle vier Schiffe steuerten im Juli '43 Bermuda an und kamen Anfang August gemeinsam zurück. Während dieser Zeit gerieten wir in das Gewitter mit dem grünen Feuer, hinzu kam der Ozongeruch. Das grüne Leuchten verblaßte allerdings, als es zu regnen begann."

Das Montauk-Projekt

Diejenigen, die sich der Erforschung des UFO-Phänomens verschrieben haben (einschließlich der anfänglichen Fürsprecher der Allende-Briefe, wie Jerome Clark) sind sich heute weitgehend einig, daß die als Philadelphia-Experiment bekannt gewordene Täuschungsaktion, die sich von Anfang an auf äußerst dürftige Materialien stützte, längst hätte zu Grabe getragen werden müssen. Zudem gab es keinerlei Hinweise darauf, daß die Angelegenheit für die Ufologie überhaupt Relevanz hatte, denn keiner der Zeugen erwähnte außergewöhnliche Objekte am Himmel oder ungewöhnliche Wesen.

Der Fall hätte eigentlich schon in den 60er Jahren eines friedlichen Todes sterben müssen. Dennoch hat die Story überlebt. Bis zum heutigen Tag gedeiht sie in einer kuriosen Nische des Paranormalen. Nach einem UFO-Vortrag oder in einer Talkshow kommt es immer wieder vor, daß jemand aus dem Publikum die Frage herausstößt: „Und was ist mit dem Philadelphia-Experiment?" Die ganze „rätselhafte Angelegenheit" kommt nun in neuer Form wieder hoch, und zwar als Montauk-Projekt, angeblich ein Experiment mit Reisen durch die Zeit. Auch hier gibt es wieder einen geheimen Ort der Handlung (diesmal ist es ein Stützpunkt der US-Luftwaffe in New York anstelle des Marine-Stützpunktes in Pennsylvania), und es gibt ein Buch, angebliche Zeugen und eine Video-Kassette.

Geboten wird sogar ein Workshop über „Zeitreisen und die Präsenz fremder Wesen" - ein Bericht über das Philadelphia-Experiment und das Montauk-Projekt von Al Bielek, Preston Nichols und Duncan Cameron" für eine Teilnehmergebühr von 150 Dollar, zuzüglich 100 Dollar für Mahlzeiten und Gemeinschaftsquartier oder 70 Dollar für Camping. Im Katalog des Rim-Instituts[45] war zwischen den für 1993 geplanten Veranstaltungen auch eine Anzeige zu finden, die folgendes behauptete:

„Man nennt das Montauk-Projekt eines der größten Rätsel im heutigen Amerika. Die Story begann mit der Pionierarbeit von Wilhelm Reich und Nicola Tesla und

konkretisierte sich dann durch die Anfang der 40er Jahre von der Regierung finanzierten Versuche, Kontrolle über das Wetter zu erringen. Zum Kristallisationspunkt wurde das unglückselige Philadelphia-Experiment mit der Unsichtbarkeit während des Zweiten Weltkrieges. Die Akte des Philadelphia-Experiments ist abgeschlossen, aber langfristig angelegte Forschungsarbeiten wurden auch nach diesem Zeitpunkt fortgesetzt. Das Montauk-Projekt, das während der 70er und frühen 80er Jahre im US-Luftwaffenstützpunkt Montauk in New York durchgeführt wurde, war ein Versuch, den Fluß der Zeit zu erforschen mit dem Ziel, die Zeit zu manipulieren. Kronzeuge für diese neuen Offenbarungen ist Preston Nichols, der 'erst nach jahrelangen Bemühungen in der Lage war, die ausgelöschten Erinnerungen an seine Rolle als Cheftechniker des Projekts wiederzuerlange'".

Alfred Bielek, Mitautor des Philadelphia-Experiments (im Buch von Brad Steiger) behauptet, einer der zwei Matrosen zu sein, die „durch ein Zeitloch fielen", von den 40er Jahren ins Jahr 1983. Er sei später Berater für Montauk geworden. Duncan Cameron, „der renommierteste Seher, den das Projekt beschäftigte", sei ebenfalls durch ein Zeitloch gefallen. In einer sehr verworrenen Geschichten behauptet Al Bielek, er sei als Edward Cameron zur Welt gekommen, als Duncan Camerons Bruder.

Mit Hilfe außerirdischer Technologie hätten geheime Regierungsstellen ihn dann aus seiner eigenen Zeitspur gelöscht und ihm den Körper und die Biographie von Alfred Bielek, geboren 1927, gegeben. Als Werbung für das von Bielek und dessen Mitreisende durch die Zeit durchgeführte Seminar ist in der Broschüre des Rim-Instituts abschließend zu lesen:

*„Diese Story wird, ob man sie nun glauben mag oder nicht, für Sie mit Sicherheit den Begriff '**Realität**' erweitern."*

Diese Feststellung, soviel läßt sich auf jeden Fall behaupten, birgt einen gewissen Wahrheitsgehalt.

Gegenmaßnahmen

Was kann ein einzelner Wissenschaftler tun, um vernünftige Forschungsarbeit in einem Gebiet leisten zu können, dessen Literatur mit Stories über das Philadelphia-Experiment und dergleichen mehr angefüllt ist und in dem Enthüllungen nicht gefragt sind?

Zunächst ist gesunde Skepsis angebracht, ebenso wichtig ist es aber auch, unvoreingenommen zu bleiben. Schließlich beruhen manche Schilderungen, wenn auch im einzelnen nicht gesichert, auf Tatsachen. Wie bereits geschildert, hatten die Ereignisse, um die es bei der Eldridge ging, mit einer für damalige Verhältnisse hochmodernen Technik zu tun, waren streng geheim und beinhalteten Entscheidungen über Leben und Tod, eine Mischung, die für Außenseiter - nur bruchstückhaft informiert - sehr wohl faszinierende Anreize bot, sich Gedanken zum Thema zu machen.

Zusätzlich zur grundsätzlichen Unvoreingenommenheit und einer vernunftbetonten Grundhaltung möchte ich sechs Gesichtspunkte nennen, die für mich beim Umgang mit derartigen Stories selbst hilfreich waren.

1. Mißtrauen gegenüber selbsternannten Experten: Viele derjenigen, die in der UFOlogie das große Wort führen, nähren ihren fragwürdigen Ruf, indem sie sich gegenseitig Stichworte liefern und dem eingeschworenen Kreis einiger hundert Leser ihrer Zeitschriften nach dem Mund reden. Auf diese Weise entsteht ein kleiner „harter Kern". In solchen Gruppen, geprägt von wechselseitiger Bewunderung, gibt es nur sehr wenige wissenschaftlich ausgebildete Mitglieder.

Die Soziologie dieser Szene stärkt die dort vorherrschende extraterrestrische Hypothese, weil entsprechenden Diskussionsbeiträgen mehr Anerkennung gezollt wird als entgegenlautenden Theorien, Hinweisen auf neue Erkenntnisse und der Entdekkung aufschlußreicher Widersprüche.

2. Mißtrauen gegenüber den Medien: Für Fernsehberichte über UFOs (in Sendungen wie Sighting, Hard Copy, Geraldo, Unsolved Mysteries) ist in erster Linie die Einschaltquote maßgeblich, nicht die Verbreitung von Wissen. Ausgewählt werden rätselhafte Vorkommnisse, die beim Zuschauer Interesse wecken sollen. Die in Frage kommenden nüchternen Erklärungen werden heruntergespielt. Die vorgetragenen Informationen sind so einseitig, daß sie wertlos sind, auch wenn es dabei um tatsächliche Ereignisse geht.

3. Auf logische Fehlschlüsse achten: Herausragendes Kennzeichen ist das gefährliche und oft mißbrauchte Wörtchen „deshalb". Die meisten Irrtümer, die in der UFOlogie während der letzten 50 Jahre vorgekommen sind, beruhen auf Fehlschlüssen, die mit diesem einfachen Wort verknüpft sind. Es gibt viele Beispiele dafür:

a) Bei Roswell ist etwas abgestürzt (richtig), und der Vorfall wurde ganz offensichtlich von der US-Luftwaffe vertuscht (richtig), deshalb muß es eine fliegende Untertasse gewesen sein (falsche Schlußfolgerung).

b) UFOs verhalten sich nicht so, wie wir es von irdischen Flugkörpern erwarten (richtig), deshalb müssen sie außerirdischen Ursprungs sein (falsche Schlußfolgerung).

c) Der vorliegende Fall: Ein Zerstörer verläßt seinen Hafen unter geheimnisumwitterten Begleitumständen (richtig) und befindet sich nach einer „unmöglich" kurzen Zeitspanne an einem anderen Ort (richtig, in Anbetracht der begrenzten Kenntnisse der Zeugen), deshalb muß das Schiff unsichtbar gemacht bzw. entmaterialisiert worden sein oder eine Reise durch die Zeit gemacht haben (falsche Schlußfolgerung).

Die Liste derartiger logischer Grundirrtümer ist endlos.

4. Irrelevante Dramatik herausfiltern: Das Bemerkenswerte an der hier erörterten Irreführung ist die Tatsache, daß die Hauptperson, Carl Allen selbst, bei den Vorkommnissen, die er zur Sensation erhob, nur eine Randfigur darstellt und über Geräte, die er beschrieb, keine Kenntnisse aus erster Hand besaß.

Dennoch gelang es ihm fast allein, die gesamte Legende ins Leben zu rufen. Er gab den Anstoß für Jessups Beteiligung und für die ONR-Untersuchung, er entfachte durch das Schattenhafte seiner eigenen Existenz Faszination. Der Tod Einsteins stand in keiner Beziehung zu den Briefen Allendes. Nicht eine dieser „Tatsachen" hatte etwas mit den tatsächlichen Vorkommnissen in Philadelphia zu tun.

Ähnlich war es bei Bill Moore, der für zusätzliche Dramatik sorgte, indem er einen Zeitungsausschnitt über die „Kneipenschlägerei" ins Gespräch brachte, welcher auf geheimnisvolle Weise in seinen Briefkasten gelangt sei und „sicher in einem Schließfach" verwahrt würde - alles irrelevante Details, die mit dem zu untersuchenden Phänomen nichts zu tun hatten. Ein undatierter Zeitungsausschnitt, durch dunkle Kanäle zugespielt und an einem sicheren Ort aufbewahrt, ist um keinen Deut zuverlässiger oder bedeutungsschwerer als ein Zeitungsausschnitt gleichen Inhalts, den man an einer x-beliebigen Pin-Wand vorfindet. Trotzdem lassen sich viele ins Bockshorn jagen, wenn ihnen derartige Anhaltspunkte für ein sich entfaltendes Mysterium vorgegaukelt werden.

5. Unabhängige Informationsquellen erschließen und auf Zuverlässigkeit abklopfen: Gibt es Zeugen? In einem Hafen arbeiten hunderte von Menschen. Einige von ihnen müßten sich doch an die Ereignisse erinnern. Historische Unterlagen sind verfügbar und setzen Rahmenbedingungen für spätere Nachforschungen.

6. Von Geheimhaltungsgerede nicht beirren lassen: Einige der mit UFO-Forschung zusammenhängenden Tatsachen unterliegen sicher der Geheimhaltung, nicht zuletzt, weil in einigen Fällen mutmaßliche Objekte in Wahrheit fehlgedeutete Signale sind, die von geheimen Sensoren aufgespürt werden.

Es mag durchaus sein, daß es eine weit angelegte Vertuschung relevanter Daten gibt, wie Ufologen behaupten. Aber größtenteils ist die vermeintliche Geheimhaltung, wie im vorliegenden Fall, nur in den Köpfen derjenigen verankert, weil sie wie bei einer Jagd den Nervenkitzel steigern wollen oder sich selbst romantisch als unerschrockene Erforscher des Unbekannten erleben möchten.

Falls man auf tatsächliche Geheimhaltungsbarrieren stößt, findet sich immer genügend Zeit, Zweck und Ausmaß zu erkunden. In Philadelphia gab es wegen der auf dem Zerstörer installierten Geräte in der Tat geheim gehaltene Vorgänge, und nicht anders ist es heute in der „Area 51„ des US-Luftwaffenstützpunktes Nellis.

Es fällt nicht schwer, sich die Situation dort und die sich daraus ergebenden Antworten vorzustellen, auch wenn konkrete technische Details im Dunkeln bleiben. Im vorliegenden Fall hat Vizeadmiral William D. Houser, ehemaliger Stellvertretender Flottenchef der US-Marine, die von Mr. Dudgeon beschriebene Prozedur der Umschulung auf neues Gerät und der Schiffsbeladung sowie die Benutzung des Kanals für uns bestätigt.

Im Gespräch mit dem Autor dieses Berichts verwies er darauf, daß keine der damals auf dem Zerstörer installierten elektronischen Systeme High-Tech-Geräte waren. Die US-Marine erprobte einfach alles, was geeignet erschien, sich gegenüber den deutschen U-Booten Vorteile zu verschaffen. Der Grund für die ganze Geheimhaltung war lediglich, daß der Feind nicht erfahren sollte, welche Versuche unternommen wurden, und nicht etwa, daß die erprobten Geräte etwas absolut Neuartiges waren.

Bei der Erforschung echter UFO-Vorkommnisse sieht das Vorgehen gänzlich anders aus. Nach den Erfahrungen des Autors spielen sich viele der aussichtsreichsten Fälle auf offenem Gelände ab, und es gibt keine Sicherheitsabsperrungen, die zu überwinden wären. Der Ort des Geschehens, obwohl entlegen, ist allgemein zugänglich, und Zeugen lassen sich ohne heroische Großtaten auftreiben.

Schlußbetrachtung

Bei der Erforschung des Paranormalen sind nur wenige Aufgaben so wichtig wie das Aufdecken und die Eliminierung von bewußten Irreführungen und Täuschungsaktionen. Wenn in einem Forschungsgebiet die freiwillige Selbstkontrolle fehlt, übernehmen andere Faktoren die notwendige Kontrolle - möglicherweise mit verheerenden Konsequenzen, wie die jüngsten Betrugsfälle in der akademischen Forschung gezeigt haben.

Nährboden für die populäre UFOlogie sind Gerüchte, schlecht recherchierte Berichte, dürftiger Wissensstand und regelrechte Betrügereien - zum Nachteil echter Erkenntnisse, die für die Wissenschaft von Bedeutung sein könnten. Die bunte Folge nicht enden wollender Fälschungen ist in den Augen der Allgemeinheit kennzeichnend für die UFOlogie, und sowohl Wissenschaftler wie gebildete Laien gewinnen dadurch ein negatives Bild dieses Forschungsbereichs. Problematisch sind derartige Fälschungen, weil sie sich ins Gedächtnis einschleichen, weil sie kribbelnd und unterhaltsam sind und nicht zuletzt weil sie etwas bieten, von dem wir wünschten, es wäre wahr, obwohl die Realität von diesem Bild abweicht.

Wie geschildert, vereinte das Philadelphia-Experiment auf sich alle genannten Merkmale. Die geheimnisumwitterte Story scheint mehr als geeignet, auch in der Zukunft aus ihr Kapital schlagen zu können.

Auch im Jahr 1996 hat die Mär von der verschwundenen DE 173 nichts von ihrem ursprünglichen Charme eingebüßt. Für das englische Wort „hoax“, mit dem die Fälschungen in der UFO-Forschung als bewußte Irreführungen und Täuschungsaktionen treffend gekennzeichnet werden, gilt folgende Definition:

„Eine absichtlich konstruierte Unwahrheit, mittels der einer Tatsache ein anderes Aussehen verliehen werden soll.“

(MacDougall, 1958).

In einem unlängst erschienenen theoretischen Artikel über dieses Phänomen schreibt Marcello Truzzi, „in den Geisteswissenschaften wurden bisher nur wenig deduktive Anstrengungen unternommen, einen ‘hoax’ zu beschreiben und zu erklären“.[46]

Er stellt fest, daß laut Curtis MacDougall der Erfolg einer derartigen Irreführung aus zwei in den Opfern wirkenden psychologischen Kräften resultiert: In die Rubrik „warum wir nicht ungläubig sein wollen“ gehört laut MacDougall auch Unwissen, Aberglauben, Suggestion und Prestige.

Für die Rubrik „Anreize zu Glauben“ nennt MacDougall finanzielle Vorteile, Eitelkeit, Chauvinismus, Vorurteile, Vorliebe für gewisse Theorien, Verlangen nach

Nervenkitzel und kulturelles Klima. Wir haben gesehen, daß diese Faktoren in der Tat für die Infrastruktur des hier geschilderten Falles maßgeblich waren. Von MacDougall stammt auch der Satz: „Wenn ein 'hoax' so langlebig wird, daß er als Mythos oder Legende gelten kann, sollte man die Hoffnung auf Entlarvung vielleicht aufgeben." Nach 50 Jahren haben wir im Fall des Philadelphia-Experiments diesen Punkt möglicherweise erreicht...

Soweit Vallee und er scheint - wieder einmal - in vielen Dingen recht zu behalten.

Allerdings finde ich es äußerst bedenklich, den Fall Meier mit dem Fall Cortile/Napolitano in einen „Topf zu werfen".

Man könnte Vallee zudem das gleiche Vorgehen vorwerfen, das er bei anderen Forschern kritisiert: beim „ultimativen" Gegenbeweis gegen das angebliche Hirngespinst „Philadelphia-Experiment„ stützt auch er sich auf die Aussage eines einzelnen Mannes - so plausibel sie auch erscheinen mag -, dem man vorwerfen könnte, reichlich lange geschwiegen zu haben, bevor er sich veranlaßt fühlte, endlich die „Wahrheit aufzudecken".

Auch die Aussage eines Vize-Admirals muß nicht zwangsläufig ein Garant für die Feststellung des tatsächlichen Sachverhalts eines möglicherweise immer noch geheimgehaltenen Projekts sein.

Andere Einwände wie z.B. das Verschwinden der „Eldrige" und die verhängnisvollen Folgen, die 1900 Tonnen Wasser beim Einströmen in das beim Verschwinden entstandene „Nichts" im Marinehafen verursacht hätten und die ebenfalls irgendwo dokumentiert sein müßten, sind mehr als berechtigt.

Die beunruhigendste „Täuschungstheorie", die Vallee aufstellt, ist die Möglichkeit, daß die Öffentlichkeit oder zumindest Segmente derselben von Zeit zu Zeit gezielt mit UFO-Fälschungen versorgt werden könnte.

„In einigen Fällen" so Vallee, „wurde die Gemeinschaft der Ufologen möglicherweise einfach zu soziologischen Experimenten benutzt, weil sie eine geeignete Gruppe darstellen, um zu testen, welche Reaktionen sie auf verschiedene Gerüchte zeigen..."

Auch wenn sich das Ganze unwahrscheinlich anhört, zeigt Vallees Forschung bezüglich des Anwachsens sogenannter UFO-Kontaktkulte, daß eine derartige Manipulation möglich wäre. In seinem Buch *Messengers of Deception* erklärt Vallee die Entstehung einer neuen Art religiöser Bewegungen: die UFO-Messias-Kulte", deren Anhänger die Ankunft blasenköpfiger Retter in Untertassen erwarten. Derartige Gruppen finden sich in Europa genauso wie in Amerika in ständig wachsender Anzahl. Möchten Sie einen Blick auf diese „außerweltliche" Subkultur werfen?

Klicken sie, sollten Sie Zugriff zu einem Internet-Zugang besitzen, einfach auf die alt.alien Usenet-Gruppe oder geben Sie das magische Wort „UFO" in irgendeine der weltweit operierenden Suchmaschinen wie Lycos oder Yahoo ein, um zu sehen, wie schnell Sie zu einer der vielbeschrittenen Dimensionen der Online-Besessenheit, seit der „große Bruder" digital wurde, kommen werden.

Lauschen Sie „Seth“, dem gechannelten außerirdischen Wesen oder dem venusianischen Kommandeur Val Thor, der sein Raumschiff nahe dem Lake Mead außerhalb Las Vegas geparkt hat, als wäre es ein außerirdisches Hausboot (wenn er nicht gerade das Pentagon unterweist); oder „Rael“, der durch ein französisches Medium spricht und eine weltweite Organisation unterhält.

Vor kurzem berichtete die französische Presse, daß der berüchtigte Orden des Sonnentempels - er wurde bekannt durch den Massenselbstmord von 53 Mitgliedern in der Schweiz und in Kanada - seinen Jüngern mitteilt, daß die höchsten Ebenen der Initiation Treffen mit außerirdischen Wesen einschließen würden.

Der Kult benutzt holografische Projektoren, die in den Vereinigten Staaten beschafft wurden, um seine Mitglieder zu narren. „Wie sie sich erinnern werden“ sagt Vallee „handelte es sich bei den Mitgliedern des Kults um gebildete Menschen - nicht um verrückte, drogenabhängige Kinder.“

Was den Fall „Montauk-Projekt“ betrifft, habe ich eine eigene Erfahrung hinzuzufügen: mein Versuch, die im zweiten Band *Rückkehr nach Montauk* beschriebene Sendeeinrichtung in Nordbayern zu lokalisieren, scheiterte völlig. Der Ort Sembach ist im angegebenen Territorium unauffindbar, auch die Suche nach derartigen Einrichtungen in phonetisch vergleichbaren Orten wie „Simbach“ oder „Sambach“ verlief ergebnislos.

Damit will ich natürlich nicht behaupten, dieser Umstand ließe eine gesamte Bewertung der Hintergründe des sogenannten „Montauk-Projekts“ zu, aber symptomatisch verlief die Suche nach „Beweisen“ wieder einmal im Sande.

Geheime Projekte

Was die genannten Flugbewegungen in der Area 51 angeht, steht außer Frage, daß die Vereinigten Staaten eine ganze „Flotte“ neuartiger Flugzeuge entwickelt hat, die sich entweder im Teststadium befinden oder bereits eingesetzt werden. Derartige Programme sind natürlich in jedem Fall „ultrageheim“, und militärische oder andere offizielle Stellen verleugnen schon der eigenen Routine folgend deren Existenz.[47] Auch am Beispiel der Geheimentwicklung F-117 „Stealth Fighter“ könnten Parallelen zu bestimmten Sichtungsberichten gezogen werden.

Trotz umfangreicher Indizien ist es für alle, die sich auf unklassifiziertes Materi al verlassen müssen, ziemlich schwierig, die Existenz derartiger Fluggeräte nachzuweisen.

Es ist völlig logisch, daß das Ausmaß und die Natur sogenannter „black programs“ vor potentiellen Gegnern und der Öffentlichkeit verborgen wird, unklar ist das Ausmaß des Wissens über derartige Programme in den höchsten Ebenen der amerikanischen Regierung.

Sind die Top-Entscheider wirklich im Bilde darüber, was im Innern der durch amerikanische Gelder finanzierten Entwicklungsbüros vor sich geht?

In den vergangenen Jahren wurden auf Ebene des amerikanischen Kongresses, der für die Überwachung militärischer Projekte verantwortlich zeichnet, Entscheidungen getroffen, welche im krassen Gegensatz zur Existenz derartiger „Geheimwaffen“ stehen.

Es wäre nicht ungewöhnlich, wenn nur wenige politisch Verantwortliche in derartige Programme eingeweiht wären[48]. Aber die Tatsache, daß selbst diejenigen, die für die ausgegebenen Steuergelder verantwortlich sind, im Unklaren darüber gelassen werden, in welche Projekte diese Gelder eigentlich fließen, berechtigt zur Frage, wer denn dann überhaupt über Programme dieser Art entscheidet. Wer ist verantwortlich, sollten Milliarden Dollars vergeudet werden?

Man muß natürlich betonen, daß die Kontrolle durch den Kongreß keinesfalls eine komplette Offenlegung technischer Details erfordern würde, die im Einzelnen durchaus berechtigt der Geheimhaltung unterliegen. Aber das derzeitig angewandte System erlaubt seltsamerweise die Geheimhaltung der Kosten, des Zwecks und selbst der bloßen Existenz eines derartigen Programms.

Es überrascht nicht, daß diese Praxis in der Vergangenheit bereits dazu benutzt wurde, eine effiziente Überwachung zu verhindern. Eine Anzahl von „Pleiten“, überzogenen Budgets und Betrugsfällen waren der exzessiven Geheimhaltung im amerikanischen Verteidigungshaushalt anzulasten.

Im wissenschaftlich-technischen Bereich ist Geheimhaltung bestenfalls ein Garant für limitierte Effizienz und noch häufiger für eine echte „Entwicklungsbremse“. Im besten Fall kann Geheimhaltung dazu dienen, einen kleinen Vorsprung vor Mitbewerbern zu sichern, welche früher oder später dann gezwungen sind, derartige

Produkte zu duplizieren oder unabhängig von bereits erreichten Forschungsergebnissen zu entwickeln.

Der wichtigere Aspekt ist der, daß Geheimhaltung dazu tendiert, technische Entwicklung zu blockieren. Sie führt zu einer Hemmung des Informationsflusses, steigenden Kosten, schürt das öffentliche Mißtrauen und fördert in vielen Fällen Betrug und Mißbrauch.

Nichtsdestotrotz ufert u.a. die Überklassifizierung des militärischen Weltraumprogramms weiter aus. Die Geheimhaltung geht inzwischen so weit über das notwendige Maß an Sicherung der Details sensibler Technologien hinaus, daß man nur zu dem Schluß kommen kann, es gehe dabei eher darum, umstrittene Programme vor der Kenntnisnahme durch die Öffentlichkeit als vor feindlichen Geheimdiensten zu schützen .

Folgende zwei Hypothesen sind für die genannten Einzelpunkte in Betracht zu ziehen:

Die **Operational-Hypothese**, die auf der tatsächlichen oder in nächster Zukunft geplanten Existenz einer signifikanten Anzahl (mindestens einem Dutzend) verschiedenster einsatzfähiger Luftfahrzeuge basiert.

Die **Experimental-Hypothese** deutet an, daß das Beweismaterial unter Berücksichtigung der Existenz einiger weniger, vielleicht nur einer Handvoll Prototypen zu betrachten sei, bei denen es sich nicht um die Vorläufer einer Flotte einsatzfähiger Luftfahrzeuge handelt.

Es erscheint einleuchtend, daß die Operational-Hypothese die interessantere und provokativere These darstellt, da sie den technologischen Vorsprung der Amerikaner im Bereich signifikanter militärischer Ressourcen impliziert, welche weit über die von der US-Regierung öffentlich bekannt gegebenen Angaben hinausreichen.
Verschiedene Hinweise deuten auf die mögliche Existenz von mindestens vier verschiedenen Arten mysteriöser Flugapparate hin:

1. Aurora/Senior Citizen	ein Hochgeschwindigkeitsaufklärer (Mach 4 bis Mach 8), der in sehr großer Höhe operiert
2. Exotic Propulsion Aircraft	Flugzeuge mit exotisch anmutendem Antrieb, basierend auf einer Art Impulsantrieb oder externen Verbrennungsmotoren, mit sehr hoher Geschwindigkeit operierend (bis zu Mach 8)
3. TR-3A	Unterschall-Stealth-Aufklärer, vergleichbar mit der F-117 A
4. Neuartige Stealth-Pre-Prototypen	mit unterschiedlicher Konfiguration

Obwohl sich scheinbar widersprechende Berichte und die fragmentarische Natur der Beweismittel eine endgültige Offenlegung von vornherein ausschließen, läßt die Gesamtheit der im Augenblick verfügbaren Daten folgende Schlüsse zu:

- es erscheint wahrscheinlich, daß zumindest ein Hochgeschwindigkeitsaufklärer zur Zeit Tests auf Flugtauglichkeit unterzogen wird. Ob es sich um die Aurora oder eine Exotic Propulsion Aircraft handelt, ist dabei noch unklar. Ebenso unklar ist, ob es sich bei diesem Typ um bemanntes oder unbemanntes Gerät bzw. eine Drohne - ähnlich der D-21, die wiederum der SR-71 ähnlich ist - handelt. Unwahrscheinlich ist, daß dieser Typ bereits Produktreife oder operativen Status erreicht hat.
- es ist möglich, daß das TR-3A-Programm existiert und daß bereits einige Dutzend dieser Flugzeuge in Produktion oder schon im Einsatz sind.
- es ist mehr als wahrscheinlich, daß ein oder mehrere Stealth-Pre-Prototypen existieren, obwohl sie nicht Teil eines Produktionsprozesses sind.

Es gibt Berichte über Pläne für einen Hochleistungs-Ersatzflugzeug für die SR-71. 1979 wurde gemeldet, daß ein:[49] „... Mach 4, 200,000 Fuß Höhenflugzeug, als Nachfolger der Lockheed SR-71, eines strategischen Aufklärungsflugzeugs in den 90ern durch die Air Force Aeronautical System und Lockheed definiert wurde.“[50]

Der bekannte Luftfahrtanalytiker Wolfgang Demisch der First Boston Company nahm an, daß das 10-Billionen-Programm zur Produktion von etwa 30 Flugzeugen führen würde.[51]

„... die Aurora wurde von einer Basis in der Nevada-Wüste zu einem pazifischen Atoll geflogen, dann zur Betankung nach Schottland, um bei Nacht in die USA zurückzukehren. Speziell modifizierte Tankflugzeuge werden ... verwendet, um die Tanks der Aurora während des Fluges mit flüssigem Methantreibstoff aufzufüllen. Die US Luftwaffe verwendet die abgelegene RAF-Luftwaffenbasis Machrihanish, Strathclyde als Etappenziel ... Das geheimnisumwitterte Flugzeug kam bei Nacht an, bevor es mit mehr als sechsfacher Schallgeschwindigkeit über den Nordpol in die USA zurückkehrte... ein F-111-Kämpferbomber kreiste bei der Landung des Flugzeugs in enger Formation, um neugierige zivile Radarbeobachter abzulenken.“

Die Aurora soll eine sagenhafte Flughöhe von 40.000 km und mit bis zu 8.500 km/h achtfache Schallgeschwindigkeit erreichen. Durch ein völlig unkonventionelles Antriebssystem, das sogenannte Pulser-Triebwerk, bestehe nach der Zeitschrift *Popular Science* sogar die Möglichkeit des Einsatzes im erdnahen Raum als ideales Verbindungsmittel zu den geplanten Raumstationen.

Die am häufigsten verwendete Begründung des amerikanischen Verteidigungsministeriums für die Beendigung des SR-71-Projekts war finanzieller Natur. Die Betriebs- und Instandhaltungskosten der Blackbird waren sehr hoch. Nach einigen Berichten beliefen sich die Kosten des SR-71 auf annähernd 710 Millionen Dollar in den Jahren 90 und 91.[52] Eine weitere Begründung war, daß heutzutage Satelliten eine bessere und preiswerte, weltweite Aufklärung als bemannte Aufklärungsflugzeuge gewährleisten würden.

Unabhängige Luft- und Raumfahrtanalytiker entkräfteten dieses Argument jedoch durch den Hinweis auf die einzigartigen Vorteile von Aufklärungsflugzeugen. Flugzeuge seien wesentlich flexibler und unvoraussagbar. Obwohl sie nicht so schnell seien wie Satelliten, könnten diese tiefer fliegen und das Intervall zwischen dem Eindringen in den Luftraum und dem Eintreffen über dem Ziel vergleichbar kurz halten. Anti-Radar-Technologie könnte die Vorwarnzeit zusätzlich verkürzen.[53] Aus diesen Gründen scheint es plausibel, daß Aufklärer auch in Zukunft eine Rolle in der weltweiten Überwachung spielen werden.

Ein anderer Analytiker hat die Möglichkeiten untersucht, die die Charakteristika und die Fähigkeit der Aurora bieten könnten.... Ein derartiger Aufklärer wäre sehr reaktionsschnell, leichter zu warten als der SR-71 und könnte innerhalb von sechs Stunden nach Startbefehl Bilder von den meisten Punkten der Erde liefern. Eine Geschwindigkeit zwischen Mach 5 und Mach 8 und eine Flughöhe von 40 Kilometern würden das Flugzeug so gut wie unverwundbar gegenüber jedem gegenwärtigen Geschoßsystem machen.

Das Staatsarchiv

Beginnend in der Mitte der 80er Jahre unterstützten die Luftwaffe und die NASA eine Anzahl von Flugzeugstudien, die mit dem Aurora-Projekt übereinstimmen könnten. Obwohl diese Studien nicht mit tatsächlichen Entwicklungsplänen verbunden sein müssen, ermöglichen sie doch einen Einblick in den potentiellen Aufbau und die Fähigkeiten der Aurora.

Im Jahr 1985 führte McDonnell Douglas Studien über ein mit Mach 5 operierendes HSCT (HyperSonic Commercial Transport) mit einer Reichweite von 12.000 km und einem Fassungsvermögen von 305 Passagieren durch, welches mit regenerativen ATR (Staustrahl-) Triebwerken ausgerüstet war.

Diese ersten Forschungsergebnisse ergaben, daß diese Art Flugzeug nicht nur möglich ist, sondern sogar auf bemerkenswerte Weise effizient operieren kann. Entsprechend diesen Studien war ein Staustrahltriebwerk die beste Option bei Mach 5 und Methan der zu bevorzugende Treibstoff. Wasserstoff wurde zunächst in Betracht gezogen, beansprucht aber bis zu fünfmal so viel Platz.

Wird der Maßstab des großen HSCT den Maßen einer SR-71 angeglichen, könnte das Flugzeug mit einer Mannschaft von zwei Piloten und einer Sensoreinrichtung eine Reichweite von etwa 10.000 Meilen haben.

Lockheeds berühmtes „Skunk Works" war sozusagen der „Brutkasten" mehrerer Programme, die sich zu einem SR-71-Ersatz entwickeln könnten oder schon entwickelt haben. Wie verlautet wird, arbeiten derzeit Lockheed-Ingenieure an der Entwicklung eines mit flüssigem Methan betriebenen Flugzeugs, das in einen feindlichen Luftraum eindringen könnte, um dort Aufklärungsaufträge auszuführen.

„Das äußerlich völlig glatte Flugzeug würde mit Mach 5 (3.350 Mph) in einer Maximalhöhe von ungefähr 100.000 Fuß operieren. Die Hülle des Flugzeugs würde in erster Linie aus Titan und die äußeren Flanken aus Inconel, einem hitzeresisteten, rostfreien Stahl bestehen. Bei einer Geschwindigkeit von Mach 5 würden die Leitwerke bei 1.000 Grad Fahrenheit rot glühen. Als Antrieb für dieses futuristisch anmutende Flugzeug würden vier Turbo-Staustrahltriebwerke Verwendung finden. Die Triebwerke würden als Turbojets mit niedrigen Geschwindigkeiten arbeiten, aber bei höherer Geschwindigkeit Kompressor und Turbine abschalten, so daß die Triebwerke als Staustrahltriebwerke arbeiten würden."

Weitere Pläne für Flugzeuge, die eine Geschwindigkeit zwischen Mach 4 und Mach 8 erreichen sollen und Kohlenwasserstoff oder flüssigen Wasserstoff als Treibstoff benutzen, werden geprüft...

Mitte der 80er Jahre schlug Lockheed ein Mach 7-8 schnelles „transatmosphärisches Fahrzeug" oder TAV als Ersatz für das SR-71 vor. Faszinierenderweise wurde der Name „Aurora„ auch in Zusammenhang mit diesem Vorschlag genannt.[54]

In der Finanzierung des Aurora-Projekts zeigten sich einige seltsam anmutende Faktoren. Zeitschriften postulierten, daß Aurora einer mehrerer Decknamen war, die „innerhalb anderer Decknamen verschachtelt" sind und sich auf eine Klasse von Mehrzweckflugzeugen beziehen.

Alle Beiträge zur Diskussion über das Budget des Aurora-Projekts übersahen eine entscheidende Tatsache: Zu keinem Zeitpunkt wurden dem Aurora-Projekt offiziell Gelder zugewiesen. Es gibt anscheinend keine eindeutig identifizierbare Quelle für die Mittel, die dem Projekt zuflossen.

Man hat angenommen, daß die Finanzierung des CIA und der NRO absichtlich verborgen wird - versteckt unter einer Unzahl von Konten verschiedener Regierungsagenturen oder verborgen in irgendwelchen obskuren finanziellen Transaktionen der Federal Financing Bank oder den Subventionsprogrammen des amerikanischen Landwirtschaftsministeriums. Solche Annahmen vorausgesetzt, würden sich die Milliarden Dollar, die jedes Jahr für Programme wie „selected activities" also „ausgewählte Aktivitäten" oder „Spezialprogramme" verwendet werden, mehr als genug Geldmittel für die Finanzierung einer ganzen Flotte von exotischen Flugzeugen liefern.

Weitere Beobachter sichteten ein anderes wesentlich größeres und viel beweglicheres Flugzeug, das über der Wüste Kaliforniens kreuzte und inzwischen oft als „Mothership" oder „Mutterschiff" bezeichnet wird.

Dieses primär deltaförmige Flugzeug soll unbestätigten Berichten zufolge eine Flügelspannweite von 150 Fuß und eine Länge von 200 Fuß aufweisen. Obwohl eine derartige Dimension grobe Ähnlichkeiten mit einem B2-Bomber aufweist, bestehen die Beobachter darauf, daß das Objekt bei Nacht klar von einer B2 zu unterscheiden sei. Im Gegensatz zu einer B2 schien das Fahrzeug äußerst manövrierfähig zu sein. So soll eines der Flugzeuge eine 90°-Wendung über seine Flugzeugspitze ausgeführt haben. Nach Berichten wurde dieses große hell-lackierte Flugzeug, der Form nach ähnlich dem XB-70 Überschallbomber, bereits im September 1990 in der Nähe der Edwards AFB, Californien von Einwohnern von Mojave, Californien und Arbeitern der Edwards AFB gesichtet worden sein. Insgesamt wurden fünf separate Sichtungen des Fahrzeugs der Aviation Week and Space Technology berichtet.

Möglicherweise könnte das Flugzeug konzipiert worden sein, um kleineren, aus der Luft startenden Überschallflugzeugen als eine Art „Startrampe" zu dienen.

CUI BONO?

(Wem zu Nutzen? Cassius, nach Cicero Philippica)

Die eingehende Betrachtung der genannten Theorien führt zwangsläufig zu einer Anzahl von Fragen, die beim derzeitigen Kenntnisstand nicht schlüssig beantwortet werden können.

Sind Teile amerikanischer Stellen tatsächlich im Besitz abgestürzter UFOs und/oder deren Insassen habhaft geworden?

Warum sollten uns die zuständigen Stellen die Wahrheit verschweigen?

Wem nutzt es, die ganze Welt im Unklaren über die Hintergründe der Entwicklung zu halten?

Behauptungen wie es sei noch nie ein UFO auf einem Radarschirm oder durch Satellitenbeobachtung ausgemacht worden, haben sich als faustdicke Lügen entpuppt. UFOs tauchen zwar tatsächlich nie in den Berichten von militärischen Beobachtern auf, das könnte aber vermutlich an der Tatsache liegen, daß in deren Jargon derartige Objekte als „UCTs (uncorrelated targets)" also in etwa „unzusammenhängende Ziele" bezeichnet werden. Das Western Defense System soll bereits einmal siebenhundert UCTs ***im Monat*** verzeichnet haben.

Welche furchtbaren Wahrheiten könnten das uns vertraute Gefüge der Welt erschüttern?

Wollen bestimmte Leute vielleicht nur den Eindruck erwecken, man habe einen geheimen, technologischen Vorsprung vor dem Rest der Welt errungen?

Dient die Verschleierungspolitik, so es wirklich eine derartige Verfahrensweise gibt, Zwecken wie dem verdeckten Einsatz neuartiger Prototypen oder soziologischen Studien?

Warum sollte das Militär Interesse an derartigen Studien haben?

Interessant ist möglicherweise die Reaktion der irdischen Beobachter. Wie würden Wachmannschaften reagieren, wenn ein realer Feind in der Verkleidung „Außerirdischer" auftauchen würde? Wie reagieren Berufssoldaten, Geheimdienstoffiziere, Piloten und Polizisten? Gehorchen sie immer noch Befehlen? Welche Mittel könnte man einsetzen, um nach Wunsch die Verwirrung noch zu steigern oder aufzulösen?

Das amerikanische Militär könnte ein oder gar mehrere Geräte entwickelt haben, die aussehen wie fliegende Untertassen, hauptsächlich für die psychologische Kriegsführung gedacht sind und an ahnungslosen Soldaten getestet werden.

Antiterror-Übungen und Scheinangriffe auf Raketenstützpunkte, Gerüchten zufolge auch unter Einsatz von UFO-Attrappen haben gezeigt, daß die Verwirrung, die ein derartiges Szenario unter der Wachmannschaft auslösen könnte, potentiellen Angreifern wertvolle Sekunden oder Minuten verschafft, ein Zeitraum der möglicherweise schon ausreicht, den Stützpunkt zu erobern.

Eine ganze Reihe jener UFO-Sichtungen in der Umgebung von Raketenstellungen - von einigen UFO-Forschern und Fernsehdokumentationen als Beweis dafür zitiert, daß die Außerirdischen unsere Rüstung überwachen - könnten auf solche „Sicherheitsüberprüfungen“ zurückzuführen sein. Ein auf diese Weise „angegriffener“ Stützpunkt erfährt unter Umständen nie, was tatsächlich geschah, weil ein Test dieser Art sinnlos wird, wenn das Objekt Bescheid weiß. Vielmehr könnten die Personen, die das Experiment leiten, jederzeit Art und Umfang der Informationen kontrollieren, die über die Geschichte durchsickern.

Ein weiterer möglicher Grund für derartige Experimente: der Einfluß wichtiger Gruppen von UFO-Gläubigen könnte im Sinne politischer Ziele manipuliert werden. Die Empfehlung eines kürzlich freigegebenen Geheimpapiers eines gemeinsamen Ausschusses der CIA und der US-Luftwaffe deutet zumindest das Interesse an der Aktivität ziviler Gruppen an.

Im Papier heißt es, daß der Ausschuß die Existenz solcher Gruppen wie der „Civilian Flying Saucer Investigators“ aus Los Angeles oder der „Aerial Phenomena Research Organisation“ oder APRO, Wisconsin zur Kenntnis nähme. Diese Gruppen müßten überwacht werden, weil sie großen Einfluß auf das Denken der Massen hätten, ***falls es zu umfangreichen Sichtungen kommen sollte***. Die offensichtliche Verantwortungslosigkeit und der mögliche Nutzen solcher Gruppen ***für subversive Zwecke*** solle nicht übersehen werden.

Zivile UFO-Gruppen werden möglicherweise gezielt unterwandert. Sie dienen als Mittel zur gesellschaftlichen Verhaltenskontrolle, bieten den Enthusiasten ein Betätigungsfeld und sind zugleich ein nützlicher Kanal für erfundene Geschichten.

Auch wenn es sich sehr nach „Akte X“ anhört:

Admiral Roscoe H. Hillenkoetter, ehemaliger CIA-Chef wurde Mitglied des National Investigations Committee on Aerial Phenomena, kurz NICAP und konnte dort die Theorie der Außerirdischen gezielt fördern. Zu den Führern des NICAP gehörten zudem mindestens drei bekannte Geheimdienstangehörige: Bernard Corvalho, Nicholas de Rochefort und Colonel Joseph Ryan.

Vielleicht ist aber der Zweck der Übung gar nicht so kompliziert oder strategisch bedeutsam. Vielleicht soll nur von politischen Problemen abgelenkt, die Zuverlässigkeit von Informationskanälen unter simulierten Krisenbedingungen oder paramilitärische Operationen gedeckt werden.

Wurden die Gerüchte über fliegende Untertassen in der Area 51 absichtlich vom Militär in Umlauf gesetzt, um jeden in Mißkredit zu bringen, der die seltsamen Manöver fortschrittlicher Flugzeug-Neuentwicklungen beobachtete und über sie berichtete, wenn man die Tests schon nicht wirksam vor den Bewohnern der Gegend verbergen konnte?

Es ist keine Frage, daß die amerikanische Luftwaffe von Anfang an versuchte, die UFO-Problematik unter den Teppich zu kehren. Sie hat gelogen, Zeugen lächerlich gemacht und sogar vor dem Kongreß geleugnet, daß einige der überzeugendsten Fälle von ihren eigenen Offizieren berichtet wurden. Dies ist in der Tat mehr als nur Vertuschung - es handelt sich nach Auffassung vieler Forscher um einen echten Meineid! Inzwischen gilt als erwiesen, daß eine oder wahrscheinlich sogar mehrere

Forschungsgruppen der amerikanischen Regierung bereits seit den fünfziger Jahren an der Lösung des Phänomens arbeiten.

Sollen Projekte, die sich mit dem Einsatz von Gedankenkontroll-Mechanismen befassen, vor der Öffentlichkeit geheimgehalten und Menschen, die Opfer und/oder Zeugen entsprechender Versuche wurden, der Lächerlichkeit preisgegeben werden?

Dr. Helmut Lammer, Mitarbeiter an Projekten des Österreichischen Weltraumforschungsinstituts, österreichischer Repräsentant des Mutual UFO Network, Mitglied der Society for Scientific Exploration SSE und Koautor zweier kürzlich erschienener Bücher mit Oliver Sidla: *UFO Geheimhaltung* (Herbig: München, 1995) und *UFO Close Encounters* (Herbig: München 1996) initiierte im Jahre 1996 das Projekt MILAB (Military Abductions of alleged UFO-Abductees).

Er stellt in seinem vorläufigen Befund *Beweise für militärische Entführungen angeblicher UFO-Entführungsopfer* fest, daß die Möglichkeit, einige der Informationen, die wir von den MILAB Entführten erhalten haben, könnten möglicherweise Falschmeldungen sein, die durch die Hypno-Programmierung durch Militärpsychologen herbeigeführt wurden, in Betracht zu ziehen sei.

Es bestehe zudem die Möglichkeit, daß das Militär während MILABs Alien-Gummimasken und Spezialeffekte benutzt. Die MILAB Entführte Katharina Wilson berichtet von Erinnerungen, in denen sie die Gummimaske eines Alien-Kopfes in ihren Händen hielt. Auch Whitley Strieber macht Andeutungen, die in diese Richtung weisen könnten. Fakten wie diese, führten einige Mind Control Forscher zu der Annahme, daß alle Alien-Entführungsopfer zu geheimen Mind Control und/oder genetischen Experimenten benutzt wurden, die durch einen dunklen, mächtigen Arm der Regierung der Vereinigten Staaten inszeniert werden.[55] Wie auch immer, Dr. Lammer fand einige Argumente gegen eine derartige Verallgemeinerung:

Wenn alle Alien-Entführungen als Deckmantel für geheime Mind Control oder genetische Experimente wie das Lebensborn Projekt der Nationalsozialisten[56] dienen, warum berichten dann Entführte erst seit Beginn der achtziger Jahre von der Beteiligung militärischer Geheimdienste? Eigentlich müßte genau das Gegenteil der Fall sein, da die Mind-Control-Technologie in den neunziger viel besser funktionieren würde als in den sechziger und siebziger Jahren!

Warum gibt es Mind Control Opfer, die implantiert und für Tests geheimer Waffen benutzt wurden, aber nichts mit dem UFO-Phänomen oder Entführungen durch fremde Wesen zu tun haben? Es scheint mir, daß die „Mind Control Agenda“ UFO-Entführungen als Deckmantel für ihren Aktionen gar nicht benötigt, da niemand den Behauptungen gewöhnlicher Mind-Control-Opfer Glauben schenkt, obwohl sie im Besitz von Röntgenaufnahmen sind, auf denen jedermann anomale Objekte in ihren Köpfen sehen kann.

Wenn alle Alien-Entführungen als Deckmantel für Mind-Control-Experimente dienen, warum führt das Militär gynäkologische Untersuchungen an weiblichen Entführten aus?

Forscher des Bereichs Gedankenkontrolle (Mind Control) vermuten, daß diese Fälle Beweise dafür sein könnten, daß das gesamte UFO-Entführungsphänomen von

den Geheimdiensten als Deckmantel für deren illegale Versuche benutzt wird. Aufgeschlossene Forscher, die versuchen, der Entführungsforschung den nötigen Respekt zu verschaffen, ignorieren diese Geschichten meist, da sie nur einen Bruchteil der von ihnen erfaßten Fälle[57] darstellen. Entführungsfälle, die Berichte von Entführungen durch das Militär und fremde Wesen beinhalten, könnten sich jedoch aus zwei Gründen als besonders wichtig erweisen:
wenn der UFO-Gemeinschaft Beweise vorliegen, daß eine verdeckt arbeitende Einheit des militärischen Geheimdienstes am Entführungs-Phänomen beteiligt ist, wäre dieser Umstand ein Indiz dafür, daß das Phänomen insgesamt als eine Angelegenheit der nationalen Sicherheit erachtet wird.
die angebliche militärische Beteiligung am Entführungsphänomen konnte als Beweis dafür gelten, daß das Militär Entführte für Mind-Control-Experimente als Testziele für Mikrowellenwaffen benutzt. Weiterhin konnte das Militär Entführte überwachen oder sogar selbst entführen, um während, vor und nach einer UFO-Entführung Informationen zu sammeln.

Sollte sich einer dieser Punkte als richtig erweisen, können Forscher und Opfer damit rechnen, bereits früh auf Widerstand zu stoßen, sollten sie UFOs und Entführungen betreffende Kongreßanhörungen vorschlagen. Aus diesem Grunde hat Dr. Lammer das Projekt MILAB ins Leben gerufen und die vorläufigen Erkenntnisse dieser Studie zusammengefaßt. Er überprüfte die relevante Literatur und beruft sich auf Kontakte, sowohl zu UFO- und Gedankenkontroll-Forscher, als auch MILAB-Entführungs- und Gedankenkontrollopfer auf der ganzen Welt. Zudem wurde sein Befund mit der umfassenden UFO Abduction Study von Dr. Thomas Bullard[58] [59], dem MUFON Abduction Transcription Project[60] und den MIT Abduction Proceedings[61] verglichen.

Forscher, die sich ernsthaft mit der Untersuchung dieser Fälle beschäftigen, sollten alle Möglichkeiten in Betracht ziehen. Einige UFO-Entführte mögen tatsächlich Opfer der Mind Control oder geheimer genetischer Experimente gewesen sein. Wie auch immer, Dr. Lammer glaubt an ein anderes, plausibleres Motiv für die Beteiligung des Militärs am UFO-Entführungsphänomen. Seine vorläufige Hypothese für die angeblichen Kidnappings von UFO-Entführten durch das Militär lautet wie folgt:

MILABs könnten ein Beweis dafür sein, daß eine geheime militärische Spezialeinheit seit Beginn der achtziger Jahre in Nordamerika tätig ist und an der Überwachung und Entführung angeblicher UFO-Entführungsopfer beteiligt ist. Anfang der achtziger Jahre wurde eine Menge Geld für streng geheime militärische Projekte wie die Strategic Defense Initiative (SDI) zur Verfügung gestellt. Diese Spezialeinheit könnte sich aus einem Teil des Geldes finanzieren, die für die SDI beiseite gelegt wurde. Es ist kein Zufall, daß die Entstehung der SDI und Berichte über eine militärische Beteiligung an den Entführungen in den selben zeitlichen Rahmen fallen.

Vielmehr scheint es, daß diese Leute an einer gründlichen Untersuchung der Entführungsfälle interessiert sind. Sie überwachen die Häuser der Opfer, entführen diese und implantieren ihnen möglicherweise kurz nach deren UFO-Entführungserfahrung militärische Geräte. Es scheint, sie suchen auch nach möglichen Implantaten der Fremden. Ihr gynäkologisches Interesse an weiblichen Entführungsopfern konnte dadurch erklärt werden, daß sie nach möglichen Alien-Hybridembryos suchen. Dr. Lammer ist überzeugt, daß diese Einheit und die Leute, die hinter diesen Entführungen stehen, eine fortgeschrittene Gedankenkontroll-Technologie einsetzen, die derzeit illegal an Individuen getestet wird, die nichts mit UFO-Entführungen zu tun haben.

MILABs beinhalten folgende Elemente:

Aktivitäten dunkler, nicht gekennzeichneter Hubschrauber, das Auftauchen seltsamer Wagen oder Busse im Bereich der Häuser von Entführten, den Einsatz elektromagnetischer Felder, Betäubung des Opfers und Transport mit einem Hubschrauber, Bus oder Lastwagen zu einem unbekannten Gebäude oder einer unterirdischen militärischen Einrichtung. Für gewöhnlich gibt es nach militärischen Entführungen physische Nachwirkungen wie Benommenheit und manchmal Übelkeit.

In den meisten UFO-Entführungsfällen erscheinen die Wesen durch ein geschlossenes Fenster, eine Mauer oder der Entführte fühlt eine fremde Präsenz im Zimmer. Die meisten Entführten berichten, daß sie durch die mentale Kraft der fremden Wesen paralysiert wurden. Während MILABs berichten Entführte von der Verabreichung einer Injektion. Interessant ist, daß MILAB-Entführte von menschlichen Ärzten in rechteckigen Räumen untersucht werden also nicht in den runden sterilen Zimmern, die während der meisten UFO-Entführungen beschrieben werden. Die beschriebenen Räume, Hallen und das dortige Mobiliar entsprechen irdischen Krankenhauszimmern, Laboratorien oder Forschungseinrichtungen und haben nichts mit „UFO"-Einrichtungsgegenständen zu tun.

Während einer MILAB-Untersuchung ist ein ähnliches Vorgehen zu verzeichnen, wie es von bei UFO-Entführungen „üblich" ist, doch das MILAB-Opfer ist nicht paralysiert, sondern wird vielmehr an einen Untersuchungstisch oder einen gynäkologischen Stuhl gefesselt. Manchmal bekommt der Entführte vor der Untersuchung ein starkes Getränk (!) verabreicht. Vielleicht handelt es sich hierbei um eine Art Kontrastflüssigkeit. MILAB sind für gewöhnlich in weiße Labormäntel gekleidet und zeigen Interesse sowohl an Implantaten als auch an gynäkologischen Untersuchungen. In einigen MILAB-Fällen suchten Militärärzte gezielt nach Implantaten und implantierten in einigen Fällen sogar ein militärisches Gerät. Aus diesem Grund sollten Chirurgen die ein angebliches Implantat der Fremden entfernen sollen, darauf vorbereitet sein, ein militärisches Gerät zu finden, besonders im Hinblick darauf, daß die menschliche Implantationstechnologie relativ weit fortgeschritten ist.

Bis zum heutigen Tage wurde in mehr als 3 Millionen Tiere weltweit erfolgreich ein Transponder-Implantat des Herstellers Destron-Fearing eingepflanzt[62]. Das Transponder-Implantat ist ein passives Funk-Identifikationssystem, daß in Zusammenhang mit einem kompatiblen Funk-Identifikationslesesystem arbeitet. Der Transponder wird durch ein niederfrequentes Funksignal aktiviert. Es sendet dann seinen ID-Code an das Lesesystem. Der kleinste Transponder hat die Größe eines ungekochten Reiskorns. Der winzige elektronische Schaltkreis des Transponders wird durch die Energie eines schwachen Energieimpulses, der von dem Lesegerät ausgestrahlt wird, gespeist.

Ein ähnlicher Bio-Chip für Menschen wurde von Dr. Daniel Man in den Vereinigten Staaten entwickelt. Dr. Daniel Man hält seit 1989 ein USA-Patent für ein Peilgerät, welches in Menschen[63] implantiert werden kann. Er entwickelte das Implantat zum Aufspüren vermißter Kinder. Dieses Gerät ist etwas größer als das Destron-Implantat und kann nicht mit einer speziellen Spritze injiziert werden. Statt dessen muß zur Implantation ein kleiner chirurgischer Einschnitt vorgenommen werden. Interessant ist, daß Dr. Man behauptet, der beste Platz für sein Implantat sei hinter dem Ohr des Probanden. MILAB-Entführte wie Debbie Jordan haben berichtet, daß Ärzte Implantate aus diesem Bereich entfernt haben!

Dr. Man gibt an, daß das Gerät von einer kleinen Batterie gespeist wird, die routinemäßig von einem Gerät geladen werden kann, welches außerhalb des Körpers in die Nähe des Implantats gehalten wird. Die Leute, die für die Überwachung der Implantate verantwortlich sind, könnten drei Satelliten oder speziell ausgerüstete Hubschrauber verwenden, wenn sie eine vermißte Person finden wollten. Durch Triangulation des vom Implantat ausgestrahlten Signals, sind die Satelliten oder Hubschrauber in der Lage, die exakte Position des Implantates zu lokalisieren. Bevor das Gerät Dr. Mans für die Menschen in den Vereinigten Staaten für den Gebrauch erhältlich ist, muß es zunächst von der U.S. Food an Drug Administration genehmigt werden.

Eine Agentur, die daran interessiert wäre, während einer UFO-Entführung physiologische Informationen von dem Entführungsopfer zu erhalten, könnte biomedizinische Telemetrie verwenden. Biomedizinische Telemetrie wird als Spezialbereich der biomedizinischen Ausrüstung definiert, die den Transfer von physiologischen Information aus einer unzugänglichen Region zu einem entfernten Überwachungsstandort erlaubt[64]. Die Sendeeinheit kann in den Körper implantiert werden. Tiere werden seit etwa 30 Jahren erfolgreich via Biotelemetrie überwacht. Durch Verwendung von telemetrischen Systemen als Methode zur Überwachung von Entführten könnte das Militär physiologische Daten wie der Atmung, Muskelspannung und der Menge des Adrenalingehalts des Blutes erhalten.

Es gibt Beweise dafür, daß das Militär bereits einige Jahre vor Dr. Man Implantattechnologie entwickelte. Forschungsarbeiten untersuchten bereits während der sechziger Jahre die Möglichkeiten der Überwachung und Kontrolle des menschlichen Verhaltens und die Nutzungsmöglichkeit derartiger Verfahren in der Rehabilitation. Experten der nationalen Sicherheit wie Dr. Steven Metz und Dr. James Kievit sagten in ihrem Bericht für das US Army War College „The Revolution in Military Affairs and Conflict Short of War" voraus, daß in der nahen Zukunft jeder gefährdete Amerikaner mit einem elektronischen Individual Position Locator Device (IPLD) ausgerüstet werden könnte.[65].

Sie schlugen vor, ein derartiges Gerät permanent unter die Haut zu implantieren und bei Verlassen der Vereinigten Staaten automatisch z.B. durch die Sicherheitssysteme an den Flughäfen zu aktivieren. Die Vorhersagen dieser Sicherheitsexperten ähneln den Plänen von Dr. Joseph A. Meyer, einem Computerspezialisten der National Security Agency (NSA). Während des siebziger Jahre schlug Dr. Meyer vor, allen für verschiedenartigste Verbrechen festgenommenen Amerikanern Transpondersysteme einzupflanzen.

Während des späten fünfziger und frühen sechziger Jahre erfand der Neurowissenschaftler Dr. José Delgado den Stimoceiver, eine Elektrode, die in der Lage war, elektronische Signale über frequenzmodulierte Funkwellen zu empfangen und zu senden. Würde ein derartiges Gerät zum Beispiel in die Nasenhöhle implantiert, diente es als ein leistungsfähiges Stimulans, sobald es über Funk aktiviert würde. Es ist anzunehmen, daß der Stimoceiver seither modifiziert wurde, um Mikrowellenimpulsen empfangen zu können, und fähig ist, eine beachtliche Kontrolle über die Reaktionsfähigkeit des implantierten Opfers[66] auszuüben.

Implantate wurden bereits vor fünfzig Jahren ohne Kenntnis der Überwachten angewandt. Ein gut dokumentierter Fall der Implantation eines elektronischen Gerätes ist der Fall Robert Naeslund. Naeslund behauptet, daß während einer Operation in Stockholm, Schweden ohne sein Wissen ein Implantat in seinen Körper eingesetzt wurde. Er ist im Besitz von Röntgenaufnahmen, die deutlich ein pilzförmiges Gerät in der Nähe seines Gehirns zeigen. Er behauptet ferner, daß die Operation von Dr. Curt Strand durchgeführt wurde, welcher das Gerät durch seine rechte Nasenöffnung in seinen Kopf implantiert habe.

Der transnasale Zugriff auf Implantate ist ein übliches Vorgehen in der Neurochirurgie[67 68 69 70 71]. Interessanterweise haben Alien-Entführungsopfer seit den sechziger Jahren berichtet, wie fremde Wesen sie durch Einbringen von kleinen Objekten über ihre Nasenöffnungen und Nasenhöhlen implantiert haben. Angebliche Alien-Entführungs- und Gedankenkontroll-Opfer schildern, daß sowohl die Aliens als auch menschliche Ärzte derartige Prozeduren ausgeführt haben.

Robert Naeslund steht nicht allein, er ist heute als Forscher für Gruppen einer Organisation gegen illegale Gedankenkontrollexperimente tätig. Gruppen und andere Organisationen wie die Freedom of Thought Foundation haben viele Beweise dafür gesammelt, daß ein geheimes Implantations-Programm existiert. Diese Organisationen stehen in Kontakt zu vielen Opfern überall auf der Welt, die ähnliche Effekte wie Naeslund erfahren haben, aber nichts mit der UFO-Gemeinschaft zu tun haben.

Es drängt sich natürlich die Frage auf: Wenn die UFO-Sichtungen tatsächlich von militärischen und Geheimdienstkreisen mit großem Aufwand inszeniert werden, weshalb sollte dann mit dem derart beispiellosen Dilletantismus vorgegangen werden, von dem zahllose Berichte künden?

Tatsache ist, daß viele Menschen überwiegend ungewollt unmittelbar Teilnehmer einer Erfahrung wurden, die in der Geschichte der Menschheit nichts wirklich Neuartiges darzustellen scheint.

Wem nutzt die Verwirrung, die unklare Dokumente hervorrufen, die über den FOIA oder andere, oft mehr als dubiose Quellen der Öffentlichkeit zugespielt werden?

Alles, was bisher aus entsprechenden mit großem Aufwand betriebenen, aufsehenerregenden Aktionen abgeleitet werden konnte, ist die Tatsache, daß offensichtlich amerikanische Behörden, oft verdeckt, in viele Aspekte des UFO-Phänomens verwickelt zu sein scheinen.

Es entstand ein Markt für Schwindler, für Scharlatane, für alle, die aus dem Verkauf von Träumen und Täuschungen Kapital schlagen. Die wenigen Forscher, die geduldig Daten des Phänomens auswerten und meist erkennen müssen, daß wir noch weit von einer Lösung des Geheimnisses entfernt sind, kämpfen auf verlorenem Posten. Eifrige Gläubige haben elegante Erklärungen aus feinem Garn gesponnen, um Glaube und Dogma dort zu verankern, wo es an echtem Wissen fehlt.

Vallee beschreibt in *Revelations*, wie Organisationen mit geheimnisvollen Geldquellen wie Pilze aus dem Boden schießen und in den Vereinigten Staaten, Kanada und auf der ganzen Welt örtliche Ableger bilden. Sie hypnotisieren Zeugen, veranstalten Seminare und Konferenzen, geben teure Bücher und Videobänder heraus und unterhalten vereinzelt sogar eigene Zeitungen. Ihre Aktivitäten vertuschen die wahre Natur des Phänomens und komplizieren dessen Untersuchung. Sie fügen der Verwirrung der aufrichtigen Zeugen, die sich fragen, was sie eigentlich gesehen haben, und die nach einer helfenden Hand Ausschau halten, einen weiteren verwirrenden Faktor hinzu.

Einige der bemerkenswertesten Sichtungen sind in Wirklichkeit komplizierte Täuschungsmanöver, die zu einem bestimmten Zweck sorgfältig eingefädelt wurden. Die Zeugen sind dabei eher Opfer und Instrumente als Urheber des Schwindels.

Wer konstruiert solche Lügengebilde, und was ist ihr Sinn? Auf diese Frage gibt es keine einfache Antwort, weil die menschliche Phantasie nicht aus einer einzigen Quelle strömt und weil es für die verschlungenen Wege des militärischen oder geheimdienstlichen Denkens mehr als eine Ursache gibt. Beide geben Steuergelder der Bürger ihres Landes aus, um geheime psychologische Experimente durchzuführen, wie die Experimente zur Gedankenkontrolle in den sechziger und siebziger Jahren überdeutlich zeigen.[72]

Das Pentagon besitzt mit einiger Sicherheit die weltweit umfassendste Sammlung von UFO-Fotos und Filmen, von elektronischen Aufzeichnungen und Radarmessungen. Aber, wie Vallée in *Revelations* richtig bemerkt, sind *Daten nicht mit Informationen gleichzusetzen*. Auf der Suche nach der Motivation für die Desinformationsspiele amerikanischer Stellen sind wir auf Mutmaßungen angewiesen.

An irgendeinem Punkt wurde die Abteilung für Öffentlichkeitsarbeit bei der Luftwaffe beauftragt, im Zusammenhang mit UFOs vorsätzlich Desinformation und Verwirrung zu verbreiten. Entgegen der Darstellung einiger professioneller „Wegerklärer“ oder „Debunker“ hatte die amerikanische Luftwaffe Ende der sechziger Jahre ihre offiziellen UFO-Forschungsprojekte nicht etwa eingestellt, weil sie herausgefunden hatte, daß es keine UFOs gäbe. Vielleicht hatte man schlicht und ergreifend nur die Nase voll davon, ein Phänomen zu untersuchen, das eigentlich nur bedingt mit dem eigenen Auftrag zu tun hatte und dessen Natur nur zu einem steigendem Maß an Verwirrung beitrug.

Man versuchte also unter Verwendung eigener Offiziere und Presseämter die verschiedenen UFO-Amateurgruppen dazu zu bringen, zahlreiche Fälschungen zu kolportieren. Als sich Hynek, Vallée und andere weigerten, die ausgelegten Köder zu „schlucken" und unbestreitbare, wissenschaftlich belegbare Beweise verlangten, wandte man sich an Leute, die weniger an klaren Fakten interessiert schienen.

Vielleicht gibt es auf einer hohen Geheimhaltungsstufe tatsächlich eine Untersuchung der UFOs und man schickt die zivilen Forscher auf eine Schnitzeljagd nach New Mexiko, um das eigentliche Forschungsprojekt ungestört weiterführen zu können.

Vielleicht besteht das Ziel darin, die Amateurgruppen in einen Irrgarten von so absurden Theorien zu schicken, daß ihre Arbeit in Mißkredit kommt - was ebenfalls einer spezialisierten Untersuchung der Regierung, in die sich dann keine interessierten Akademiker oder ungeschickten Amateure mehr einmischen könnten, mehr als dienlich wäre.

Warum wurden die Akten des Projekts Bluebook und des Condon-Komittees vernichtet, selbst wenn sie nicht unbedingt Eigentum des amerikanischen Volkes waren und zu keinem Ergebnis geführt hatten?

Der Fall „Gulf Breeze" hat gezeigt, wie schnell ein großer Teil der Glaubwürdigkeit, die einige wichtige UFO-Organisationen in den USA noch genossen, zerstört werden kann. Die Reaktion der dortigen Medien auf die Enthüllung des Schwindels reichte von Skepsis bis zu schallendem Gelächter.

Einige der erfahrenen UFO-Forscher zogen sich von MUFON zurück und arbeiten fortan auf einer Ebene weiter, die Dr. Hynek einmal als „Unsichtbares College" bezeichnet hat. Diese Bezeichnung stammt aus der „Steinzeit der Wissenschaft", als Wissenschaftlern unterstellt wurde, sie hätten sich mit dem Teufel verbündet, und im Geheimen arbeiten mußten. Oft trafen sie sich heimlich, um ihre Ansichten und die Resultate verschiedener Experimente auszutauschen.

Das erste „Invisible College„ blieb unsichtbar, bis die Wissenschaftler jener Tage an Ansehen gewannen und um 1660 von Charles II. die Royal Society ins Leben gerufen wurde. In der Neuzeit gilt die Bezeichnung für einen internationalen Kreis von ursprünglich rund 100 Wissenschaftlern und Gelehrten, Spezialisten der Bereiche Biologie, Informationswesen und anderer Wissenschaftszweige aus sechs westlichen Ländern, die bereits seit den späten siebziger Jahren untereinander jede erreichbare Information über das UFO-Phänomen austauschen.

Diese Gruppe von Wissenschaftlern, die das Wesen des Phänomens verstehen und bestimmen wollen, ob es intelligenten Ursprungs ist, wurde im Laufe der Jahre immer größer, nachdem sich herausstellte, daß weltweit von den eigenen Kollegen viele Sichtungen unter den Teppich gekehrt wurden, Akten verschwanden und Unterlagen absichtlich zerstört wurden.

Sollte dieses Netzwerk jemals an die Öffentlichkeit gehen, wäre gewährleistet, daß eine ganze Reihe Wissenschaftler zur Verfügung stände, um sich gründlich mit dem neuen Forschungsgebiet auseinanderzusetzen. Unter den heutigen Bedingungen tun sie jedoch gut daran, ihre Forschungen im Verborgenen zu betreiben.

Vielleicht gibt es innerhalb der amerikanischen Geheimdienste auch eine kleine Gruppe von Abtrünnigen, von Gläubigen mit extremen politischen und religiösen Überzeugungen, die im Sinne ihrer eigenen abstrusen Ziele Geheimdienstkanäle benutzt, um Desinformation zu verbreiten. Ähnliche Versuche verschiedener Gruppen wurden in der Vergangenheit bereits mehrmals aufgedeckt und vereitelt.

Die Geschichte des Dreiecks Okkultismus, Politik und UFOs reicht sehr weit in die neuere Geschichte des Phänomens zurück. Kurz nach dem Ende des Zweiten Weltkriegs blühte ein Ableger von Aleister Crowleys Ordo Templi Orientis in Los Angeles auf. Zwei seiner prominentesten Mitglieder waren Jack W. Parsons, ein Raketeningenieur und L. Ron Hubbard, ein begeisterter Science-Fiction-Anhänger. Parsons, einer der späteren Gründer der sagenumwobenen Jet Propulsion Laboratories behauptet, er sei 1946 einem Venusier begegnet. L. Ron Hubbard gründete die Dianetik und die inzwischen sehr mächtig gewordene Scientology-Sekte.

Wie Vallée in den *Sieben Trugschlüssen* bemerkt, demonstriert allein schon die Tatsache, daß das amerikanische Militär eigene geheime Nachforschungen anstellt, gewisse Zeugen befragt und insgeheim Laboranalysen durchführt, wie wenig und nicht wieviel es weiß.

Dies ist einer jener offensichtlichen Widersprüche, die von den „Gläubigen" der UFO-Kulte ignoriert werden soll. Ohne die geringste Rechtfertigung wird von dieser Gruppe angenommen, die amerikanische Regierung wisse alles über die UFOs. Müßte man trotzdem geheime Experimente durchführen, zivile Forschungsgruppen überwachen oder gar auf verschlungenen Wegen die Ermittlungen gewisser Ufologen finanzieren, wenn die Luftwaffe bereits fliegende Untertassen in Hangars geparkt und kleine Außerirdische seziert hat?

Das UFO-Geheimnis führt uns unsere eigenen Phantasien wie einen Spiegel vor Augen. Es bringt unsere geheime Sehnsucht nach einer Weisheit zum Ausdruck, die in handlichen, schönen Verpackungen leicht anwendbar von den Sternen herabkommt, um uns alle Geheimnisse des Lebens zu offenbaren und uns letzten Endes vielleicht sogar zu verraten, wer wir sind. Im Ausgleich für den bescheidenen Preis einer leicht aufzubringenden spirituellen, sozialen und politischen Investition.

Weshalb aber wird uns immer wieder verkündet, daß wir kein Recht haben, diese Wesen nach einem Warum zu befragen? Warum dürfen wir nicht fragen, wer SIE sind und warum SIE solches Interesse daran haben, uns zu lehren, zu Tode zu erschrecken, oder SIE gezielt um Hilfe zu bitten?

Wenn die Insassen der UFOs so weit fortgeschritten sind, warum sind die Hypnosebarrieren ihrer Opfer derart „leicht" zu durchdringen? Warum können sich ihre Opfer an so viele Details erinnern? Sollte ihnen die Methode der Hypnoseregression nicht bekannt sein? Oder ist es denkbar, daß ihnen bestimmte Teile des menschlichen Bewußtseins nicht zugänglich sind? Ist ihre Macht doch viel stärker eingeschränkt, als sie uns glauben machen wollen? Oder spielt uns jemand einen phantastischen Streich?

Warum wurde meines Wissens noch keiner der Menschen entführt, die sich bereits seit Jahren intensiv mit dem Phänomen auseinandersetzen und für die ein Kontakt möglicherweise kein derart traumatisches Erlebnis darstellen würde?

Kaum als solche bezeichenbare Indizien, die das UFO-Phänomen hinterläßt, sind oft verwirrender und verrückter als Berichte von Zeugen. Ich erinnere hier nur kurz an die berühmten Simonton-Pfannkuchen. Erklärungen, die von den Insassen der „Fahrzeuge" abgegeben werden, führen dazu, daß sich das Phänomen selbst zu negieren scheint. Doch immer sind einige der Informationen wahr. Es bleibt dem Untersucher überlassen, herauszufinden, welche Elemente der Nachricht brauchbar sein könnten. Oder finden nur Tricks Anwendung, die den Beobachter von der wahren Natur des Phänomens ablenken sollen?

Weshalb die absurd große Menge an Landungen? Experten haben aus den Faktoren bisheriger Sichtungsberichte errechnet, daß UFOs innerhalb von zwei Jahrzehnten etwa drei Millionen mal gelandet sein müßten. Unsere eigene Technologie wäre mittels einer einzigen Sonde innerhalb weniger Wochen in der Lage, wesentliche Fakten über die Geographie, Wetter, Vegetation und Kultur eines Planeten zu erfassen. Bei Berücksichtigung der Abstrahlung von Radio- und Fernsehprogrammen wäre vielleicht sogar das Aussetzen einer Sonde überflüssig, da alle Details aus den so verfügbaren Informationen zu entnehmen wären.

Man könnte hieraus ableiten, daß UFOs entweder Zeugen aus psychologischen oder soziologischen Gründen auswählen oder gar keine Raumschiffe sind.

Welchen Gesetzen könnte ein spirituelles Kontrollsystem folgen, daß paranormale Phänomene verursacht? Will jemand uns etwas lehren? Das Muster der UFO-Wellen weist scheinbar die gleichen Strukturen auf wie Verstärkungsmuster, die, will man den Psychologen glauben, zu optimalen Lernerfolgen führen können.

Sind wir vielleicht wirklich das Eigentum anderer?

Fleisch

Nachdem Humor zu den Ausdrucksformen intelligenter Lebensformen gehören sollte, möchte ich sie zum Abschluß an einer amüsanten Szene, inszeniert durch den Amerikaner Errol Bruce-Knapp und von mir ins Deutsche übersetzt, teilhaben lassen. Ein Scherz - sicher - aber einer der Scherze, die einem bei tieferer Überlegung das Lachen im Hals stecken lassen.

Stellen wir uns vor....ein Gespräch des Kommandeurs der fünften Invasionsflotte mit seinem vorgesetzten Offizier....:

„Sie sind aus Fleisch"

„Fleisch?"

„Fleisch. Sie sind aus Fleisch."

„Fleisch?"

„Daran gibt es keinen Zweifel. Wir haben einige von ihnen von ihrem Planeten geholt und an Bord unserer Erkundungsschiffe einer eingehenden Untersuchung unterzogen. Sie sind vollständig aus Fleisch."

„Das ist unmöglich. Was ist mit den Radiosignalen? Den ins All ausgestrahlten Botschaften?"

„Sie benutzen Radiowellen, um sich zu unterhalten, aber die Signale kommen nicht von ihnen selbst. Die Signale kommen von Maschinen."

„Und wer hat die Maschinen hergestellt? Zu diesen Wesen wollen wir Kontakt herstellen."

„SIE haben die Maschinen hergestellt. Das ist es, was ich ihnen die ganze Zeit über versuche, klarzumachen. Das Fleisch hat die Maschinen gebaut."

„Das ist lächerlich. Wie könnte Fleisch eine Maschine herstellen? Sie versuchen mir einzureden, es gäbe empfindungsfähiges Fleisch."

„Ich versuche ihnen gar nichts einzureden. Diese Kreaturen sind die einzige empfindungsfähige Rasse in diesem Sektor, und sie sind aus Fleisch."

„Vielleicht sind sie den Orfolei ähnlich. Sie wissen schon, eine kohlenstoffbasierende Intelligenz, die durch ein Fleischstadium geht."

„Nein. Sie werden als Fleisch geboren und sterben als Fleisch. Wir haben sie über einige ihrer Lebensspannen untersucht, die übrigens relativ kurz sind. Haben sie eine Vorstellung, wie die Lebensspanne von Fleisch aussieht?"

„Ersparen sie mir das. Also gut, vielleicht sind sie nur teilweise aus Fleisch. Sie wissen schon, wie die Weddilei. Ein Kopf aus Fleisch mit einem Elektronen-Plasma-Gehirn darin."

„Nein. Haben wir zuerst auch angenommen, weil sie Köpfe aus Fleisch - ähnlich den Weddilei - besitzen. Ich sagte ja bereits, wir haben sie eingehenden Untersuchungen unterzogen. Sie sind vollständig aus Fleisch."

„Kein Gehirn?"

„Oh, es gibt eine Art Gehirn. Es ist nur so, daß selbst das Gehirn aus Fleisch ist!"

„Aber...welcher Teil übernimmt dann das Denken?"

„Sie verstehen mich nicht, oder? Das Gehirn besorgt das Denken. Das Fleisch."

„Denkendes Fleisch! Sie wollen mir erzählen, es gäbe denkendes Fleisch!"

„JA, denkendes Fleisch! Bewußtes Fleisch! Liebendes Fleisch. Träumendes Fleisch. Es geht um Fleisch! Haben sie das jetzt auf die Reihe gekriegt?"

„Omeingott. Sie meinen es wirklich ernst. Die sind aus Fleisch!"

„Na endlich, JA. Sie sind in der Tat aus Fleisch. Und sie versuchen seit einhundert ihrer Jahre mit uns in Kontakt zu treten."

„Und was will das Fleisch?"

„Zunächst einmal will es mit uns kommunizieren. Dann, kann ich mir vorstellen, möchte es das Universum erforschen, andere Lebensformen kontaktieren, Ideen und Informationen austauschen. Das Übliche eben."

„Wir sollen mit Fleisch reden?"

„Das ist deren Vorstellung. Das ist die Nachricht, die sie über Funk verbreiten. Hallo... Irgend jemand da draußen? Diese Art Dinge."

„Sie sprechen also tatsächlich. Sie benutzen Worte, Ideen, Konzepte?"

„Oh, ja. Nur daß sie diese mit Fleisch formulieren."

„Ich dachte, sie hätten mir gerade erzählt, sie benutzen Funkwellen?"

„Tun sie ja auch, aber was glauben sie ist dort zu hören. Fleischgeräusche. Sie wissen ja, wenn man Fleisch gegeneinander schlägt, verursacht das ein Geräusch. Sie können sogar singen, indem sie Luft durch ihr Fleisch pressen."

„Omeingott. Singendes Fleisch. Das ist zuviel. Was also schlagen sie vor?"

„Offiziell sind wir verpflichtet, sie zu kontaktieren, willkommen zu heißen und eine Verbindung zu allen intelligenten Rassen oder Multiwesen des Quadrants zu vermitteln, ohne Vorurteil, Furcht oder Bevorzugung. Inoffiziell schlage ich vor, die Aufzeichnungen zu löschen und die ganze Sache zu vergessen."

„Ich hoffte, ehrlich gesagt, daß sie das vorschlagen würden."

„Ist zwar irgendwie fragwürdig, aber alles hat seine Grenze. Wollen sie wirklich Kontakt zu Fleisch herstellen?"

„Ich stimme hundertprozentig mit ihnen überein. Was sollten wir wohl sagen: Hallo, Fleisch. Wie geht´s? ... Aber wird das funktionieren? Über wie viele Planeten sprechen wir?"

„Nur einen. Sie können zwar mit speziellen Fleischcontainern zu anderen Planeten reisen, aber nicht auf ihnen überleben. Und da sie aus Fleisch bestehen, können sie nicht durch den C-Raum reisen. Das begrenzt sie auf Lichtgeschwindigkeit und verringert die Wahrscheinlichkeit, daß sie jemals Kontakt herstellen könnten, auf ein unwahrscheinliches Minimum. „

„Also geben wir vor, es sei im Universum niemand zu Hause?"

„Genau."

„Grausam. Aber wie sie bereits richtig bemerkt haben, wer will schon mit Fleisch reden? Und die, die sie an Bord unserer Schiffe geholt haben, die, die sie untersucht haben? Sind sie sicher, die werden sich nicht erinnern?"

„Sie würden als Spinner hingestellt, wenn sie ihre Erfahrungen erzählen würden. Wir sind in ihre Köpfe gegangen und haben ihr Fleisch beruhigt, so daß wir ihnen nur wie ein Traum erscheinen."

„Ein Fleischtraum! Wie seltsam angemessen, daß wir ein Traum des Fleisches sind."

„Und wir markieren den Sektor als unbewohnt."

„Gut. Ich stimme zu, offiziell und inoffiziell. Der Fall ist abgeschlossen. Irgend jemand sonst? Irgend jemand Interessantes auf dieser Seite der Galaxie?"

„Ja, eine ziemlich schüchterne, aber nette Hydrogenkern-Intelligenz auf einem Klasse neun Stern in der G445 Zone. Stand mit uns in Kontakt vor zwei galaktischen Rotationen, wird sich wieder melden."

„Tun sie doch immer."

„Warum auch nicht? ***Stellen sie sich vor, wie unerträglich, wie unaussprechlich kalt das Universum wäre, wenn wir ganz allein wären****."*

Liebe interessierte Leser,

ich interessiere mich sehr für Ihre Meinung zum UFO-Phänomen. Hatten Sie eine Begegnung, deren Erfahrung Sie teilen möchten? Möchten Sie Ihre eigenen Gedanken in die Diskussion einbringen? (Nur Mut, die Vergangenheit hat gezeigt, daß gerade Menschen, die nicht unmittelbar an einem Problem arbeiten, die besten Ideen haben können)

Sie erreichen mich im
InterNet unter **wollsperger@t-online.de**
über meine Homepage **http://home.t-online.de/home/wollsperger**

oder über die Anschrift des Verlages (Brief in Brief):

Bernd Wollsperger
c/o Bohmeier Verlag
Hüxtertorallee 37
23564 Lübeck

Index

Quellenverzeichnis:

1 Robert Anton Wilson: *Die Illuminati Papiere*, 1980
2 P.D. Ouspensky: *Die Psychologie der möglichen Evolution des Menschen*, Edition Plejaden, Berlin 1981
3 Whitley Strieber: *Transformation*, Heyne Verlag 1992
4 Whitley Strieber: *Transformation*, Heyne Verlag 1992
5 Whitley Strieber: eMail an den Verfasser, persönliche Mitteilung 1996
6 Jenny Randles: *UFO Reality*, London 1985
7 Kenneth Grant: *Aleister Crowley and the Hidden God*, New York 1975
8 Bauer/Dümotz/Golowin/Röttgen: *Lexikon der Symbole*
9 H.P. Lovecraft: *Das Ding auf der Schwelle (Nachwort von Kalju Kirde)*, Frankfurt/Main 1976
10 Robert Anton Wilson: *Cosmic Trigger* 1977
11 Robert Anton Wilson: *Masken der Illuminaten* 1981
12 Carl G. Jung: *Flying Saucers*, New York 1959
13 Robert Anton Wilson: *Cosmic Trigger* 1977
14 Eliphas Levi: *Transzendentale Magie – Zweiter Teil Ritual*, Barth Verlag München 1927
15 Endres/Schimmel: *Das Mysterium der Zahl*, Diederichs Verlag, München 1984
16 Whitley Strieber: *Transformation*, Heyne Verlag 1992
17 Jacques Vallée: *Confrontations* New York 1990
18 Jacques Vallée: *Dimensions* New York 1988
19 Benjamin Walker: *Gnosis*, Eugen Diederichs Verlag, München 1983
20 Laura Knight: *Alien Magick* Internet DENSITY4@CTS.COM 1996
21 Johannes v. Buttlar: *Drachenwege, Strategien der Schöpfung*, , Herbig Verlag, München, 1987
22 Joe Lewels, Ph.D. *The Reptilians: Humanity's historical link to the Serpent Race* FATE Magazine 06/96
23 Lammer/Sidla: *UFO-Geheimhaltung*, Herbig Verlag, München 1995
24 Benjamin Walker: *Gnosis*, op.cit.
25 Colin Wilson: *Das Okkulte*, Fourier Verlag, Wiesbaden 1988
26 Ilse Ollendorff Reich: *Wilhelm Reich*, München 1975
27 Michael D. Swords: *UFOnauts: Homo sapiens of the future?* In MUFON UFO Journal, Februar 1985
28 Michael D. Swords op.cit.
29 Fate Magazin, Frühjahrsausgabe des Jahres 1948 „Tribal Memories of the flying saucers" von Oga Make
30 Jupiter Journal 4 / Juni 1988
31 Endres/Schimmel: *Das Mysterium der Zahl*, op.cit.
32 Benjamin Walker: *Gnosis*, op.cit.
33 Andreas v. Retyi: Geheime UFO-Basen und Untergrundanlagen in UFO-Kurier Nr. 19 Kopp Verlag, Rottenburg Mai 1996
34 Jacques Vallée: *Revelations* New York Ballantine 1991
35 Festinger, Riecker, and Schachter.: *When Prophecy Fails* University of Minnesota Press 1956
36 Charles Berlitz und William L. Moore: *The Philadelphia-Experiment* New York: Grosset & Dunlap 1979.
37 Brad und Sherry Steiger, Alfred Bielek: *The Philadelphia-Experiment* New Brunswick, NJ 1990.
38 Carlos Allende Briefe an Jacques Vallee, persönliche Mitteilung 1967
39 Velasco, Jean-Jacques Velasco : *Report on the analysis of anomalous physical trace* 1990
40 Brad Steiger und Joan Whritenour : *The Allende Letters*. New York 1968
41 Jerome Clark: *The Invisible Visitors*, in Steiger and Whritenour: The Allende Letters. 1968
42 Jon Klimo: *UFO's: Billy Meier and the Pleiadian Contact*. Berkeley: California S. for Psychical Study 1993.
43 Curtis D. MacDougall: *Hoaxes*. New York: Dover. (erste Veröffentlichung 1940) 1958
44 Edward Dudgeon: Brief vom 29.12.92. Private Mitteilung an Jacques Vallee 1992.

[45] Rim Institute: *Catalog of Events*, Phoenix, Arizona: The Rim Institute 1993

[46] Marcello Truzzi: *The sociology and Psychology of Hoaxes* 1993

[47] William Scott: *Scientist´s and Engineer´s dream taking to skies as „black“ aircraft*, Aviation Week 12/1990

[48] *Secret advanced vehicles demonstrate technologies for future military use* Aviation Week 10/1990

[49] *„Mach 4, 200,000-Ft.-altitude Aircraft Defined,“* Aviation Week & Space Technology, 29 .Januar 1979, Seite 141.

[50] Bill Sweetman: *„Mystery contact may be Aurora,“* Jane's Defense Weekly, 29. Februar 1992, Seite 333.

[51] *„Evidence Points to Stealth Spy Plane,“* High Technology Business, April 1988, Seiten 8-9.

[52] *„Air Force Battle Brews over using unmanned vehicles for coveted spy mission,“* Inside The Pentagon, 9. Juni 1989, Seite 8.

[53] Bill Sweetman: *„Aurora – is Mach 5 a reality?“* Interavia Aerospace Review, 11/1990, Seite 1009.

[54] *„Secret Advanced Vehicles Demonstrate Technologies For Future Military Use,“* Aviation Week & Space Technology, 1. Oktober 1990, Seite 21.

[55] Martin Cannon: *The Controllers*: A new Hypothesis of Alien Abductions. http://members.gnn.com/fivestring/idex.htm, (Archives Section), 1989

[56] Catrine Clay and Michael Leapman: *Master Race-The Lebensborn Experiment in NAZI Germany*

[57] persönliche Kommunikation Dr. Lammers mit Professor David Jacobs, 1996

[58] Thomas E. Bullard.: *UFO Abductions: The Measure of a Mystery. Volume 1: Comparative Study of Abduction Reports.* Bloomington, Indiana, 1987

[59] Thomas E. Bullard:: *UFO Abductions: The Measure of a Mystery. Volume 2:Catalogue of Cases.* Bloomington, Indiana, 1987

[60] Dan R. Wright: *Commonalities & Disparities: Findings of the MUFON Abduction Transcription Project.* MUFON International UFO Symposium Proceedings, 1995

[61] David E. Pritchard and John E. Mack: *Alien Discussions*: Proceedings of the Abduction Study Conference held at MIT. Cambridge, Massachusetts, 1994

[62] *Electronic ID in Horses.* Electronic ID, Inc., 131 East Exchange Avenue, Suite 116, Fort Worth, Texas 76106, USA

[63] Wayne Laugesen: *Satan's Leash: The Specter of Biometric Identification.* Encounter Chronicles, Issue 17, September 1996.

[64] Dean C. Jutter, H. Ko Wen, Spear, M., Thomas, Mackay, Stuart: *Biomedical Telemetry.* Engineering in Medicine and Biology Magazine, March, 1993

[65] Steven Metz and James Kievit: *The Revolution in Military Affairs and Conflict Short of War.* Strategic Studies Institute, US Army, War College, Juli 1994

[66] Walter H. Bowartr: *Operation Mind Control: Our Secret Government's War Against its Own People.* Dell Publishing Company, New York, 1978

[67] Lennart Lindquist, Evamarie Taylor, Robert Naeslund: *Cybergods.* Gruppen, Stockholm, Sweden, 1996.

[68] J. Hardy.: *Transsphenoidal Hypophysectomy.* J. Neurosurg., Vol. 34, page 582-594, 1971.

[69] H., B., Griffith, et al.: *A direct transnasal approach to the Spenoid Sinus.* Technical note, J. Neurosurg, Vol. 66, page 920-924, 1987

[70] A. Rabadan, et al.: *Transmaxillary, Transnasal Approach to the Anterior Clivus: A Microsurgical Anatomical Model.* Neurosurgery, 30(4), page 473-482, 1992

[71] J., V. Rosenfeld: *Transnasal Stereotactic Biopsy of a Clivus Tumor.* J. Neurosurg, Vol. 76(5), page 878-879, 1992

[72] Jacques Vallée: *Revelations. Alien Contact and Human Deception* New York 1991